高一同學的目標

1. 熟背「高中常用7000字」 2. 月期考得高分 3. 會說流利的央品

1. 「用會話背7000字①」書+ CD 280元

以三個極短句為一組的方式，讓同學背了會話，同時快速增加單字。高一同學要從「國中常用2000字」挑戰「高中常用7000字」，加強單字是第一目標。

2. 「一分鐘背9個單字」書+ CD 280元

利用字首、字尾的排列，讓你快速增加單字。一次背9個比背1個字簡單。

3. rival

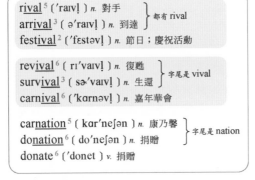

rival⁵ (ˈraɪvl̩) n. 對手
arrival³ (əˈraɪvl̩) n. 到達   } 都有 rival
festival² (ˈfɛstəvl̩) n. 節日；慶祝活動

revival⁶ (rɪˈvaɪvl̩) n. 復甦
survival³ (səˈvaɪvl̩) n. 生還   } 字尾是 vival
carnival⁶ (ˈkɑrnəvl̩) n. 嘉年華會

carnation⁵ (kɑrˈneʃən) n. 康乃馨
donation⁶ (doˈneʃən) n. 捐贈   } 字尾是 nation
donate⁶ (ˈdonet) v. 捐贈

3. 「一口氣考試英語」書+ CD 280元

把大學入學考試題目編成會話，背了以後，會說英語，又會考試。

例如：

What a nice surprise! (真令人驚喜！)【常考】
I can't believe my eyes.
(我無法相信我的眼睛。)
Little did I dream of seeing you here.
(做夢也沒想到會在這裡看到你。)【駒澤大】

4.「一口氣背文法」書＋ CD 280元

英文文法範圍無限大，規則無限多，誰背得完？劉毅老師把文法整體的概念，編成216句，背完了會做文法題、會說英語，也會寫作文。既是一本文法書，也是一本會話書。

1. 現在簡單式的用法

I *get up* early every day.　　　　我每天早起。

I *understand* this rule now.　　　我現在了解這條規定了。

Actions *speak* louder than
words.　　　　　　　　　　　行動勝於言辭。

【二、三句強調實踐早起】

5.「高中英語聽力測驗①」書＋ MP3 280元

6.「高中英語聽力測驗進階」書＋ MP3 280元

高一月期考聽力佔20%，我們根據大考中心公布的聽力題型編輯而成。

7.「高一月期考英文試題」書 280元

收集建中、北一女、師大附中、中山、成功、景美女中等各校試題，並聘請各校名師編寫模擬試題。

8.「高一英文克漏字測驗」書 180元

9.「高一英文閱讀測驗」書 180元

全部取材自高一月期考試題，英雄所見略同，重複出現的機率很高。附有翻譯及詳解，不必查字典，對錯答案都有明確交待，做完題目，一看就懂。

高二同學的目標──提早準備考大學

1. 「用會話背7000字①②」
   書＋CD，每冊280元

「用會話背7000字」能夠解決
所有學英文的困難。高二同學
可先從第一冊開始背，第一冊
和第二冊沒有程度上的差異，
背得越多，單字量越多，在腦
海中的短句越多。每一個極短句大多不超過5個字，1個字或
2個字都可以成一個句子，如：「用會話背7000字①」p.184，
每一句都2個字，好背得不得了，而且與生活息息相關，是
每個人都必須知道的知識，例如：成功的祕訣是什麼？

11. What are the keys to success?

Be *ambitious*.	要有<u>雄心</u>。
Be *confident*.	要有<u>信心</u>。
Have *determination*.	要有<u>決心</u>。
Be *patient*.	要有<u>耐心</u>。
Be *persistent*.	要有<u>恆心</u>。
Show *sincerity*.	要有<u>誠心</u>。
Be *charitable*.	要有<u>愛心</u>。
Be *modest*.	要<u>虛心</u>。
Have *devotion*.	要<u>專心</u>。

當你背單字的時候，就要有「雄心」，要「決心」背好，對
自己要有「信心」，一定要有「耐心」和「恆心」，背書時
要「專心」。

背完後，腦中有2,160個句子，那不得了，無限多的排列組
合，可以寫作文。有了單字，翻譯、閱讀測驗、克漏字都難
不倒你了。高二的時候，要下定決心，把7000字背熟、背
爛。雖然高中課本以7000字為範圍，編書者為了便宜行事，
往往超出7000字，同學背了少用的單字，反倒忽略真正重要
的單字。千萬記住，背就要背「高中常用7000字」，背完之
後，天不怕、地不怕，任何考試都難不倒你。

2. 「時速破百單字快速記憶」書 250 元

字尾是 try，重音在倒數第三音節上

entry³ (ˈɛntrɪ) n. 進入【No entry. 禁止進入。】
country¹ (ˈkʌntrɪ) n. 國家；鄉下【ou 讀 /ʌ/，為例外字】
ministry⁴ (ˈmɪnɪstrɪ) n. 部【mini = small】

chemistry⁴ (ˈkɛmɪstrɪ) n. 化學
geometry⁵ (dʒɪˈɑmətrɪ) n. 幾何學【geo 土地，metry 測量】
industry² (ˈɪndəstrɪ) n. 工業；勤勉【這個字重音常唸錯】

poetry¹ (ˈpo‧ɪtrɪ) n. 詩
poultry⁴ (ˈpoltrɪ) n. 家禽 }字尾 y 表「集合名詞」
pastry⁵ (ˈpestrɪ) n. 糕餅

3. 「高二英文克漏字測驗」書 180 元

4. 「高二英文閱讀測驗」書 180 元
全部選自各校高二月期考試題精華，英雄所見略同，再出現的機率很高。

5. 「7000字學測試題詳解」書 250 元
一般模考題為了便宜行事，往往超出7000字範圍，無論做多少份試題，仍然有大量生字，無法進步。唯有鎖定7000字為範圍的試題，才會對準備考試有幫助。每份試題都經「劉毅英文」同學實際考過，效果奇佳。附有詳細解答，單字標明級數，對錯答案都有明確交待，不需要再查字典，做完題目，再看詳解，快樂無比。

6. 「高中常用7000字解析【豪華版】」書 390 元
按照「大考中心高中英文參考詞彙表」編輯而成。難背的單字有「記憶技巧」、「同義字」及「反義字」，關鍵的單字有「典型考題」。大學入學考試核心單字，以紅色標記。

7. 「高中7000字測驗題庫」書 180 元
取材自大規模考試，解答詳盡，節省查字典的時間。

Practice is the key to victory.

練習是致勝關鍵。

　　大學入學「學科能力測驗」（General Scholastic Ability Test），簡稱為「學測」（GSAT），從 1994 年第一次舉行以來，已成為最大規模的考試之一，而其中英文科的分數至關重要，在應考同學的整體分數中，佔有舉足輕重的地位。

　　英文成績如何提升呢？**練習、練習、再練習**（Practice. Practice. Practice.）。持續不斷的練習是進步的不二法門，熟就能生巧（Practice makes perfect.）；而合適的教材更是致勝的利器，一定要讀實際有用的教材，鎖定大考「**高中常用 7000 字**」範圍，才能知己知彼、戰無不勝。讀了超出範圍的教材，考試根本不會考，等於是做白工，浪費力氣、浪費人生。

　　為了幫助高三同學有效地準備學測，我們特別製作了「**學測考前大猜題**」一書，全書共有 **6 份試題**，全部取材自大規模考試，完全掌握大考方向，切中大考命題原則，是考前必備最厲害的秘密武器。每份試題每篇文章均有中文翻譯及單字註解，對錯答案都有詳盡說明；非選擇題部分，中譯英及英文作文的範文，都使用 7000 字範圍內的單字，提供正確、道地的語句。同學只要熟讀本書 6 份精選試題，絕對能讓你應考實力倍增，準備大考事半功倍。

　　為了提供同學最正確的資料，書中所有試題都經過專業外籍教師 Laura E. Stewart，以及資深英文教師蔡琇瑩老師的審慎校對，但仍恐有疏漏之處，誠盼各界先進不吝指正。

編者 謹識

高三同學如何準備「學科能力測驗」

考前該如何準備「學測」呢？學測包括以下幾個大題，讓我們個個擊破。第一大題是「詞彙題」，共有 15 題，不會超出 7000 字範圍，同學一定要熟背「高中常用 7000 字」。

第二大題「綜合測驗」（即「克漏字」），不是考句意，就是考簡單的文法。當四個選項都不相同時，就是考句意，就沒有文法的問題；當四個選項單字相同、字群排列不同時，就是考文法，此時就要注意到文法的分析，大多是考連接詞、分詞構句、時態等。此外，每年克漏字考題中，幾乎也都會出現轉承語和介詞的題目，一定要多留意。克漏字是考生最弱的一環，你難，別人也難，**只要考前利用這種答題技巧，勤加練習，就容易勝過別人。**

第三大題是「**文意選填**」，在做「文意選填」的時候，一定要冷靜。你要記住，一個空格一個答案，但是不一定要按照順序作答。如果你不知道該選哪個才好，不妨先把詞性正確的選項挑出來，如介詞後面一定是名詞，選項裡面只有兩個名詞，再用刪去法，把不可能的選項刪掉。或是，助動詞後面應用原形動詞，那麼動詞有 ing 或 ed 或 s 的都不可能。也要特別注意時間的掌控，已經用過的選項就劃掉，以免重複考慮，浪費時間。

「學測」沒考過「**篇章結構**」，但「指考」每年必考，同學還是要準備一下。如果你看不太懂文章時，也不需要害怕，**你只要仔細觀察空格的前後文**，然後利用刪去法，應該也可以找到正確的答案。如果時間不夠的話，也可以先看選項，先記下每個選項大概是說些什麼，然後再看文章，這樣可以加快你的作答速度。必須要注意空格前後的關鍵字彙，如人名、地名、時間、數字，或是代名詞等，也能幫助你迅速找出正確答案。

「**閱讀測驗**」是大考的重頭戲，內容最長、共四篇，每篇四個題目，**分數比重最重**，每題 2 分，共 32 分，這個大題一定要好好把握。

「閱讀測驗」的答題祕訣有四個：

① **尋找關鍵字**——整篇文章中，最重要就是第一句和最後一句，第一句稱為主題句，最後一句稱為結尾句。每段的第一句和最後一句，第二重要，是該段落的主題句和結尾句。從「主題句」和「結尾句」中，找出相同的關鍵字，就是文章的重點。因為美國人從小被訓練，寫作文要注重主題句，他們給學生一個題目後，要求主題句和結尾句都必須有**關鍵字**。

② **先看題目、劃線、找出答案、標號**——考試的時候，先把閱讀測驗題目瀏覽一遍，在文章中掃瞄和題幹中相同的關鍵字，把和題目相關的句子，用線畫起來，便可一目了然。通常一句話只會考一題，你畫了線以後，再標上題號，接下來，你找其他題目的答案，就會更快了。

③ **碰到難的單字不要害怕，往往在文章的其他地方，會出現同義字，** 因為寫文章的人不喜歡重覆，所以才會有難的單字。

④ 如果題目當中所問的單字或片語，或是文章所提的的相關內容你已經知道，像時事等，你就可以直接做答了。

＊　　　　＊　　　　＊

　　非選擇題包括「中翻英」和「**英文作文**」。「中翻英」有二題，多半是前後連貫的句子，句子的句型不會太難，單字是關鍵。如果你害怕「**中翻英**」，你就找一本翻譯句型的書，不斷地練習，寫完之後，再交給外國老師批改。

　　學測的「**英文作文**」，可能會有「**看圖作文**」、「**書信寫作**」或「**主題式寫作**」三種出題方式，文章除了內容要完整、思路要分明之外，整體的格式也很重要，下列就是寫英文作文時應該注意的事項。

「英文作文」怎樣寫才能得高分？

① 字體要寫整齊，最好是印刷體，**工工整整，不要塗改。**

② 文章不可離題，尤其是每段的第一句和最後一句，最好**要有題目所說的關鍵字**。文不對題者，以零分計算。

③ 不要全部用簡單句，句子最好要有各種變化，單句、複句、合句、形容詞片語、分詞構句等，混合使用。

④ 不要忘記，起承轉合時儘量多使用轉承語，像 first of all（首先）、in addition（此外）、therefore（因此）、however（然而）、in other words（換句話說）、on the other hand（另一方面）、in conclusion（總之）等。轉承語的正確使用，可以為文章潤色，文章的「組織」項目就可得高分。

⑤ **拿到考題，最好先寫作文**，很多同學考試時，作文來不及寫，吃虧很大。但是，**如果看到作文題目不會寫，就先寫前面的選擇題**，這個時候，可將題目中作文可使用的單字、成語圈起來，寫作文時就有東西寫了。但千萬記住，**絕對不可以抄考卷中的句子，一旦被發現，就會以零分計算**。

⑥ 試卷有規定標題，就要寫標題，標題要居中。還要記住，每段一開始，要內縮 5 或 7 個字母。

⑦ 可多引用諺語或名言，並注意常用標點符號的使用。**文章中有各種標點符號，會使文章變得更美。**

⑧ 文章整體的美觀也很重要，段落的最後一行字數不能太少，也不能太多。一般大考都要求文分兩段，兩段段落的字數要平均分配，不要相差太多，不能第一段只有一、兩句，第二段一大堆。第一段可以比第二段少一點。

　　考前不斷地做模擬試題就對了。你做的題目愈多，分數就愈高。不要忘記，每次參加模考前，都要背單字、背自己所喜歡的作文。考壞不難過，勇往直前，必可得高分！

大學入學學科能力測驗英文科
模擬試題①

第壹部分：單選題（占72分）

一、詞彙題（占15分）

說明：第1題至第15題，每題有4個選項，其中只有一個是正確或最適當的選項，請畫記在答案卡之「選擇題答案區」。各題答對者，得1分；答錯、未作答或畫記多於一個選項者，該題以零分計算。

1. When caught red-handed and questioned as to why he stole the iPad, Sam had no _____ but to tell the truth.
   (A) theory   (B) channel   (C) opportunity   (D) alternative

2. Our teacher gave us _____ instructions on how to work on the term paper, including how to collect information.
   (A) worth   (B) familiar   (C) specific   (D) ordinary

3. Whenever I have a sore throat, my grandma recommends some natural remedies to _____ the pain.
   (A) creep   (B) indicate   (C) soothe   (D) predict

4. The magnitude-7.8 earthquake which shook Nepal took _____ 2,000 lives and left tens of thousands of people homeless.
   (A) toughly   (B) roughly   (C) typically   (D) gradually

5. Since MERS broke out in Korea, it has had a serious _____ on its economy. For example, it has caused a big loss for its tourism industry.
   (A) delay   (B) comment   (C) battle   (D) impact

6. The new shirt _____ after the first wash and I still don't know what I can do to bring the color back.
   (A) faded   (B) piled   (C) crashed   (D) slipped

7. Twelve national football teams in South America took part in Copa America, held in Chile, trying to win the championship in the _____ competition.

   (A) sharp   (B) fierce   (C) original   (D) offensive

8. Many people are in hot _____ of wealth and fame because they believe being rich and famous will bring them happiness.

   (A) pursuit   (B) routine   (C) effort   (D) necessity

9. At my friend's wedding banquet, I saw steamed frogs on the table and lost my _____ in an instant.

   (A) glory   (B) appetite   (C) message   (D) insight

10. I am always here for you, so do not _____ to call me if you have any problem.

    (A) signify   (B) convince   (C) volunteer   (D) hesitate

11. The painting is a _____ Picasso; in other words, it was really painted by the Spanish artist, Pablo Picasso.

    (A) diligent   (B) genuine   (C) hollow   (D) imaginary

12. Justin is so _____ as to believe that a black cat crossing his path will bring him bad luck.

    (A) greedy   (B) grateful   (C) superstitious   (D) enthusiastic

13. It has been years since J.K. Rowling _____ the last Harry Potter book, and her fans have been waiting to see what she will write next.

    (A) carved   (B) reflected   (C) published   (D) fascinated

14. Plans for the new highway are drawing harsh _____ from environmentalists, who say it will do harm to the conservation areas.

    (A) custom   (B) disbelief   (C) category   (D) criticism

15. The spree killer claimed he was _____ ill and that he should not be punished for the mass killing.

    (A) mentally   (B) actively   (C) uniquely   (D) visually

二、綜合測驗（占 15 分）

說明： 第 16 題至第 30 題，每題一個空格，請依文意選出最適當的一個選項，
請畫記在答案卡之「選擇題答案區」。各題答對者，得 1 分；答錯、未
作答或畫記多於一個選項者，該題以零分計算。

第 16 至 20 題為題組

　　From the first moment you were in my arms, I have told you how
incredibly blessed I am to be your father. For years, the one thing
always clear in my heart ___16___ that I wanted to be a father. When
this dream became a reality, I anxiously awaited your arrival with joy,
___17___ the days, the hours, the minutes until your birth. We have been
traveling the world together since you were just two years old. We learn
new things every day and you ___18___ me to try new things such as
writing my first children's book. Above all, my beautiful sons, your
love gave me the ___19___ to live an honest life — a life of courage and
transparency, which fills me with great pride and peace. What a(n)
___20___ gift you have given me! I'll be thankful to you forever.

16. (A) was　　　(B) lay　　　(C) said　　　(D) seemed
17. (A) count　　(B) to count　(C) counted　　(D) counting
18. (A) commit　 (B) inform　　(C) inspire　　(D) promise
19. (A) strength　(B) discovery　(C) allowance　(D) explosion
20. (A) amazing　 (B) cherishing　(C) interested　(D) depressed

第 21 至 25 題為題組

　　Which quick-service restaurant chain has a clown as its symbol,
and virtually invented the idea of fast food? You probably guess
McDonald's. The classic McDonald's meal is a hamburger with French
fries and a drink. McDonald's hamburgers are made from 100% pure
beef, ___21___ is cooked on a grill and served on a bun with onion,
ketchup, mustard, and dill pickles. Millions of hamburgers are sold by

the company every month. In fact, Mac and Dick McDonald created the concept of quick service at their restaurant in San Bernadino, California. They __22__ invented the idea of specialization—one person cooked the hamburgers, another made milkshakes, and another put mayonnaise on the buns, and the biggest innovation—they had the food prepared and waiting so that customers could __23__ an order and collect it at once. The food was good and cheap, and business __24__. Parents felt confident in taking their families because they could expect cleanliness and food of a certain __25__. Besides, because of the clowns and toys, their children enjoyed going.

21. (A) that   (B) what   (C) which   (D) where
22. (A) thus   (B) also   (C) still   (D) however
23. (A) ask   (B) have   (C) place   (D) reserve
24. (A) boomed   (B) promoted   (C) explored   (D) depended
25. (A) tissue   (B) quality   (C) quantity   (D) perfume

第 26 至 30 題為題組

   Some scientists made an experiment by putting in a cage 5 monkeys and a ladder with bananas on top. Every time one monkey went up the ladder, the scientists sprayed __26__ ones with cold water. After a while, whenever a monkey tried to climb the ladder, the rest of the monkeys would beat him up. Later on, as it turned out, no monkey dared to climb the ladder __27__ the attractive bananas. Scientists then decided to replace one of the caged monkeys with a new monkey. The first thing this newcomer did was to go up the ladder and, the other monkeys __28__ beat him up. Having been beaten, the new member then learned not to go up the ladder without knowing why. The same thing happened to the second new ladder-climbing monkey. The first monkey participated in the beating, too. A third and a fourth were substituted and the beating was repeated __29__ all the monkeys were replaced. Eventually, in the cage were a group of five monkeys, which still continued to beat up any ladder-climber, though none of them had had the experience of cold showers. If it were possible to ask ___30___ the group beating, the monkeys would probably answer, "I don't know. That's how things are done around here."

26. (A) other   (B) another   (C) the other   (D) others
27. (A) in view of   (B) in honor of   (C) in place of   (D) in spite of
28. (A) fortunately   (B) contrarily   (C) effectively   (D) immediately
29. (A) if   (B) until   (C) while   (D) though
30. (A) why did they join   (B) them why they joined
     (C) why to join   (D) them that why they joined

三、文意選填（占 10 分）

說明： 第 31 題至第 40 題，每題一個空格，請依文意在文章後所提供的(A)到 (J) 選項中分別選出最適當者，並將其英文字母代號畫記在答案卡之「選 擇題答案區」。各題答對者，得 1 分；答錯、未作答或畫記多於一個選 項者，該題以零分計算。

第 31 至 40 題為題組

     Summers are usually not a good time for outdoor exercise. However, water aerobics, or aqua aerobics, is a cool way to reach a healthy ___31___ and beat the heat of summer. It is a great combination of fun and exercise and involves various body movements in a rhythmic style and ___32___ kinds of dance steps.

     As one is immersed in water, the body weight lightens. This makes water aerobics a ___33___ non-weight-bearing sport and one less likely to cause strain to the joints and back. As a consequence, the ___34___ of injury is lower. Since water aerobics is a low impact form of workout, it is especially ___35___ to the elderly, and to people with arthritis, back pain and diabetes.

When it comes to ___36___ blood circulation and muscle endurance, water aerobics is a safer option in comparison with standard aerobics. It not only boosts the continuous movement of blood around one's body but ___37___ one's heart and lungs. Moreover, water is denser than air and ___38___ is the resistance offered by it. That's why regular water exercise results in rapid toning of body muscles, for the water exerts resistance on the working muscles from all directions. According to a report, merely walking in the water for about an hour will burn nearly ___39___ as many calories as walking on land will do. ___40___ this property of water, water aerobics is a nearly strain-free way to lose more weight compared with most other sports.

(A) certain	(B) twice	(C) weight	(D) so
(E) beneficial	(F) considering	(G) strengthens	(H) moderate
(I) improving	(J) chance		

四、閱讀測驗 (占 32 分)

說明： 第 41 題至第 56 題，每題請分別根據各篇文章之文意選出最適當的一個
選項，請畫記在答案卡之「選擇題答案區」。各題答對者，得 2 分；答
錯、未作答或畫記多於一個選項者，該題以零分計算。

第 41 至 44 題為題組

Have you joined the excitement over the movie, *Jurassic World*, this summer's most successful box office hit? While the whole world is experiencing a craze for dinosaurs, a great fossil mystery related to giant dinosaurs has been solved by researchers.

Scientists have long wondered why the dinosaurs that spread across the globe 230 million years ago largely avoided living near the equator, since large, long-necked, plant-eating dinosaurs are absent from the equatorial fossil record.

A group of scientists at the University of Utah found that the tropical climate around the equator was to blame. The area was characterized by wet seasons in some years and extremely little rain in others. What's worse, this area was frequently interrupted by raging wildfires that reached temperatures of up to 600 degrees Celsius every few dozen years.

The conditions would have made it difficult for abundant plants and trees to grow and survive, and the more well-known Jurassic dinosaurs would have lived on them. With no consistent source of vegetative food, large plant-eating dinosaurs were unable to live in the region, and only a few small meat-eating dinosaurs were able to find a food source near the equator.

Researchers also found that the CO_2 levels during this period were four to six times the current levels. The scientists thus remind us of the same dangerous conditions we might face in the future.

"If we continue along our present course, similar conditions in a high-CO_2 world may develop and put the earth in danger," said Randal Irmis, a co-author of the study. In fact, CO_2 levels in the atmosphere have reached a record high for modern times.

41. Which of the following issues is discussed in the article?
(A) Why some dinosaurs didn't live in a certain area of the earth.
(B) Why the movie, *Jurassic World*, greatly attracts moviegoers.
(C) Why dinosaurs suddenly became extinct millions of years ago.
(D) Why climate change is an important issue in modern times.

42. Why did the author mention the movie, *Jurassic World*, in the beginning of the article?
(A) To inform the readers of the topic of the article.
(B) To entertain the readers with something famous.
(C) To question the success and popularity of the movie.
(D) To attract the readers' attention and arouse their interest.

43. Which of the following inferences is **FALSE** based on the article?
    (A) No animals could be found at the equator in dinosaur times.
    (B) Fossil records help scientists understand more about ancient creatures.
    (C) During dinosaur times, the CO_2 levels were much higher than they are now.
    (D) Extreme weather conditions can make plants and trees unable to grow.

44. What is the author's tone at the end of the article?
    (A) Tragic.　　　(B) Playful.　　　(C) Warning.　　　(D) Optimistic.

第 45 至 48 題為題組

　　Computers are already replacing many workers. What can young people learn now that won't be taken over within their lifetimes and that will secure them good jobs over the next 30 years? Teachers in universities are struggling to answer that question.

　　Most people complete their formal education by their early 20s and expect **to draw on it** for several decades. But a computer can learn in seconds most of the knowledge that people get in college, and there will be a great many generations of even more powerful computers.

　　Two strains of thought seem to dominate the effort to deal with this problem. The first is that we teachers should provide to our students some kind of flexible and insight-bearing human learning that cannot be replaced by computers. The second is that we need to make education more business-oriented, teaching about the real world and enabling a creative decision-making process that computers cannot reproduce. These two ideas are not necessarily in conflict.

　　Some scholars are trying to make out what kinds of learning have survived technological replacement better than others. Richard J.

Murnane and Frank Levy in their book *The New Division of Labor* studied occupations that expanded during the information revolution of the recent past. **They** include jobs like the service manager at an auto company, as opposed to jobs that have declined, like the telephone operator.

The successful occupations shared some characteristics. People who practiced them needed complex communication skills and expert knowledge. Such skills included an ability to convey "not just information but a particular interpretation of information." They said that expert knowledge was broad, deep and practical, allowing the solution of unexplored problems.

These attributes may not be as beneficial in the future, but the study certainly suggests that a college education needs to be broad and general, and not defined by the traditional structure of separate departments.

45. As used in the second paragraph, "**to draw on it**" clearly means _____.
    (A) to make a plan in advance   (B) to make use of it
    (C) to decide in detail what to do
    (D) to determine what is impossible

46. Based on the passage, _____ is the least likely to be replaced by computers and robots.
    (A) a driver   (B) a therapist   (C) a cashier   (D) a packager

47. What does "**They**" in the fourth paragraph refer to?
    (A) Richard J. Murnane and Frank Levy.
    (B) Jobs like the car sales manager and the telephone operator.
    (C) Jobs that grew during the information age in the past few years.
    (D) Courses that universities provide for today's students.

48. Which of the following statements does the author argue against?

(A) Students should imitate the clever business actions that computers perform.
(B) With full-scale expert knowledge, future students are more likely to deal with unfamiliar problems successfully.
(C) Colleges should give courses that involve more general knowledge and communication skills.
(D) Being able to decide the significance of information is more important than conveying it.

第 49 至 52 題爲題組

When you first see a Murakami creation, you might feel like you have stumbled across the marriage of a Disney cartoon and Japanese animation. Cute, candy-colored cartoon characters with large eyes and exaggerated body parts feature predominantly in his paintings. It is a dream-like world of immense creativity.

Growing up in Tokyo in the 1960s and 70s, Takashi Murakami was influenced by Japanese popular culture and also exposed to American influence in imported movies and music. Although he earned his PhD in *nihonga*, a Japanese style of painting that combines both Eastern and Western painting techniques, he included *anime* (Japanese animation) and *manga* (Japanese comics) in his paintings and sculptures. One of his best-known characters is Mr. DOB, a mouse-like creature with a round head and large, circular ears. Mr. DOB embodies many of the images coming from Japanese culture such as Hello Kitty. He believes these images provide relief for a stressed society.

In 2003, Murakami gained widespread fame when he partnered with designer Marc Jacobs in a new design for a range of Louis Vuitton purses. The creations featured some of his cartoon images and bright colors sparkled among the traditional LV logo. Sales of these bags exceeded $300 million and Murakami's style became recognized worldwide.

Despite welcoming this **commercial success**, Murakami realized that he needed to re-establish his reputation as a "serious" artist. As he once said in an interview, "I need to rebuild the wall between the commercial art and the fine art I do. I need to focus on the fine art side of me for a while." Since then, he has worked hard to achieve that balance and is now recognized as a leading contemporary Japanese artist.

49. Which of the following is the most suitable title for this passage?
    (A) Murakami and His Colorful Art of Animation
    (B) The Cute and Stress-free World in Murakami's Paintings
    (C) Murakami: a Low-profile Fashion Designer for LV
    (D) Union of the East and the West in Murakami's Art

50. Which of the following is **TRUE** about Murakami's career?
    (A) His partnership with LV aroused criticism from some art critics.
    (B) His major in *nihonga* blocked his contact with Japanese pop culture.
    (C) He created Mr. DOB to help his audience ease pressure from society.
    (D) He was influenced by American painting techniques because he drew cartoons for Disney.

51. What does the "**commercial success**" in the last paragraph refer to?
    (A) Murakami's earning of PhD in *nihonga*.
    (B) The fame and fortune brought by Murakami's design for LV.
    (C) The popularity of Murakami's animation character, Mr. DOB.
    (D) Murakami's status as a leading Japanese contemporary artist.

52. Which of the following best describes Murakami's change after 2003?
    (A) He began to pursue achievement in fine art.
    (B) He kept focusing on cooperation with high fashion brands.
    (C) He preferred Japanese painting techniques to Western ones.
    (D) He couldn't adapt himself to working with designer Marc Jacobs.

第 53 至 56 題為題組

Kaplan Test Prep conducted a survey in which 25% of respondents, mostly college admission officials, stated that they felt pressure to give an edge to certain applicants. And 16% said they were made to admit some incompetent students who are connected to the rich. The result confirms one of the worst secrets in the college admissions world: Many colleges give admissions advantages to influential applicants. Many college officials have defended the practice, saying that these few exceptions help them raise big donations to help fund scholarships for smart but needy students.

But this age-old policy has also been criticized because of the continuing gaps between college graduation rates for the rich and the poor. Even though colleges say they don't hold a student's poor financial condition against him or her when making admission decisions, they cannot ignore a rich applicant's potential help to their colleges. For example, many wealthy private colleges, like Duke University, set aside some letters of admission for "development admits"—underqualified children of families who are expected to make large donations. Many public universities also bend the rules in favor of applicants who have a parent who is influential or attended the same college. Investigators found that between 2005 and 2009, the University of Illinois admitted hundreds of underqualified students who were connected to politically powerful families.

Seppy Basili, vice president of K-12 programs at Kaplan Test Prep, advises ordinary applicants against giving up because of this small group of "development admits" and "**legacies**". Despite this practice, "the majority of accepted college applicants are successful due to their outstanding performance," he says. He further notes that such programs are under inspection, since the process of college admission is becoming more open to the public.

53. The passage is mainly about _____.
    (A) how U.S. college applicants are admitted
    (B) the surveys that U.S. college conduct about their admission applicants
    (C) how many U.S. colleges have been accepting students related to powerful or rich families
    (D) how in the U.S. only a small number of ordinary students can be admitted to prestigious colleges

54. According to Seppy Basili, college admission applicants _____.
    (A) should be treated alike
    (B) should strive on despite a few cases of development admits
    (C) should make public the inequality of college admission
    (D) should give up if they are not connected to influential families

55. In the last paragraph, the word "**legacies**" means _____.
    (A) talented college applicants
    (B) powerful college admission officers
    (C) outstanding academic heritage of colleges
    (D) family members of wealthy former students

56. Which of the following inferences is **TRUE** based on the article?
    (A) The practice of favoring privileged applicants has emerged quite recently.
    (B) Being wealthy enough, Duke University does not accept any development admits.
    (C) Public universities tend to treat their applicants more equally than their private counterparts.
    (D) Some college officials believe that admission exceptions should be made in order to help more students in need.

第貳部分：非選擇題（占 28 分）

說明： 本部分共有二題，請依各題指示作答，答案必須寫在「答案卷」上，並標明大題號（一、二）。作答務必使用筆尖較粗之黑色墨水的筆書寫，且不得使用鉛筆。

一、中譯英（占 8 分）

說明： 1. 請將以下中文句子譯成正確、通順、達意的英文，並將答案寫在「答案卷」上。

2. 請依序作答，並標明子題號。每題 4 分，共 8 分。

1. 據說吃愈少餐的人，愈容易變瘦。

2. 但是我認為保持身材最好的方法是多運動而不是節食。

二、英文作文（占 20 分）

說明： 1. 依提示在「答案卷」上寫一篇英文作文。

2. 文長至少 120 個單詞（words）。

提示： 請仔細觀察以下三幅連環圖片內容，並想像第四幅可能的發展，寫出一個涵蓋連環圖片內容並有完整結局的故事。

大學入學學科能力測驗英文科
模擬試題 ① 詳解

第壹部分：單選題

一、詞彙題：

1. (**D**) 當山姆被當場捉住，並被質問爲何要偷 iPad 時，他別無<u>選擇</u>只好說實話。
   - (A) theory[3] 〔ˈθiərɪ〕 *n.* 理論　　theoretical[6] 〔ˌθiəˈrɛtɪkḷ〕 *adj.* 理論的
   - (B) channel[3] 〔ˈtʃænḷ〕 *n.* 頻道；途徑；海峽
   - (C) opportunity[3] 〔ˌɑpɚˈtjunətɪ〕 *n.* 機會
   - (D) *alternative*[6] 〔ɔlˈtɝnətɪv〕 *n.* 選擇（= *choice*[2]）
     have no alternative/choice but to V 除了~之外別無選擇
   - * *red-handed* *adj.* 現行犯的　　*catch sb.* *red-handed* 當場抓到某人
     as to 關於

2. (**C**) 關於期末報告如何進行，老師給了我們<u>明確的</u>指示，包括如何蒐集資料。
   - (A) worth[2] 〔wɝθ〕 *adj.* 值得的　　be worth + V-ing 值得做某事
   - (B) familiar[3] 〔fəˈmɪljɚ〕 *adj.* 熟悉的　　be familiar with 熟悉
   - (C) *specific*[3] 〔spɪˈsɪfɪk〕 *adj.* 明確的；特定的
   - (D) ordinary[2] 〔ˈɔrdṇˌɛrɪ〕 *adj.* 普通的；平常的（= *common*[1]）
   - * instruction[3] 〔ɪnˈstrʌkʃən〕 *n.* 說明；指示　　*work on* 著手；進行
     term[2] 〔tɝm〕 *n.* 學期

3. (**C**) 每次我喉嚨痛，祖母總會推薦一些天然的療法，讓我<u>舒緩</u>疼痛。
   - (A) creep[3] 〔krip〕 *v.* 爬行　*n.* 爬行；毛骨悚然的感覺
     例：It gave me the creeps. 它使我毛骨悚然。
   - (B) indicate[2] 〔ˈɪndəˌket〕 *v.* 指示；指出（= *show*[1]）
   - (C) *soothe*[6] 〔suð〕 *v.* 安慰；緩和（= *ease*[1] = *relieve*[4]）
   - (D) predict[4] 〔prɪˈdɪkt〕 *v.* 預測（= *forecast*[4]）
   - * *sore throat* 喉嚨痛　　recommend[5] 〔ˌrɛkəˈmɛnd〕 *v.* 推薦
     remedy[4] 〔ˈrɛmədɪ〕 *n.* 療法

4. (**B**) 撼動了尼泊爾的 7.8 級強震，奪走了<u>大約</u>兩千條人命，使數萬人無家可歸。

(A) toughly[4] (ˈtʌflɪ) *adv.* 堅韌地；結實地；頑強地

(B) ***roughly***[4] (ˈrʌflɪ) *adv.* 粗糙地；大約 (= *approximately*[6] = *about*[1])

(C) typically[3] (ˈtɪpɪklɪ) *adv.* 典型地；通常 (= *usually*[2])

(D) gradually[3] (ˈɡrædʒuəlɪ) *adv.* 逐漸地

* magnitude[6] (ˈmæɡnəˌtjud) *n.* 震度
shake[1] (ʃek) *v.* 搖晃【三態變化：shake-shook-shaken】
tens of thousands of 數萬的　　homeless[1] (ˈhomlɪs) *adj.* 無家可歸的

5. (**D**) 自從韓國爆發 MERS 疫情以來，已經對其經濟造成重大<u>影響</u>。例如已造成韓國觀光產業的重大損失。

(A) delay[2] (dɪˈle) *n., v.* 延緩；延誤　　without delay 立即

(B) comment[4] (ˈkɑmɛnt) *n., v.* 評論　　No comment. 不予置評。

(C) battle[2] (ˈbætl̩) *n., v.* 戰鬥 (= *fight*[1])

(D) ***impact***[4] (ˈɪmpækt) *n.* 影響；衝擊
have an impact on 對⋯有影響

* ***break out*** 爆發【常用於疾病、戰爭、火災】
economy[4] (ɪˈkɑnəmɪ) *n.* 經濟　　tourism[3] (ˈturɪzəm) *n.* 觀光業
industry[2] (ˈɪndəstrɪ) *n.* 產業

6. (**A**) 這件新襯衫第一次洗就<u>褪色</u>，我還不知道該怎麼做才能恢復原來的顏色。

(A) ***fade***[3] (fed) *v.* 褪色；消退；逐漸消失

(B) pile[2] (paɪl) *v.* 堆積；堆疊；累積　　*n.* 堆；堆積
a pile of 一堆；大量的

(C) crash[3] (kræʃ) *v., n.* 碰撞；墜毀　　air/plane crash 空難；墜機

(D) slip[2] (slɪp) *v., n.* 滑行；滑倒；溜走

7. (**B**) 南美洲 12 支足球國家代表隊，參加在智利舉行的美洲盃足球賽，努力要在<u>激烈的</u>競爭中贏得冠軍。

(A) sharp[1] (ʃɑrp) *adj.* 鋒利的；尖的；急劇的；敏銳的

(B) ***fierce***[4] (fɪrs) *adj.* 凶猛的；強烈的；激烈的

(C) original[3] (əˈrɪdʒənl̩) *adj.* 最初的；原始的；有獨創性的

(D) offensive[4] (əˈfɛnsɪv) *adj.* 冒犯的；討厭的；進攻的

> * national[2] [ˈnæʃənḷ] *adj.* 全國的；國家的
> ***take part in*** 參加 (= *participate in*)
> championship[4] [ˈtʃæmpɪənˌʃɪp] *n.* 冠軍資格、頭銜
> competition[4] [ˌkɑmpəˈtɪʃən] *n.* 競爭；比賽

8. (**A**) 許多人熱中追求名利，因為他們相信財富與名聲將會帶給他們幸福。

　　(A) ***pursuit***[4] [pɚˈsut] *n.* 追求　　***in pursuit of*** 追求
　　(B) routine[3] [ruˈtin] *n.* 例行公事；慣例　*adj.* 例行的
　　(C) effort[2] [ˈɛfɚt] *n.* 努力
　　(D) necessity[3] [nəˈsɛsətɪ] *n.* 必需品；需要
　　* fame[4] [fem] *n.* 名聲

9. (**B**) 在我朋友的婚宴上，我看見清蒸青蛙在桌上，頓時胃口盡失。

　　(A) glory[3] [ˈglorɪ] *n.* 光榮；壯麗
　　(B) ***appetite***[2] [ˈæpəˌtaɪt] *n.* 胃口；食慾
　　(C) message[2] [ˈmɛsɪdʒ] *n.* 訊息　　leave a message 留言
　　(D) insight[6] [ˈɪnˌsaɪt] *n.* 洞察力；見解
　　* wedding[1] [ˈwɛdɪŋ] *n.* 婚禮　　banquet[5] [ˈbæŋkwɪt] *n.* 宴會
　　　steamed[2] [stimd] *adj.* 清蒸的　　instant[2] [ˈɪnstənt] *adj.* 立即的

10. (**D**) 我會永遠在你身旁支持你，所以如果你有任何問題，不要猶豫立刻打電話給我。

　　(A) signify[6] [ˈsɪgnəˌfaɪ] *v.* 表示；意味著
　　(B) convince[4] [kənˈvɪns] *v.* 說服；使相信
　　(C) volunteer[4] [ˌvɑlənˈtɪr] *v.* 自願　*n.* 志願者；義工
　　(D) ***hesitate***[3] [ˈhɛzəˌtet] *v.* 猶豫；遲疑

11. (**B**) 這幅畫是畢卡索的真跡；換句話說：它真的是西班牙藝術家畢卡索畫的。

　　(A) diligent[3] [ˈdɪlədʒənt] *adj.* 勤奮的　　diligence[4] *n.* 勤奮
　　(B) ***genuine***[4] [ˈdʒɛnjuɪn] *adj.* 真正的；真誠的
　　(C) hollow[3] [ˈhɑlo] *adj.* 中空的；瘦削的；空洞的
　　(D) imaginary[4] [ɪˈmædʒəˌnɛrɪ] *adj.* 虛構的；幻想的
　　* painting[2] [ˈpentɪŋ] *n.* 畫　　***in other words*** 換句話說

12. (**C**) 賈斯汀非常<u>迷信</u>，以至於相信黑貓從他面前走過將為他帶來厄運。

    (A) greedy[2] ('gridɪ) *adj.* 貪婪的   greed[5] *n.* 貪婪

    (B) grateful[4] ('gretfəl) *adj.* 感激的

    (C) **superstitious**[6] (,supɚ'stɪʃəs) *adj.* 迷信的   superstition[5] *n.* 迷信

    (D) enthusiastic[5] (ɪn,θjuzɪ'æstɪk) *adj.* 熱忱的；熱烈的

    * **so ~ as to V** 如此 ~ 以至於…   cross[2] (krɔs) *v.* 橫越
    path[2] (pæθ) *n.* 小徑；道路
    cross sb.'s path 橫越某人的道路；擋住某人的去路；偶遇某人

13. (**C**) 自從 J.K. 羅琳<u>出版</u>哈利波特系列最後一集已經多年，所有書迷都在
等待，想知道她接下來會寫什麼。

    (A) carve[4] (kɑrv) *v.* 雕刻

    (B) reflect[4] (rɪ'flɛkt) *v.* 反射；反映；反省

    (C) **publish**[4] ('pʌblɪʃ) *v.* 出版；刊登

    (D) fascinate[5] ('fæsn̩,et) *v.* 使著迷

14. (**D**) 興建新的高速公路計畫招致環保人士嚴厲的<u>批評</u>，他們說這對保育
地區有害。

    (A) custom[2] ('kʌstəm) *n.* 習俗；慣例；(*pl.*) 海關

    (B) disbelief[5] (,dɪsbə'lif) *n.* 不信；懷疑

    (C) category[5] ('kætə,gorɪ) *n.* 種類

    (D) **criticism**[4] ('krɪtə,sɪzəm) *n.* 批評

    * highway[2] ('haɪ,we) *n.* 公路   draw[1] (drɔ) *v.* 吸引；招致
    harsh[4] (hɑrʃ) *adj.* 嚴厲的
    environmentalist[3] (ɪn,vaɪrən'mɛntl̩ɪst) *n.* 環保人士
    do harm to 對 ~ 有害   conservation[6] (,kɑnsɚ'veʃən) *n.* 保育
    area[1] ('ɛrɪə) *n.* 地區；區域

15. (**A**) 這名殺人狂宣稱他有<u>精神疾病</u>，並說他不應該為大屠殺而受罰。

    (A) **mentally**[3] ('mɛntl̩ɪ) *adv.* 心理上地；精神上地
    be mentally ill 有精神疾病

    (B) actively[2] ('æktɪvlɪ) *adv.* 積極地；主動地

    (C) uniquely[4] (ju'niklɪ) *adv.* 獨特地；唯一地

    (D) visually[4] ('vɪʒʊəlɪ) *adv.* 視覺上地   visually impaired 視力受損

　　* spree〔spre〕*n.* 狂歡；作樂　　***spree killer*** 殺人狂
　　claim² 〔klem〕*v.* 宣稱　　punish² 〔'pʌnɪʃ〕*v.* 處罰
　　mass² 〔mæs〕*adj.* 大規模的

二、綜合測驗：

第 16 至 20 題為題組

　　從你們躺在我臂彎裡的第一刻起，我就告訴過你們，能成為你們的父親，是多麼不可思議的恩典。這些年來，我心中非常清楚的一件事，就是我想要成
　　　　　　　　　　　　　　　　　　　　　　　　　　　　　　　16
為父親。當這個夢想成真時，我開心又焦急地等候你們的到來，我不斷倒數著
　　　　　　　　　　　　　　　　　　　　　　　　　　　　　　　　　17
還有幾天、幾小時、幾分鐘，直到你們出生為止。

　　* moment¹ 〔'momənt〕*n.* 時刻
　　incredibly⁶ 〔ɪn'krɛdəblɪ〕*adv.* 難以置信地；非常地
　　blessed³ 〔'blɛsɪd〕*adj.* 受到祝福的；幸福的　　reality² 〔rɪ'ælətɪ〕*n.* 事實
　　anxiously⁴ 〔'æŋkʃəslɪ〕*adv.* 焦急地；渴望地
　　await⁴ 〔ə'wet〕*v.* 等待（= *wait for*）　　arrival³ 〔ə'raɪvl̩〕*n.* 到達；到來
　　joy¹ 〔dʒɔɪ〕*n.* 開心；快樂　　***with joy*** 開心地

16.（ **A** ）依句意，「我心中非常清楚的一件事『就是』…」，主詞 the only
　　　　thing 為單數，要用單數動詞，選 (A) ***was***。

17.（ **D** ）動詞 count「數」與前句之間沒有連接詞，且為主動，故改成現在分
　　　　詞，選 (D) ***counting***。

自從你們兩歲起，我們就一起環遊世界，每天一起學習新的事物，而且你們還
激發我去嘗試新事物，像是寫出了我的第一本童書。最重要的是，我親愛的兒
　18
子們，你們的愛給我力量，去過一個真誠的生活——具有勇氣與透明的生活，
　　　　　　　　　　　　　　　　　　19
這讓我充滿了驕傲與平靜。你們帶給我的是多麼棒的禮物啊！我會永遠感謝
　　　　　　　　　　　　　　　　　　　　　　　20
你們。

　　* ***above all*** 最重要的是　　***live a~life*** 過著~的生活
　　courage² 〔'kɝɪdʒ〕*n.* 勇氣　　transparency⁵ 〔træns'pɛrənsɪ〕*n.* 透明
　　pride² 〔praɪd〕*n.* 自尊；自豪；驕傲　　thankful³ 〔'θæŋkfəl〕*adj.* 感謝的

18. (**C**) (A) commit[4] 〔kəˋmɪt〕 v. 犯（罪/錯）

　　　　　　commit a crime/mistake 犯罪/錯

　　　　(B) inform[3] 〔ɪnˋfɔrm〕 v. 通知；告知

　　　　(C) ***inspire***[4] 〔ɪnˋspaɪr〕 v. 啟發；激勵

　　　　(D) promise[2] 〔ˋprɑmɪs〕 v. 承諾

> inspire[4] v. 激勵
> = encourage[2]
> = motivate[4]

19. (**A**) (A) ***strength***[3] 〔strɛŋθ〕 n. 力量

　　　　(B) discovery[3] 〔dɪˋskʌvərɪ〕 n. 發現

　　　　(C) allowance[4] 〔əˋlaʊəns〕 n. 零用錢

　　　　(D) explosion[4] 〔ɪkˋsploʒən〕 n. 爆炸

20. (**A**) (A) ***amazing***[3] 〔əˋmezɪŋ〕 adj. 驚人的；很棒的

　　　　(B) cherishing[4] 〔ˋtʃɛrɪʃɪŋ〕 adj. 珍愛的

　　　　　　【禮物應是「受到珍惜的；珍貴的」，要改成 cherished[4]】

　　　　(C) interested[1] 〔ˋɪntrɪstɪd〕 adj. 感興趣的【形容人】

　　　　(D) depressed[4] 〔dɪˋprɛst〕 adj. 沮喪的【形容人】

第 21 至 25 題為題組

　　哪一家速食連鎖店以小丑為象徵，實際上發明了速食的概念？你可能會猜到是麥當勞。麥當勞經典套餐是漢堡搭配薯條和飲料。麥當勞的漢堡是由百分之百的純牛肉製成，<u>牛肉</u>在烤架上烤過後，放在小圓麵包上，加上洋蔥、番茄
　　　　　　　　　　　　　　　　　　21
醬、芥末和醃黃瓜。這家公司每個月賣出數百萬份的漢堡。

> * service[1] 〔ˋsɜvɪs〕 n. 服務　　　chain[3] 〔tʃen〕 n. 連鎖店
> clown[2] 〔klaʊn〕 n. 小丑　　　virtually[6] 〔ˋvɜtʃʊəlɪ〕 adv. 實際上；幾乎
> symbol[2] 〔ˋsɪmbḷ〕 n. 象徵　　　classic[2] 〔ˋklæsɪk〕 adj. 經典的；典型的
> pure[3] 〔pjʊr〕 adj. 純的　　　grill[6] 〔grɪl〕 n. 烤架
> serve[1] 〔sɜv〕 v. 供應（食物）；上菜　　　bun[2] 〔bʌn〕 n. 小圓麵包
> onion[2] 〔ˋʌnjən〕 n. 洋蔥　　　ketchup[2] 〔ˋkɛtʃəp〕 n. 番茄醬
> mustard[5] 〔ˋmʌstəd〕 n. 芥茉
> dill 〔dɪl〕 n. 蒔蘿【芳香植物，俗稱土茴香】
> pickle[3] 〔ˋpɪkḷ〕 n. 醃菜；泡菜；醃黃瓜

21. (**C**) 空格為關代主格，引導補述用法的形容詞子句，修飾先行詞 beef，

　　　　空格前有逗點，不可用 that，故選 (C) ***which***。

事實上，莫里斯（Mac）和理查（Dick）麥當勞兄弟創造出快速服務的概念，是在他們位於加州聖博那迪諾的餐廳，他們<u>也</u>發明了專業化的概念：一個人做
　　　　　　　　　　　　　　　　　　　　　　22
漢堡、一個人做奶昔、另外一個人把美乃滋擠在小圓麵包上，而最大的創新就是：他們把食物準備好等著，所以顧客可以<u>下訂單後就可以立刻取餐</u>。
　　　　　　　　　　　　　　　　　　　　　　　　　　　23

* concept[4]〔'kɑnsɛpt〕*n.* 概念；觀念
  specialization[6]〔,spɛʃələˈzeʃən〕*n.* 特殊化；專門化
  milkshake[1]〔'mɪlkˌʃek〕*n.* 奶昔　　mayonnaise[5]〔,meəˈnez〕*n.* 美乃滋
  innovation[6]〔,ɪnəˈveʃən〕*n.* 創新　　order[1]〔'ɔrdɚ〕*n.* 點餐；訂單
  collect[2]〔kəˈlɛkt〕*v.* 收集；取（餐）　　*at once* 立刻

22. (**B**) (A) thus[1]〔ðʌs〕*adv.* 因此　　　　(B) *also*[1]〔'ɔlso〕*adv.* 也
　　　　　(C) still[1]〔stɪl〕*adv.* 依然　　　　(D) however[2]〔hauˈɛvɚ〕*adv.* 然而

23. (**C**) (A) ask[1]〔æsk〕*v.* 問　　　　　　(B) have orders 奉命行事
　　　　　(C) *place an order* 下訂單　　　(D) reserve[3]〔rɪˈzɝv〕*v.* 預約

食物好吃又便宜，所以生意<u>興隆</u>。父母帶家人去用餐時很有信心，因為他們期
　　　　　　　　　　　　　24
待餐廳是衛生的，食物也有一定的<u>品質</u>。此外，也因為小丑和玩具，孩子們也
　　　　　　　　　　　　25
很喜歡去。

* confident[3]〔'kɑnfədənt〕*adj.* 有信心的
  cleanliness〔'klɛnlɪnɪs〕*n.* 乾淨；清潔
  certain[1]〔'sɝtn̩〕*adj.* 某種；特定的

24. (**A**) (A) *boom*[5]〔bum〕*v.* 繁榮　　　(B) promote[3]〔prəˈmot〕*v.* 升職
　　　　　(C) explore[4]〔ɪkˈsplor〕*v.* 探索　(D) depend[2]〔dɪˈpɛnd〕*v.* 依賴

25. (**B**) (A) tissue[3]〔'tɪʃu〕*n.* 面紙　　　(B) *quality*[2]〔'kwɑlətɪ〕*n.* 品質
　　　　　(C) quantity[2]〔'kwɑntətɪ〕*n.* 數量　(D) perfume[4]〔'pɝfjum〕*n.* 香水

<u>第 26 至 30 題為題組</u>

　　有一些科學家做了一個實驗，把五隻猴子和一個上面放了香蕉的梯子放在
籠子裡。每當有猴子爬上梯子時，科學家就用冷水噴<u>其他</u>猴子。一陣子過後，
　　　　　　　　　　　　　　　　　　　　　　　　　26

每當有猴子試圖爬上梯子時，其他猴子就會毆打牠。後來結果變成，<u>儘管香蕉</u>
27
很有誘惑力，沒有猴子敢爬梯子。

> * experiment^3〔ɪkˋspɛrəmənt〕*n.* 實驗　　cage^1〔kedʒ〕*n.* 籠子
> ladder^3〔ˋlædɚ〕*n.* 梯子　　spray^3〔spre〕*v.* 噴灑
> ***turn out*** 結果是　　dare^3〔dɛr〕*v.* 膽敢

26. (**C**) 表示「其餘的」猴子，空格後還有代名詞 ones，故選 (C) ***the other***。
　　　　(D) others「其他者」本身即是代名詞，後面不能再接 ones，故不合。

27. (**D**) (A) in view of　有鑑於　　　　(B) in honor of　為了紀念
　　　　(C) in place of　取代　　　　　　(D) ***in spite of***　儘管

然後科學家決定用一隻新猴子取代籠中的某一隻猴子。新來的猴子所做的第一
件事就是爬梯子，而其他猴子<u>馬上</u>毆打牠。被打過後，新猴子就學會了不要爬
28
梯子，但是不知道為什麼。同樣的事也發生在第二隻新來爬梯子的猴子身上。
第一隻新猴子也參與了圍毆。第三隻、第四隻猴子被更換，圍毆還是重複著，
<u>直到</u>全部的猴子都被換掉了。最後，籠中的五隻猴子，雖然先前都沒有被淋過
29
冷水，但是仍然繼續圍毆任何一隻爬梯的猴子。如果有可能問問<u>牠們為何加入</u>
30
圍毆，這些猴子也許會回答：「我不知道。這裡都是這樣做的啊！」

> * replace^3〔rɪˋples〕*v.* 取代　　beat^1〔bit〕*v.* 毆打
> substitute^5〔ˋsʌbstə‚tjut〕*v.* 代替　　repeat^2〔rɪˋpit〕*v.* 重複
> eventually^4〔ɪˋvɛntʃʊəlɪ〕*adv.* 最後；終於　　***group beating*** 圍毆

28. (**D**) (A) fortunately^4〔ˋfɔrtʃənɪtlɪ〕*adv.* 幸運地
　　　　(B) contrarily^4〔ˋkɑntrɛrəlɪ〕*adv.* 相反地
　　　　(C) effectively^2〔ɪˋfɛktɪvlɪ〕*adv.* 有效地
　　　　(D) ***immediately***^{3}〔ɪˋmidɪɪtlɪ〕*adv.* 立刻；馬上

29. (**B**) 依句意，選 (B) ***until***「直到」。

30. (**B**) 依句意，選 (B)，ask 在此是授與動詞，先接間接受詞 them，指「猴
　　　　子」，再接 why they joined...，為名詞子句做直接受詞。

三、文意選填：

第 31 至 40 題為題組

　　夏季通常不是一個進行戶外活動的好時機。然而，水中有氧運動是一種能達到健康 **31. (C) 體重**，又能消暑的涼快方式，它是樂趣和運動的完美結合，包含了富節奏的肢體律動和 **32. (A) 某些種類**的舞步。

　　* aerobics〔ε'robɪks〕n. 有氧運動
　　aqua〔'ækwə〕adj. 水的
　　reach[1]〔ritʃ〕v. 到達
　　weight[1]〔wet〕n. 體重
　　beat[1]〔bit〕v. 擊敗　　heat[1]〔hit〕n. 熱；酷熱
　　combination[4]〔ˌkɑmbə'neʃən〕n. 結合
　　involve[4]〔ɪn'vɑlv〕v. 包含；需要　　various[3]〔'vɛrɪəs〕adj. 各種的
　　movement[1]〔'muvmənt〕n. 動作；活動　　***body movment*** 肢體動作
　　rhythmic[6]〔'rɪðmɪk〕adj. 律動的；有節奏的
　　style[3]〔staɪl〕n. 風格；方式　　certain[1]〔'sɝtn̩〕adj. 某些
　　step[1]〔stɛp〕n. 步驟；腳步；舞步　　***dance step*** 舞步

　　當人體沉浸在水中時，體重會減輕。這使得水中有氧運動成為沒有負重的 **33. (H) 中度運動**，也比較不會造成關節和背部拉傷，因此受傷的 **34. (J) 可能性**較小。因為水中有氧運動屬於低衝擊力的運動，所以特別 **35. (E) 有益於**老年人，以及患有關節炎、背痛和糖尿病的患者。

　　* immerse〔ɪ'mɝs〕v. 沉浸　　lighten[4]〔'laɪtn̩〕v. 變輕
　　moderate[4]〔'mɑdərɪt〕adj. 中度的　　bear[2,1]〔bɛr〕v. 支撐（重量等）
　　likely[1]〔'laɪklɪ〕adj. 可能的　　strain[5]〔stren〕n. 拉緊；拉傷
　　joint[2]〔dʒɔɪnt〕n. 關節　　consequence[4]〔'kɑnsəˌkwɛns〕n. 結果
　　as a consequence 結果；因此　　chance[1]〔tʃæns〕n. 可能性
　　injury[3]〔'ɪndʒərɪ〕n. 受傷　　impact[4]〔'ɪmpækt〕n. 影響；衝擊
　　workout〔'wɝkˌaʊt〕n. 運動
　　especially[2]〔ə'spɛʃəlɪ〕adv. 特別地；尤其
　　beneficial[5]〔ˌbɛnə'fɪʃəl〕adj. 有益的　　elderly[3]〔'ɛldəlɪ〕adj. 老的
　　the elderly 老年人　　arthritis〔ɑr'θraɪtɪs〕n. 關節炎
　　diabetes[6]〔ˌdaɪə'bitɪs〕n. 糖尿病

　　說到 **36. (I) 改善**血液循環和肌肉的耐力，比起其他一般的有氧運動，水中有氧運動是較安全的選擇，它不僅可以促進全身血液循環，也能 **37. (G) 增強**心肺

功能。此外，水的密度比空氣大，所產生的阻力 ^{38.} **(D)** 同樣也比空氣大，因此，規律的水中運動會導致身體肌肉快速強化，因爲水從四面八方對運動中的肌肉施加阻力。

> * **when it comes to N/V-ing** 一提到　　improve² 〔 ɪm'pruv 〕 v. 改善
> blood¹ 〔 blʌd 〕 n. 血液　　circulation⁴ 〔ˏsɝkjə'leʃən 〕 n. 循環
> muscle³ 〔'mʌsḷ 〕 n. 肌肉　　endurance⁶ 〔 ɪn'djʊrəns 〕 n. 持久；耐力
> option⁶ 〔'apʃən 〕 n. 選擇　　comparison³ 〔 kəm'pærəsṇ 〕 n. 比較
> **in comparison with** 和～比較（ = *compared with* ）
> standard² 〔'stændəd 〕 adj. 標準的；一般的　　boost⁶ 〔 bust 〕 v. 提高
> continuous⁴ 〔 kən'tɪnjʊəs 〕 adj. 持續的　　strengthen⁴ 〔'strɛŋθən 〕 v. 加強
> dense⁴ 〔 dɛns 〕 adj. 濃密的　　resistance⁴ 〔 rɪ'zɪstəns 〕 n. 抵抗；阻力
> regular² 〔'rɛgjələ 〕 adj. 規律的　　**result in** 導致；造成
> rapid² 〔'ræpɪd 〕 adj. 快速的　　toning 〔'tonɪŋ 〕 n.（ 肌肉 ）變強；緊實
> exert⁶ 〔 ɪg'zɝt 〕 v. 運用；發揮；施加（ 壓力 ）
> direction² 〔 də'rɛkʃən 〕 n. 方向　　**from all directions** 來自四面八方

根據一項報導指出，僅僅在水中行走約一個小時，比起同時間在陸地上行走，燃燒將近 ^{39.} **(B)** 兩倍的卡路里。^{40.} **(F)** 考慮到水的這個特性，相較於大部分其他運動，水中有氧是一個幾乎零傷害，而能減少更多體重的運動。

> * merely⁴ 〔'mɪrlɪ 〕 adv. 僅僅　　**twice as many…as** 是兩倍的…
> calorie⁴ 〔'kælərɪ 〕 n. 卡路里【熱量單位】
> considering² 〔 kən'sɪdərɪŋ 〕 prep. 考慮到　　property³ 〔'prapətɪ 〕 n. 特性
> nearly² 〔'nɪrlɪ 〕 adv. 將近；幾乎　　**strain-free** 不會受傷的

四、閱讀測驗：

第 41 至 44 題爲題組

　　你是否也加入了今年夏天最賣座的巨片《侏羅紀世界》的震撼呢？當全世界正在體驗一股恐龍熱時，一個與巨大恐龍有關的化石謎團也已經被研究人員解開了。

> * excitement² 〔 ɪk'saɪtmənt 〕 n. 興奮　　Jurassic 〔 dʒʊ'ræsɪk 〕 adj. 侏羅紀的
> **box office** 票房　　hit¹ 〔 hɪt 〕 n. 成功；成功之作（ = *success²* ）
> craze 〔 krez 〕 n. 狂熱（ = *fad⁵* ）　　dinosaur² 〔'daɪnəˏsɔr 〕 n. 恐龍
> fossil⁴ 〔'fasḷ 〕 n. 化石　　mystery³ 〔'mɪst(ə)rɪ 〕 n. 神秘；謎
> related³ 〔 rɪ'letɪd 〕 adj. 相關的　　giant² 〔'dʒaɪənt 〕 adj. 巨大的（ = *huge¹* ）

　　科學家們長久以來一直很納悶，為什麼二億三千萬年前橫跨全球的恐龍，大都避開居住在赤道區呢？因為赤道地區的化石紀錄上，沒有大型的、長頸、草食性的恐龍。

* wonder[2] ﹝'wʌndɚ﹞ v. 想知道；好奇；納悶
  spread[2] ﹝sprɛd﹞ v. 散布　　globe[4] ﹝glob﹞ n. 球體；地球
  across the globe 全球；全世界
  largely[4] ﹝'lɑrdʒlɪ﹞ adv. 主要地；大半　　equator[6] ﹝ɪ'kwetɚ﹞ n. 赤道
  absent[2] ﹝'æbsn̩t﹞ adj. 缺席的；不在的（= *missing*[3]）
  equatorial[6] ﹝‚ikwə'torɪəl, ‚ɛkwə-﹞ adj. 赤道的

　　一群美國猶他大學的科學家發現，這該歸咎於赤道附近的熱帶型氣候。這個地區氣候特徵就是：有幾年相當溼熱，又有幾年極度乾旱。更糟的是，這個地區每隔幾十年就會經常性地遭受野火侵襲肆虐，氣溫高達攝氏 600 度。

* tropical[3] ﹝'trɑpɪkl̩﹞ adj. 熱帶的　　climate[2] ﹝'klaɪmɪt﹞ n. 氣候
  be to blame 該受責備　　characterize[6] ﹝'kærɪktə‚raɪz﹞ v. 以～為特色
  extremely[3] ﹝ɪk'strimlɪ﹞ adv. 非常地　　***what's worse*** 更糟的是
  frequently[3] ﹝'frikwəntlɪ﹞ adv. 經常地（= *often*[1]）
  interrupt[3] ﹝‚ɪntə'rʌpt﹞ v. 打斷　　raging[4] ﹝'redʒɪŋ﹞ adj. 肆虐的
  wildfire[2] ﹝'waɪld‚faɪr﹞ n. 野火　　reach[1] ﹝ritʃ﹞ v. 達到
  temperature[2] ﹝'tɛmpərətʃɚ﹞ n. 溫度　　***up to*** 高達
  degree[2] ﹝dɪ'gri﹞ n. 度數　　Celsius ﹝'sɛlsɪəs﹞ adj. 攝氏的

　　這樣的環境使得眾多植物和樹木生長困難，而大家較熟知的侏羅紀恐龍又必須仰賴植物為生。沒有穩定的植物性食物來源，大型的草食性恐龍無法在這個地區生存，只有一些小型的肉食性恐龍，可以在赤道附近找到食物來源。

* condition[3] ﹝kən'dɪʃən﹞ n. 情況
  abundant[5] ﹝ə'bʌndənt﹞ adj. 豐富的（= *plentiful*[4]）
  survive[2] ﹝sə'vaɪv﹞ v. 生還；殘存　　***live on*** 以～為生
  consistent[4] ﹝kən'sɪstənt﹞ adj. 一致的；穩定的　　source[2] ﹝sors﹞ n. 來源
  vegetative ﹝'vɛdʒə‚tetɪv﹞ adj. 植物的　　region[2] ﹝'ridʒən﹞ n. 地區

　　研究人員也發現，這個時期的二氧化碳濃度，是現在的四到六倍，科學家因此提醒我們，在未來人類可能會面臨同樣的危險情況。

* level[1] ﹝'lɛvl̩﹞ n. 水平；水準　　period[2] ﹝'pɪrɪəd﹞ n. 時期；期間
  current[3] ﹝'kɝənt﹞ adj. 目前的　　remind[3] ﹝rɪ'maɪnd﹞ v. 提醒

　　此研究的合著者藍道・爾密斯說：「如果我們持續維持目前的模式，類似高二氧化碳濃度的環境可能會產生，使整個地球陷入危險。」。事實上，大氣中的二氧化碳濃度，已經達到現代的新高。

> * along¹〔əˋlɔŋ〕 prep. 沿著　　present²〔ˋprɛzn̩t〕 adj. 現在的（= current³）
> course¹〔kors〕 n. 過程　　similar²〔ˋsɪmələ〕 adj. 類似的
> develop²〔dɪˋvɛləp〕 v. 發展　　***put ~ in danger*** 使～陷入危險
> author³〔ˋɔθə〕 n. 作者　　atmosphere⁴〔ˋætmə͵sfɪr〕 n. 大氣層
> record²〔ˋrɛkəd〕 adj. 破記錄的

41. (**A**) 這篇文章中討論以下哪一個議題？

(A) 為什麼某些恐龍沒有居住在地球某個地區。

(B) 為什麼電影《侏羅紀世界》會大大吸引看電影的人。

(C) 為什麼數百萬年前恐龍會突然滅絕。

(D) 為什麼氣候變遷是當前重要議題。

> * issue⁵〔ˋɪʃu〕 n. 議題　　article²͵⁴〔ˋɑrtɪk!〕 n. 文章
> certain¹〔ˋsɝtn̩〕 adj. 某個　　attract³〔əˋtrækt〕 v. 吸引
> moviegoer〔ˋmuvɪ͵goə〕 n. 看電影的人
> suddenly²〔ˋsʌdn̩lɪ〕 adv. 突然地
> extinct⁵〔ɪkˋstɪŋkt〕 adj. 絕種的；滅絕的

42. (**D**) 為什麼作者在文章一開始先提到《侏羅紀世界》這部電影？

(A) 告知讀者文章的主題。　　　　(B) 用知名的事物娛樂讀者。

(C) 質疑這部電影的成功與受歡迎程度。

(D) 吸引讀者的注意力，引起其興趣。

> * mention³〔ˋmɛnʃən〕 v. 提到　　inform³〔ɪnˋfɔrm〕 v. 通知；告知
> topic²〔ˋtɑpɪk〕 n. 主題　　entertain⁴〔͵ɛntəˋten〕 v. 娛樂
> famous²〔ˋfeməs〕 adj. 有名的　　popularity⁴〔͵pɑpjəˋlærətɪ〕 n. 受歡迎
> attention²〔əˋtɛnʃən〕 n. 注意力　　arouse⁴〔əˋrauz〕 v. 喚起；引起

43. (**A**) 根據本文，下列哪一項的推論是錯誤的？

(A) 在恐龍時期，赤道地區找不到任何生物。

(B) 化石紀錄幫助科學家更了解古代生物。

(C) 在恐龍時期，大氣中的二氧化碳濃度比現在高很多。

(D) 極端的天氣狀況可能會導致動植物無法生長。

> * inference⁶〔ˋɪnfərəns〕 n. 推論　　extreme³〔ɪkˋstrim〕 adj. 極端的

44. (**C**) 作者在文章結尾時語氣是怎麼樣的？

(A) 悲慘的。　　　　　　　　　(B) 戲謔的。

(C) <u>警告的。</u>　　　　　　　　(D) 樂觀的。

* tone[1] 〔 ton 〕 n. 語氣　　tragic[4] 〔'trædʒɪk〕 adj. 悲劇的
playful[2] 〔'plefəl〕 adj. 愛玩的　　optimistic[3] 〔,ɑptə'mɪstɪk〕 adj. 樂觀

第 45 至 48 題為題組

　　電腦已經取代許多勞工。年輕人如今能夠學些什麼，才不會在有生之年被取代，而能自己在未來 30 年都有不錯的工作呢？大學老師正在想辦法回答這個問題。

* **take over** 接替 (= take sb.'s place)；接管 (= take control)
lifetime[3] 〔'laɪf,taɪm〕 n. 終身　　secure[5] 〔sɪ'kjur〕 v. 為（某人）取得
struggle[2] 〔'strʌgl̩〕 v. 奮鬥；努力 (= try[1])

　　大多數人在 20 歲出頭的時候，完成他們的正規教育，並指望在未來幾十年裡能利用它來謀生。然而，電腦在幾秒內就能學會人們在大學所得的大部分知識，而且未來還會有許多更強大的新世代電腦。

* complete[2] 〔kəm'plit〕 v. 完成　　expect[2] 〔ɪk'spɛkt〕 v. 期待；預計
draw on 利用 (= use[1] = make use of)　　decade[3] 〔'dɛked〕 n. 十年
a great many 很多 (= many[1])　　generation[4] 〔,dʒɛnə'reʃən〕 n. 世代
powerful[2] 〔'pauəfəl〕 adj. 強力的

　　要想努力對付這個問題，似乎有兩種想法來主導。第一是，我們老師應該提供給學生某種靈活、有洞察力、並且不會被電腦取代的人類學習。第二是，我們必須讓教育更加商業導向，教導學生認識真實的世界，而且能夠實現一種電腦無法複製的創新決策過程。這兩種想法並不一定有衝突。

* strain[5] 〔stren〕 n. 類型 (= type[2])
dominate[4] 〔'dɑmə,net〕 v. 支配 (= control[2] = rule[1])
effort[2] 〔'ɛfət〕 n. 努力
deal with 處理；應付 (= cope with = handle[2])
flexible[4] 〔'flɛksəbl̩〕 adj. 有彈性的；能變通的
insight[6] 〔'ɪn,saɪt〕 n. 洞察力　　bear[2,1] 〔bɛr〕 v. 擁有 (= have[1])
insight-bearing 有洞察力的　　oriented[5] 〔'ɔrɪ,ɛntɪd〕 adj. 以～為導向的
enable[3] 〔ɪn'ebl̩〕 v. 使能夠　　creative[3] 〔krɪ'etɪv〕 adj. 有創意的
decision[2] 〔dɪ'sɪʒən〕 n. 決定　　**decision-making** 做決定的；決策的

process[3] (ˈprɑsɛs) *n.* 過程　　reproduce[5] (ˌriprəˈdjus) *v.* 複製 (= *copy*[3])
necessarily[2] (ˈnɛsəˌsɛrəlɪ) *adv.* 必然地
not necessarily 未必；不一定 (= *not always*)
conflict[2] (ˈkɑnflɪkt) *n.* 衝突

　　有些學者正試著找出，哪些類型的學習比其他的更不容易被科技取代。理查·J·莫尼恩和法蘭克·利維，在他們合著的《新的分工》一書中，研究了在近期過去中，在資訊革命期間擴展的職業，其中包括如汽車公司服務部門的經理等，相對於那些已經沒落的工作，如電話接線生。

* scholar[3] (ˈskɑlɚ) *n.* 學者　　***make out*** 找出；想出；了解
survive[2] (səˈvaɪv) *v.* 生存；由～中生還
technological[4] (ˌtɛknəˈlɑdʒɪk!) *adj.* 科技的
replacement[3] (rɪˈplesmənt) *n.* 取代
division[2] (dəˈvɪʒən) *n.* 劃分；分配　　labor[4] (ˈlebɚ) *n.* 勞動；勞力
occupation[4] (ˌɑkjəˈpeʃən) *n.* 職業 (= *employment*[3] = *job*[1])
expand[4] (ɪkˈspænd) *v.* 擴大；擴展
information[4] (ˌɪnfɚˈmeʃən) *n.* 資訊　　revolution[4] (ˌrɛvəˈluʃən) *n.* 革命
recent[2] (ˈrisn̩t) *adj.* 最近的　　manager[3] (ˈmænɪdʒɚ) *n.* 經理
auto[3] (ˈɔto) *n.* 汽車 (= *car*[1])　　oppose[4] (əˈpoz) *v.* 反對
as opposed to 相對於；相較於　　decline[6] (dɪˈklaɪn) *v.* 衰退；沒落
operator[3] (ˈɑpəˌretɚ) *n.* 接線生

　　成功的職業有一些共同的特點：從業者需要複雜的溝通技巧，以及專業知識。這些技巧包括有能力傳達「不僅僅是資訊，還能對資訊進行特別的解讀」。他們說專業知識是廣泛、深入、實用的，而且能夠解決未知的問題。

* characteristic[4] (ˌkærɪktəˈrɪstɪk) *n.* 特性；特色 (= *feature*[3] = *trait*[6])
practice[1] (ˈpræktɪs) *v.* 開業；執業　　complex[3] (kəmˈplɛks) *adj.* 複雜的
expert[2] (ˈɛkspɝt) *adj.* 專業的　　convey[4] (kənˈve) *v.* 傳達
particular[2] (pɚˈtɪkjəlɚ) *adj.* 獨特的
interpretation[5] (ɪnˌtɝprɪˈteʃən) *n.* 解釋；詮釋 (= *explanation*[4])
broad[2] (brɔd) *adj.* 廣博的　　practical[3] (ˈpræktɪk!) *adj.* 實用的
allow[1] (əˈlaʊ) *v.* 允許；使能夠　　solution[2] (səˈluʃən) *n.* 解決
explore[4] (ɪkˈsplor) *v.* 探索

　　這些特點在未來未必有同樣的優勢，不過這個研究的確顯示出，大學教育應該要廣泛而且全面性，不應該受到傳統個別院系結構的限定。

* attribute（'ætrə,bjut）*n.* 屬性；特性（= *characteristic*[4]）
beneficial[5]（,bɛnə'fɪʃəl）*adj.* 有利的（= *advantageous*[3]）
certainly[1]（'sɝtn̩lɪ）*adv.* 當然地　　suggest[3]（sə'dʒɛst）*v.* 暗示；顯示
general[1,2]（'dʒɛnərəl）*adj.* 普遍的；全面的
define[3]（dɪ'faɪn）*v.* 下定義；界限
traditional[2]（trə'dɪʃən̩l）*adj.* 傳統的　　structure[3]（'strʌktʃɚ）*n.* 結構
separate[2]（'sɛpərɪt）*adj.* 分別的；個別的（= *individual*[3]）
department[2]（dɪ'partmənt）*n.* 部門；科系

45.（**B**）在第二段中，**"to draw on it"** 的意思顯然是 ＿＿＿＿＿＿。
(A) 事先擬定計畫　　　　　　　(B) 利用它
(C) 詳細決定該做什麼　　　　　(D) 判定什麼是不可能的
* *in advance* 事先　　detail[3]（'ditel）*n.* 細節
in detail 詳細地　　determine[3]（dɪ'tɝmɪn）*v.* 決定；判定

46.（**B**）根據本文，＿＿＿＿＿＿ 最不可能被電腦與機器人取代。
(A) 駕駛員　　　　　　　　　　(B) 治療師
(C) 出納員　　　　　　　　　　(D) 包裝工人
* robot[1]（'robət）*n.* 機器人　　therapist[6]（'θɛrəpɪst）*n.* 治療師
cashier[6]（kæ'ʃɪr）*n.* 出納員　　packager[2]（'pækɪdʒɚ）*n.* 包裝工人

47.（**C**）第四段的 **"They"** 是指什麼？
(A) 理查德・J・莫尼恩和法蘭克・利維。
(B) 諸如汽車銷售經理與電話接線生等工作。
(C) 在過去幾年資訊時代期間擴展的工作。
(D) 大學為今日學生提供的課程。
* *refer to* 提到；指

48.（**A**）以下陳述中，何者是作者反對的？
(A) 學生應該去模仿電腦執行的精巧的商業行為。
(B) 有了全面性的專業知識，未來的學生更有可能成功處理不熟悉的問題。
(C) 大學開設的課程，應該涉及更多的專業知識與溝通技巧。
(D) 能夠決定資訊的重要性勝過傳達它。
* argue[2]（'argju）*v.* 爭論　　against[1]（ə'gɛnst）*prep.* 反對

imitate[4] (ˈɪməˌtet) v. 模仿　　clever[2] (ˈklɛvɚ) adj. 聰明的
action[1] (ˈækʃən) n. 行動　　perform[3] (pɚˈfɔrm) v. 表演；執行
full-scale adj. 全面性的　　unfamiliar[3] (ˌʌnfəˈmɪljɚ) adj. 不熟悉的
involve[4] (ɪnˈvɑlv) v. 涉及　　significance[4] (sɪgˈnɪfəkəns) n. 重要性

第 49 至 52 題為題組

當你第一次看到村上隆的作品時，你可能會感覺像是偶遇了迪士尼卡通和日本動畫的結合。他的畫作主要特色就是可愛、糖果色調的卡通人物，都有著大眼睛和誇張的身軀。那是一個充滿了龐大創意的夢幻世界。

* creation[4] (krɪˈeʃən) n. 創造；創作 (= *product*[3])
feel like 感覺像；想要
stumble[5] (ˈstʌmbḷ) v. 絆倒
stumble across 偶然發現 (= *come across*)
marriage[2] (ˈmærɪdʒ) n. 結婚；結合 (= *combination*[4])
cartoon[2] (kɑrˈtun) n. 卡通；動畫；漫畫
animation (ˌænəˈmeʃən) n. 動畫　　character[2] (ˈkærɪktɚ) n. 人物；角色
exaggerated[4] (ɪgˈzædʒəˌretɪd) adj. 誇張的
feature[3] (ˈfitʃɚ) v. 主演；為主要特色
predominantly (prɪˈdɑmənəntlɪ) adv. 佔優勢地；主要地
immense[5] (ɪˈmɛns) adj. 龐大的　　creativity[4] (ˌkrieˈtɪvətɪ) n. 創意

村上隆生長於 1960、70 年代的東京，受到日本流行文化的影響，也同時在進口的電影和音樂中接觸到美國的影響。雖然他獲得日本畫博士學位，這種日式畫風結合東西方的繪畫技巧，但他也將日本動畫和漫畫融入他的畫作及雕塑之中。他最為人所知的人物之一就是 Mr. DOB，那是一隻像老鼠一樣的動物，有著圓頭和又大又圓的耳朵。Mr. DOB 具體表達了許多來自日本文化的人物，像是 Hello Kitty。他相信這些圖像為這個充滿壓力的社會帶來療癒。

* influence[2] (ˈɪnfluəns) v. 影響 (= *affect*[3])
expose[4] (ɪkˈspoz) v. 暴露；接觸
import[3] (ɪmˈport) v. 進口
PhD 博士學位 (= *Doctor of Philosophy*)
combine[3] (kəmˈbaɪn) v. 結合
technique[3] (tɛkˈnik) n. 技巧
comics[4] (ˈkɑmɪks) n. 漫畫　　sculpture[4] (ˈskʌlptʃɚ) n. 雕刻
creature[3] (ˈkritʃɚ) n. 生物；動物　　circular[4] (ˈsɝkjələ) adj. 圓形的
embody (ɪmˈbɑdɪ) v. 具體表現 (= *represent*[3])

image[3] 〔ˋɪmɪdʒ〕*n.* 形象；影像　　relief[3] 〔rɪˋlif〕*n.* 減輕
stressed[2] 〔strɛst〕*adj.* 有壓力的 (= worried[1] = anxious[4])

在 2003 年，村上隆與設計師 Marc Jacobs 搭檔，設計 LV 新系列包包，他
贏得廣大的名聲。這個系列的創作特色是他的一些卡通人物，以及在 LV 傳統
商標中閃閃發光的明亮色系。這系列包包銷售額超過三億美金，村上隆的風格
也聞名全球。

* gain[2] 〔gen〕*v.* 獲得　　widespread[5] 〔ˋwaɪdˏsprɛd〕*adj.* 廣泛的
　fame[4] 〔fem〕*n.* 名聲　　partner[2] 〔ˋpɑrtnɚ〕*v.* 搭檔；合作 (= team up)
　designer[3] 〔dɪˋzaɪnɚ〕*n.* 設計師　　design[2] 〔dɪˋzaɪn〕*n., v.* 設計
　range[2] 〔rendʒ〕*n.* 範圍；排；列　　*a range of* 一系列的
　sparkle[4] 〔ˋspɑrkḷ〕*v.* 發亮　　logo[5] 〔ˋlogo〕*n.* 商標圖案
　exceed[5] 〔ɪkˋsid〕*v.* 超過 (= surpass[6])　　style[3] 〔staɪl〕*n.* 風格
　recognize[3] 〔ˋrɛkəgˏnaɪz〕*v.* 認出；認可 (= acknowledge[5])
　worldwide[1] 〔ˋwɝldˏwaɪd〕*adv.* 全世界

儘管村上隆欣然接受這個商業上的成功，但他也了解，自己需要重建他另
一個嚴肅藝術家的身分。如同他曾經在訪談所說：「我需要重新築起我所從事
的商業藝術與純藝術之間的分際。我需要專注在自己純藝術那領域一陣子。」
從那時起，他一直努力地取得平衡，而現在他被認可爲當代日本藝術家中的佼
佼者。

* despite[4] 〔dɪˋspaɪt〕*prep.* 儘管
　welcome[1] 〔ˋwɛlkəm〕*v.* 歡迎；欣然接受
　commercial[3] 〔kəˋmɝʃəl〕*adj.* 商業的　　realize[2] 〔ˋriəˏlaɪz〕*v.* 了解
　establish[4] 〔əˋstæblɪʃ〕*v.* 建立 (= set up)
　reputation[4] 〔ˏrɛpjəˋteʃən〕*n.* 名聲　　serious[2] 〔ˋsɪrɪəs〕*adj.* 嚴肅的
　interview[2] 〔ˋɪntɚˏvju〕*n.* 訪問　　*fine art* 美術；藝術
　focus[2] 〔ˋfokəs〕*v.* 專注於　　while[1] 〔hwaɪl〕*n.* 一陣子
　achieve[3] 〔əˋtʃiv〕*v.* 達成 (= reach[1])　　balance[3] 〔ˋbæləns〕*n.* 平衡
　leading[1,4] 〔ˋlidɪŋ〕*adj.* 領導的；一流的 (= prominent[4])
　contemporary[5] 〔kənˋtɛmpəˏrɛrɪ〕*adj.* 當代的；現代的 (= modern[2])

49. (**D**) 下列何者最適合作爲本篇的標題？
　　(A) 村上隆和他多彩多姿的動畫藝術
　　(B) 村上隆繪畫中可愛又沒有壓力的世界
　　(C) 村上隆：一位低調的 LV 時尚設計師

(D) 村上隆藝術中東方與西方的結合

* suitable³ (ˈsutəb!) *adj.* 適合的　　title² (ˈtaɪt!) *n.* 標題
colorful² (ˈkʌləfəl) *adj.* 多采多姿的　　stress² (strɛs) *n.* 壓力
stress-free 沒有壓力的　　profile⁵ (ˈprofaɪl) *n.* 側面；輪廓
low-profile 低調的　　union³ (ˈjunjən) *n.* 聯盟；結合

50. (**C**) 下列關於村上隆的職業生涯何者為真？

(A) 他與 LV 的合作引起了部分藝評家的批評。

(B) 他主修日本畫，阻礙了他與日本流行文化的接觸。

(C) 他創作 Mr. DOB 以幫助他的讀者紓解來自社會的壓力。

(D) 他受到美式繪畫技巧的影響，因為他曾為迪士尼畫過卡通。

* career⁴ (kəˈrɪr) *n.* 職業　　partnership⁴ (ˈpɑrtnɚˌʃɪp) *n.* 合作關係
arouse⁴ (əˈraʊz) *v.* 引起　　criticism⁴ (ˈkrɪtəˌsɪzəm) *n.* 批評
critic⁴ (ˈkrɪtɪk) *n.* 評論家　　major³ (ˈmedʒɚ) *n.* 主修課程
block¹ (blɑk) *v.* 阻擋；阻礙　　contact² (ˈkɑntækt) *n.* 接觸
audience³ (ˈɔdɪəns) *n.* 聽眾；觀眾；此指「讀者」
ease¹ (iz) *v.* 減輕　　pressure³ (ˈprɛʃɚ) *n.* 壓力

51. (**B**) 最後一段中的「商業上的成功」指的是什麼？

(A) 村上隆得到日本畫的博士學位。

(B) 村上隆為 LV 所做的設計使他名利雙收。

(C) 村上隆的動畫人物 Mr. DOB 受歡迎的程度。

(D) 村上隆身為日本當代藝術家中的地位。

* fortune³ (ˈfɔrtʃən) *n.* 運氣；財富
status⁴ (ˈstetəs) *n.* 地位

52. (**A**) 下列何者最能描述 2003 年後村上隆的改變？

(A) 他開始追求純藝術的成就。

(B) 他繼續專注於與高級時尚品牌的合作。

(C) 他偏好日本畫的技巧勝過西方技巧。

(D) 他無法適應與設計師 Marc Jacobs 搭檔工作。

* describe² (dɪˈskraɪb) *v.* 描述　　pursue³ (pɚˈsu) *v.* 追求
achievement³ (əˈtʃivmənt) *n.* 成就
cooperation⁴ (koˌɑpəˈreʃən) *n.* 合作　　brand² (brænd) *n.* 品牌
prefer² (prɪˈfɝ) *v.* 比較喜歡　　adapt⁴ (əˈdæpt) *v.* 適應

第 53 至 56 題為題組

開普蘭測驗預備中心作了一項調查,其中百分之 25 的受訪者,大部分是大學內負責審核申請入學的相關人員,他們表示:對於必須給特定申請入學生優待一事,倍感壓力。還有百分之 16 的受訪者說,他們被迫要招收一些跟富人有關而能力卻不足的學生。這項結果證實了在大學申請入學中最糟糕的祕密之一:很多大學會給予有影響力家庭的申請學生特別待遇。相當多的大學人員為此作法加以辯護,表示這群少數的例外,可以幫助他們募得大筆捐款,有助於贊助獎學金,給那些聰明卻貧窮的學生。

* prep〔prɛp〕*n.* 準備學校 (= *prep school*)
conduct[5]〔kən'dʌkt〕*v.* 進行 (= *carry out*)　　survey[3]〔'sɝve〕*n.* 調查
respondent〔rɪ'spɑndənt〕*n.* 回覆者　　mostly[4]〔'mostlɪ〕*adv.* 大部分
admission[4]〔əd'mɪʃən〕*n.* 入學　　official[2]〔ə'fɪʃəl〕*n.* 官員;人員
state[1]〔stet〕*v.* 提及 (= *say*[1])　　pressure[3]〔'prɛʃɚ〕*n.* 壓力 (= *stress*[2])
edge[1]〔ɛdʒ〕*n.* 邊緣;優勢 (= *advantage*[3])
applicant[4]〔'æpləkənt〕*n.* 申請者　　admit[3]〔əd'mɪt〕*v.* 承認;允許入學
incompetent[6]〔ɪn'kɑmpətənt〕*adj.* 無能的;無資格的 (= *incapable*[3])
connected[3]〔kə'nɛktɪd〕*adj.* 有 (親戚) 關係的 (= *related*[3])
result[2]〔rɪ'zʌlt〕*n.* 結果　　confirm[2]〔kən'fɝm〕*v.* 證實
secret[2]〔'sikrɪt〕*n.* 秘密　　advantage[3]〔əd'væntɪdʒ〕*n.* 優點;優勢
influential[4]〔ˌɪnflu'ɛnʃəl〕*adj.* 有影響力的
defend[4]〔dɪ'fɛnd〕*v.* 保衛;為~辯護
practice[1]〔'præktɪs〕*n.* 慣例;習俗 (= *tradition*[2] = *custom*[2])
exception[4]〔ɪk'sɛpʃən〕*n.* 例外　　raise[1]〔rez〕*v.* 募 (款)
donation[6]〔do'neʃən〕*n.* 捐款　　fund[3]〔fʌnd〕*v.* 提供資金
scholarship[3]〔'skɑlɚˌʃɪp〕*n.* 獎學金　　needy[4]〔'nidɪ〕*adj.* 貧困的

但這個實行已久的政策也一直飽受批評,因為窮人和富人的大學畢業比例,差異正逐漸擴大。即使大學表示,他們不會因為學生的經濟情況不佳就拒絕其入學,但他們卻也無法忽視富有家庭的申請學生對他們的大學可能會有幫助。例如:很多有錢的私立大學,例如杜克大學,就保留了一些名額給「development admits」,也就是那些資格不足,但家長卻有可能捐助大筆款項的學生。很多公立大學亦放寬規定,以利父母有影響力或是校友的子女入學。調查人員發現在 2005 到 2009 年期間,伊利諾大學就招收了數百名資格不足,但其父母在政治上有影響力的學生。

* *age-old* 古老的 (= *old*[1])　　policy[2]〔'pɑləsɪ〕*n.* 政策

criticize[4]〔ˋkrɪtəˌsaɪz〕 v. 批評　　gap[3]〔gæp〕 n. 差距（ = *difference*[2] ）

graduation[4]〔ˌgrædʒʊˋeʃən〕 n. 畢業　　rate[3]〔ret〕 n. 比例；比率

hold ~ against sb. 因為～不喜歡、憎恨某人（ = *think badly of sb.*

　 because of ~ ）　　　financial[4]〔fəˋnænʃəl, faɪ-〕 adj. 財務的

condition[3]〔kənˋdɪʃən〕 n. 狀況；情況

ignore[2]〔ɪgˋnor〕 v. 忽視（ = *pay no attention to* ）

potential[5]〔pəˋtɛnʃəl〕 adj. 可能的　　private[2]〔ˋpraɪvɪt〕 adj. 私立的

set aside 保留（ = *reserve*[3] ）

underqualified〔ˋʌndəˋkwɑləˌfaɪd〕 adj. 資格不足的

bend the rules 放寬規定；通融　　*in favor of* 支持；有利於；選擇

attend[2]〔əˋtɛnd〕 v. 上（學）；就讀

investigator[6]〔ɪnˋvɛstəˌgetə〕 n. 調查者

politically[3]〔pəˋlɪtɪkḷɪ〕 adv. 政治上地

　　塞比‧巴斯利是開普蘭測驗預備中心 K-12 計畫的副總裁，他奉勸一般的申請者，不要因為這一小群 development admits 或 legacies 就放棄申請。儘管有這種慣例，但「大部分獲准入學的申請學生，都是因為表現傑出而成功入學，」他說道。他進一步提到，這樣的申請入學計畫正在接受檢驗，因為大學申請入學的過程越來越公開於大眾面前。

　　　　* *vice president* 副總統；副總裁

　　　　advise sb. against ~ 勸告某人不要～

　　　　ordinary[2]〔ˋɔrdṇˌɛrɪ〕 adj. 一般的（ = *average*[3] = *common*[1] ）

　　　　legacy〔ˋlɛgəsɪ〕 n. 遺產；繼承　　majority[3]〔məˋdʒɔrətɪ〕 n. 大多數

　　　　accepted[2]〔ækˋsɛptɪd〕 adj. 被接受的（ = *admitted*[3] ）

　　　　outstanding[4]〔ˋaʊtˋstændɪŋ〕 adj. 傑出的（ = *excellent*[2] ）

　　　　performance[3]〔pəˋfɔrməns〕 n. 表現

　　　　further[2]〔ˋfɝðə〕 adv. 更進一步地　　note[1]〔not〕 v. 注意；特別提到

　　　　inspection[4]〔ɪnˋspɛkʃən〕 n. 檢查　　process[3]〔ˋprɑsɛs〕 n. 過程

53. (**C**) 這篇文章主要是有關於 _____ 。

　　(A) 美國大學生如何獲准入學

　　(B) 很多美國大學對他們的申請學生進行調查

　　(C) 很多美國大學如何接受權貴家庭的子女為學生

　　(D) 在美國，只有少數的一般學生如何獲准進入有名的大學

　　* *passage*[3]〔ˋpæsɪdʒ〕 n. 段落；文章　　related[3]〔rɪˋletɪd〕 adj. 有關係的

　　 prestigious[6]〔prɛsˋtɪdʒəs〕 adj. 有聲望的

54. (**B**) 根據塞比・巴斯利的說法，申請大學入學的學生 _____。

    (A) 應該受到同樣的對待

    (B) <u>儘管有少數的 development admits，但他們應該繼續努力</u>

    (C) 應該把大學申請入學的不平等公諸於世

    (D) 若非出身有影響力的家庭，應該放棄申請大學

    * treat[5,2] (trit) v. 對待   alike[2] (ə'laɪk) adv. 同樣地

    strive[4] (straɪv) v. 努力   inequality[4] (ˏɪnɪ'kwɑlətɪ) n. 不平等

55. (**D**) 在最後一段，"**<u>legacies</u>**" 這個字的意思是 _____。

    (A) 有天分的大學申請者

    (B) 強有力的負責大學申請入學的官員

    (C) 傑出的大學學術傳承   (D) <u>有錢校友的家庭成員</u>

    * talented[2] ('tæləntɪd) adj. 有才能的   officer[1] ('ɔfəsə) n. 官員

    academic[4] (ˏækə'dɛmɪk) adj. 學術的   heritage[6] ('hɛrətɪdʒ) n. 遺產

    former[2] ('fɔrmə) adj. 以前的

56. (**D**) 根據本文，下列哪一項推論是真的？

    (A) 偏袒有特權的申請人這個作法是最近才出現的。

    (B) 杜克大學已經夠富有，所以不接受 development admits。

    (C) 跟私立大學比起來，公立大學通常比較能平等地對待申請入學
        的學生。

    (D) 有些大學官員認為申請入學應該開特例，以幫助更多窮學生。

    * inference[6] ('ɪnfərəns) n. 推論

    privileged[4] ('prɪvḷɪdʒd) adj. 有特權的

    emerge[4] (ɪ'mɝdʒ) v. 出現   recently[2] ('risṇtlɪ) adv. 最近

    tend to V 傾向於；通常   equally[1] ('ikwəlɪ) adv. 平等地

    counterpart[6] ('kaʊntəˏpart) n. 相對應的人或物

第貳部分：非選擇題

一、中譯英：

1. 據說吃愈少餐的人，愈容易變瘦。

It is said that
⎫
⎬
⎭
the fewer meals
⎧
⎨
⎩
you

people
⎫
⎬
⎭
eat, the easier it is

People say (that)

$$\text{for} \begin{Bmatrix} \text{you} \\ \text{them} \end{Bmatrix} \text{to} \begin{Bmatrix} \text{get} \\ \text{be} \end{Bmatrix} \text{thin.}$$

2. 但是我認為保持身材最好的方法是多運動而不是節食。

$$\text{But} \begin{Bmatrix} \text{in my opinion,} \\ \text{in my view,} \\ \text{from my point of view,} \\ \text{from my perspective,} \\ \text{I think (that)} \\ \text{I'm of the opinion that} \end{Bmatrix} \text{the best way} \begin{Bmatrix} \text{to keep in shape} \\ \text{of keeping in shape} \end{Bmatrix}$$

$$\text{is to} \begin{Bmatrix} \text{exercise more} \\ \text{take more exercise} \end{Bmatrix} \begin{Bmatrix} \text{rather than to go on a diet.} \\ \text{instead of going on a diet.} \end{Bmatrix}$$

二、英文作文：

【作文範例 1】

The Power of the Cell Phone

Yesterday when I was on duty near SOGO department store, I saw a Mercedes pulling up in front of the store. *Five seconds later,* the car's side door burst open and out of the car came a fashionable young lady with her extremely expensive LV bag. Before I could warn her that she was not allowed to park there, she had already click-clacked past in her brand-name high-heels. I had no choice but to give her a ticket since she had violated the traffic regulation.

While I was writing the ticket, I heard somebody shouting, "Hey! What are you doing?" I turned my head and met the young lady's furious eyes. "There is no parking here, madam," I said to her as politely as I could, pointing at the sign. "But I just went inside to get these one minute ago; it's no big deal, right?" she said, showing off numerous shopping bags she carried. "Parking is not allowed here, no matter how long you park ..." I tried to reason with her, only to be interrupted by more complaints and even curses. We didn't stop arguing until a teenager pointed at the lady and exclaimed, "Gosh! Are you Jolin? I'm your fan! Let's take a selfie!" *Seeing that* I was distracted by the teenager taking out his smartphone, the young lady snatched the ticket, got into her car and drove away immediately. "You know, nowadays a smartphone is mightier than a sword," said the teenager to me with a sly grin.

中文翻譯

手機的力量

　　昨天當我在 SOGO 百貨公司附近值勤時，我看到一輛賓士汽車在百貨公司前面停了下來。五秒鐘之後，車子側邊的門猛然打開，一位時髦的年輕小姐，帶著她非常貴的 LV 包下了車。在我要警告她那裡不許停車之前，她已經踩著她的名牌高跟鞋叩叩叩地走過去了。因為她違反了交通規則，我沒有選擇只得開張罰單給她。

　　當我在寫罰單時，我聽見某人大喊：「嘿！你在做什麼？」我轉過頭去，看見那位年輕小姐憤怒的眼神。「小姐，這裡禁止停車，」我指著牌子，儘量很有禮貌地和她說話。「但我只是一分鐘之前，進去裡面拿這些東西而已，沒什麼大不了的，是嗎？」她一邊說，一邊炫耀手上好多個購物袋。「這裡禁止停車，無論妳停多久…」我試著和她講道理，卻被更多的抱怨、甚至是咒罵打斷。我們一直吵個不停，直到有一名少年指著那個小姐大叫：「天啊！妳是

Jolin 嗎？我是妳的粉絲耶！我們來自拍一張吧！」看到我因為這個拿出手機的少年而分心，那位年輕小姐搶走罰單，立刻上車把車子開走。那名少年狡猾地笑著說：「你知道的，現在智慧型手機比刀劍更強大。」

> ***on duty*** 值勤；上班　　Mercedes〔mə'sedɪs〕*n.* 賓士汽車
> ***pull up*** 停車　　***burst open*** 猛然打開
> fashionable[3]〔'fæʃənəbḷ〕*adj.* 時髦的
> click-clack〔'klɪk,klæk〕*v.* 發出喀嗒聲　　past[1]〔pæst〕*adv.* 經過
> ***brand-name*** 名牌的　　heel[3]〔hil〕*n.* 腳跟；鞋跟　　***high-heels*** 高跟鞋
> ***have no choice/alternative but to V*** 除了～之外別無選擇
> violate[4]〔'vaɪə,let〕*v.* 違反　　regulation[4]〔,rɛgjə'leʃən〕*n.* 規定
> furious[4]〔'fjʊrɪəs〕*adj.* 憤怒的　　***big deal*** 大事　　***show off*** 炫耀
> numerous[4]〔'njumərəs〕*adj.* 很多的　　reason[1]〔'rizn̩〕*v.* 講道理
> interrupt[3]〔,ɪntə'rʌpt〕*v.* 打斷　　curse[4]〔kɝs〕*n.* 咒罵
> argue[2]〔'ɑrgju〕*v.* 爭吵　　exclaim[5]〔ɪk'sklem〕*v.* 大叫
> selfie〔'sɛlfɪ〕*n.* 自拍　　distract[6]〔dɪs'trækt〕*v.* 使分心
> snatch[5]〔snætʃ〕*v.* 搶奪　　mighty[3]〔'maɪtɪ〕*adj.* 強大的
> sword[3]〔sord〕*n.* 劍　　sly[5]〔slaɪ〕*adj.* 狡猾的　　grin[3]〔grɪn〕*v.* 露齒而笑
> A smartphone is mightier than a sword. 這句話改編自 "The pen is mightier than the sword." (筆比刀劍更有力量；【諺】文勝於武。)

【作文範例 2】

A Costly Conversation

One day, a young woman named Natalie wanted to go to a sale at a big department store. The store was *so* crowded that day *that* she could find no place to park her car. Not wanting to miss the chance to find a good deal, Natalie parked her Mercedes right in front of the store. This was clearly a no-parking zone, but she did not care. Surely anyone would understand that she had no other choice, she thought. Swinging her Louis Vuitton bag, Natalie marched into the store and began shopping.

When she returned to her car, she was shocked to see a police officer writing a ticket for her car. ***At first***, Natalie tried to charm the officer, but when that did not work, she got angry. She scolded him for wasting his time on such a small offense when he should be out catching real criminals. She got *so* heated *that* she even swore at him. *Then* the officer lost his patience and gave her *not only* the parking ticket *but also* a large fine for assaulting a police officer. It was a very expensive day for Natalie.

中文翻譯

昂貴的對話

　　有一天，一位名叫娜塔莉的年輕女士，要去一家大型百貨公司逛特賣會。百貨公司那天非常擁擠，所以她找不到停車位。娜塔莉不想錯過買到好東西的機會，就把她的賓士汽車停在店門口。那裡顯然是禁停區，但她不在意。她想，任何人一定都了解她是別無選擇的。擺動著她的 LV 包，娜塔莉大步走進百貨公司開始血拼。

　　當她回到她的車子那裡，發現一名警官正在開罰單，非常震驚。起初娜塔莉試著討好警官，但沒有用，她就生氣了。她罵他在這種小罪上浪費時間的時候，應該去外面抓真正的罪犯。她氣到甚至咒罵他。後來警官失去耐心，不但開給她一張違停的罰單，還有襲警的巨額罰款。對娜塔莉來說，那真是昂貴的一天。

costly[2]〔ˈkɔstlɪ〕 *adj.* 昂貴的　　deal[1]〔dil〕 *n.* 交易
zone[3]〔zon〕 *n.* 地區　　swing[2]〔swɪŋ〕 *v.* 搖擺
march[3]〔mɑrtʃ〕 *v.* 行軍；行進　　*at first* 起初
charm[3]〔tʃɑrm〕 *v.* 迷惑；討好　　scold[4]〔skold〕 *v.* 責罵
offense[4]〔əˈfɛns〕 *n.* 冒犯；輕罪　　criminal[3]〔ˈkrɪmənḷ〕 *n.* 罪犯
heated[1]〔ˈhitɪd〕 *adj.* 激烈的；憤怒的　　swear[3]〔swɛr〕 *v.* 咒罵
patience[3]〔ˈpeʃəns〕 *n.* 耐心　　fine[1]〔faɪn〕 *n.* 罰款
assault[5]〔əˈsɔlt〕 *v.* 襲擊

大學入學學科能力測驗英文科 模擬試題②

第壹部分：單選題（占 72 分）

一、詞彙題（占 15 分）

說明：第 1 題至第 15 題，每題有 4 個選項，其中只有一個是正確或最適當的選項，請畫記在答案卡之「選擇題答案區」。各題答對者，得 1 分；答錯、未作答或畫記多於一個選項者，該題以零分計算。

1. Don't give overcooked steak to the elderly because it's _____ and hard to swallow.
   (A) stiff   (B) tough   (C) rigid   (D) organic

2. Tom became _____ when he saw his wife with his best friend in a romantic restaurant.
   (A) sensible   (B) furious   (C) genuine   (D) modest

3. I didn't understand this _____ sentence until my English teacher explained it to me.
   (A) extensive   (B) magnificent   (C) stubborn   (D) complex

4. The leaders of China and Taiwan met for the first time since their split in 1949 on November 7th, 2015, an important _____ for the two states
   (A) milestone   (B) thread   (C) errand   (D) obstacle

5. Students must submit their papers today because they know that teacher Zach makes no _____ for late assignments.
   (A) contributions   (B) confessions   (C) exceptions   (D) exaggerations

6. To prevent more people from getting Middle-East Respiratory Syndrome (MERS), people who have symptoms of MERS are required to be _____.
   (A) isolated   (B) operated   (C) dismissed   (D) negotiated

7. As a(n) _____ after the terrorist attack in Paris, sports events were cancelled and public schools and many museums were closed.
(A) coordination   (B) manipulation
(C) integration   (D) precaution

8. The importance of health cannot be _____ too much. To stay healthy, we should exercise regularly, keep good hours and have a balanced diet.
(A) neglected   (B) realized   (C) illustrated   (D) emphasized

9. After years of efforts, Zoe's dream of becoming an astronaut finally came true. The moment she stepped onto the spacecraft, she felt a strong sense of _____.
(A) compliment   (B) entertainment
(C) fulfillment   (D) investment

10. Lily's computer was infected with a virus, so she _____ an anti-virus program to remove all the infected files and programs.
(A) installed   (B) scattered   (C) motivated   (D) abandoned

11. *Romance of the Three Kingdoms*, one _____ novel in Chinese literature, deals with the plots, personal and military battles, and struggles of the three states in the Han Dynasty.
(A) passionate   (B) classical   (C) durable   (D) superstitious

12. Though seriously burned in the explosion, Fenny made a _____ quick recovery and was discharged after only one month in the hospital.
(A) permanently   (B) conclusively
(C) triumphantly   (D) miraculously

13. In Taiwan, we are lucky to have many high mountains as natural _____ against typhoons. Such high mountains weaken the structure and intensity of a typhoon.
(A) surroundings   (B) barriers   (C) wonders   (D) landscapes

14. Many students gathered around the Ministry of Education to
_____ against the controversial curriculum guidelines.
(A) accuse   (B) oppose   (C) protest   (D) confront

15. The couple who didn't have any children _____ wanted one, so
they adopted a boy from an orphanage.
(A) desperately   (B) intentionally   (C) reluctantly   (D) courteously

二、綜合測驗（占 15 分）

說明： 第 16 題至第 30 題，每題一個空格，請依文意選出最適當的一個選項，
請畫記在答案卡之「選擇題答案區」。各題答對者，得 1 分；答錯、未
作答或畫記多於一個選項者，該題以零分計算。

第 16 至 20 題爲題組

Do you know that it is of vital importance for teenage girls to
exercise? In a study with about 75,000 Chinese female participants
___16___ between 40 and 70, the researchers discovered that those
women who did exercise on a regular basis in their teens were healthier
than ___17___ who didn't. Women who had exercised eighty minutes a
week as teenagers had a lower risk of dying from diseases. The result
of the study also suggests that, ___18___, women can live longer if they
develop the habit of exercising 15 minutes a day in their teens. For
women, doing exercise in their teens means a longer life, even if they
give up the habit in their advanced years. Regardless of adult exercise,
teen exercise ___19___ the chance of suffering from such illnesses as
cancer or hypertension. Therefore, the authorities concerned should
work hard to promote exercise in teenage years to prolong lifespan and
avoid diseases later in life. ___20___ the research was conducted in
China, it is important for women all over the world to pick up the habit
of exercising in adolescence.

16. (A) aged   (B) aging   (C) having aged   (D) whose age

17. (A) that　　　　(B) those　　　　(C) what　　　　(D) anyone
18. (A) by no means　　　　　　　　(B) by the way
　　(C) on the whole　　　　　　　　(D) in other words
19. (A) seizes　　　(B) deposits　　　(C) boosts　　　(D) reduces
20. (A) Since　　　(B) Unless　　　(C) While　　　(D) Once

第 21 至 25 題為題組

　　Autism spectrum disorder (ASD) is a combination of different neurodevelopment disorders. ASD patients usually have difficulty ___21___ social ties and display repetitive and stereotyped patterns of behavior. Other conditions along the spectrum include Asperger syndrome, childhood disintegrative disorder and pervasive developmental disorder. Despite the fact that ASD varies ___22___ in character and severity, it influences people of all ethnic, socioeconomic, and age groups. According to experts, 1 in 88 eight-year-old children will be an ASD sufferer and boys are four times more ___23___ to have an ASD disorder than girls.

　　Up to now, scientists have been working hard to pinpoint what ___24___ ASD, but chances are that genetics and environment both matter a lot. Researchers have pointed out some genes related to the disorder. Studies on ASD patients have found irregularities in several regions of the brain. ___25___ studies suggest that people with ASD have abnormal levels of serotonin or other neurotransmitters in the brain. Though these findings are intriguing, there is still a lot more for us to explore to know more about ASD and its sufferers.

21. (A) to establish　　　　　　　　(B) establishing
　　(C) and establish　　　　　　　　(D) by establishing
22. (A) diligently　　　　　　　　　(B) significantly
　　(C) numerously　　　　　　　　　(D) considerately
23. (A) possible　　　(B) ready　　　(C) likely　　　(D) potential

24. (A) makes up for   (B) takes account of
    (C) keeps pace with   (D) gives rise to

25. (A) The other   (B) Still others   (C) Another   (D) Other

第 26 至 30 題為題組

    John Keats was born in 1795 in London and had perhaps the most colorful career of any English romantic poet. At fifteen, he worked as an apprentice and studied medicine in a hospital in London, but he didn't practice medicine later in his life. ___26___, he devoted himself to writing poetry. However, it was really a pity that throughout his life, only fifty-four poems were published, in three slim ___27___ and a few magazines. Even so, at each stage of his life, he never stopped ___28___ the challenge of writing poems in different poetic forms. For his great literary achievements, he was recognized as one of the most influential figures of the Romantic Period, along with Lord Byron and Percy Bysshe Shelley. Although not all people appreciated the beauty of his poems in the beginning, he attracted a wider following after his death. By the end of the 19th century, he ___29___ one of the most beloved poets in England. His poetry features sensual imagery, most notably in a series of odes, two of ___30___ are *To Autumn* and *Ode to a Nightingale*. Though Keats died young at 26, his poems and letters have been one of the most analyzed in English literature.

26. (A) Accordingly   (B) Likewise   (C) Instead   (D) Furthermore

27. (A) categories   (B) volumes   (C) kettles   (D) surveys

28. (A) deciding on   (B) warding off
    (C) engaging in   (D) bumping into

29. (A) should have become   (B) would become
    (C) will have become   (D) had become

30. (A) them   (B) those   (C) which   (D) that

三、文意選填（占 10 分）

說明： 第 31 題至第 40 題，每題一個空格，請依文意在文章後所提供的 (A) 到
(J) 選項中分別選出最適當者，並將其英文字母代號畫記在答案卡之「選
擇題答案區」。各題答對者，得 1 分；答錯、未作答或畫記多於一個選
項者，該題以零分計算。

第 31 至 40 題為題組

　　Have you ever heard of Reuben Mattus? Probably not, but you
definitely have heard about Häagen-Dazs. Reuben Mattus is the creator
of the famous ice cream brand, Häagen-Dazs. He once ___31___ ice
cream in New York for his mother's ice cream business. Because he
cared a lot about food quality, he ___32___ making ice cream with the
best ingredients. In 1960, Mr. Mattus established a new company
___33___ his ice cream dream. The brand name for his ice cream is
Häagen-Dazs, and it has been one of the best ice creams around the
globe till now.

　　At first, Häagen-Dazs ice cream had only three ___34___: vanilla,
chocolate, and coffee, but Mr. Mattus' eagerness to ___35___ his ice
cream business prompted him to travel abroad for better ice cream
variety. Among his unique ice cream ___36___ are dark chocolate from
Belgium and vanilla beans from Madagascar, which offer fantastic taste
experiences.

　　The Häagen-Dazs brand quickly ___37___ a large number of ice
cream lovers. In the beginning, ice cream aficionados could enjoy it
only in certain shops in New York, but soon ___38___ spread out. By
1973, Häagen-Dazs products had become widely popular with
customers throughout the United States. In 1983, Mr. Mattus decided
to sell the Häagen-Dazs brand to The Pillsbury Company, for it also
valued ___39___ quality and innovation in the process of making ice
cream. Since then, Häagen-Dazs ice cream has become a global

___40___, available in about fifty countries worldwide. The same careful attention to quality that Reuben Mattus built into every Häagen-Dazs product still exists today.

(A) flavors   (B) superior   (C) insisted on   (D) expand
(E) ingredients   (F) appealed to   (G) peddled   (H) distribution
(I) phenomenon   (J) dedicated to

四、閱讀測驗（占 32 分）

說明：第 41 題至第 56 題，每題請分別根據各篇文章之文意選出最適當的一個選項，請畫記在答案卡之「選擇題答案區」。各題答對者，得 2 分；答錯、未作答或畫記多於一個選項者，該題以零分計算。

第 41 至 45 題為題組

 Emily Elizabeth Dickinson (1830-1886) was born in Amherst, Massachusetts, to an economically, politically and intellectually prominent family in the community. Instead of becoming a socialite, Dickinson lived much of her life highly introverted. She was reluctant to greet guests or meet new friends. She lived mostly within the realm of the Dickinson family house and her lifelong allies and closest friends were her family members. Due to her self-seclusion, Dickinson remained single throughout her life.

 Prolific private poet as Emily Dickinson was, she was a rule-breaker who did not gain much publicity when she was alive. Fewer than a dozen of her nearly 1,800 poems were published during her lifetime. Those published then were usually greatly altered and edited to fit the conventions of the time. Dickinson's poetry was a new kind of poetry, with distinctive voice, style, and transformation of the traditional form; her poems are usually paradoxical and fragmented. They usually contain short lines, typically lack titles and use unconventional capitalization and punctuation. Many of her poems deal with themes of death and immortality, two recurring topics in letters to her friends. Her works constantly question God's schemes as well as human existence, exploring the spiritual world and even her gender role with a sharp sense of humor, honesty, and curiosity.

Although Dickinson's acquaintances knew she had an interest in poetry, only after her death in 1886 did Lavinia, Dickinson's younger sister and her intimate friend, discover her **cache** of poems. Not until then did the breadth of her work become known to the public. Her first collection of poetry was published in 1890, though it was not a very originally-based one. A complete, and mostly unaltered, collection of her poetry first became available when *The Poems of Emily Dickinson* was published in 1955. Despite some unfavorable reception and skepticism regarding her literary competence, Dickinson is now universally considered to be one of the most eminent American poets.

41. Which of the following is **NOT** a feature that characterizes Dickinson's poetry?
    (A) Unusually capitalized words.
    (B) Exceptionally long sentences.
    (C) A lack of titles.　　　　　　(D) Irregular punctuation marks.

42. Which of the following best defines the word "**cache**", in paragraph 3?
    (A) A natural talent.　　　　　(B) A marked tendency.
    (C) A hidden supply.　　　　　(D) A key characteristic.

43. Judging from the title, which of the following poems was most likely written by Emily Dickinson?
    (A) *Can I Compare Thee To A Summers Day*
    (B) *Ode To The West Wind*
    (C) *The Love Song of J. Alfred Prufrock*
    (D) *Because I Could Not Stop For Death*

44. Which of the following statements about Emily Dickinson is **TRUE**?
   (A) She was a celebrated poet of her time for her keen literary senses.
   (B) She obeyed contemporary literary conventions in composing poems.
   (C) She was a productive poet, with most poems published in her lifetime.
   (D) She received mixed reviews about her ability to compose literary works.

第 45 至 48 題為題組

   In late July this year, the death of Cecil the lion—a thirteen-year-old beloved resident of Hwange National Park in Zimbabwe who had been baited out of the park, shot dead with an arrow, beheaded and even skinned for a trophy—took the world by surprise and provoked public anger across borders. Walter James Palmer, the Minnesota dentist who had bribed local guides with $55,000 to help him track and kill the lion Cecil, received harsh criticism online. Some radical netizens even threatened to kill him in revenge. The webpage for his practice, River Bluff Dental, has been flooded with complaints; reviewers left hundreds of negative reviews as a gesture of their anger at Cecil's death. So far, the authorities have made investigations on two continents. Even though Palmer argued that everything was legal and properly addressed, he, along with his hunting guide, still faced a trial and he was required to reveal all the details about Cecil's death. To avoid getting into trouble after Cecil's death was made known to the public, big airlines rushed to announce they would no longer fly hunting trophies on their planes.

   While Cecil's death has brought global attention to illegal poaching, other hunters still pursue their own trophies in the same way

—but, ironically, it's perfectly legal. That's because of another lesser-known side of big-game trophy hunting: the approved entrapment of animals that are raised, grown, and caged specifically so that the right to kill them can be sold to wealthy hunters.

Such a practice is called "canned hunting," and it's actually not uncommon to see photographers at South African ranches document the practice with their high-definition cameras. Their pictures reveal that a whole lot of lions and other animals seem unable to escape the same tragic fate as Cecil—just without the global mourning.

45. Which of the following information is **NOT** mentioned in the passage?
    (A) How Cecil was killed.   (B) Who was to blame for Cecil's death.
    (C) How the global community responded to Cecil's death.
    (D) What punishment the criminals received for killing Cecil.

46. According to the passage, what's the best definition of "**canned hunting**"?
    (A) To hunt animals which are bred for that purpose.
    (B) To hunt animals whose fur can be used as a trophy.
    (C) To hunt animals that are raised in national parks.
    (D) To hunt animals that have great economic value.

47. According to the passage, it can be inferred from the last paragraph that _____.
    (A) canned hunting will continue to be popular in South Africa.
    (B) people might react very strongly to hunting cases in South Africa in the future
    (C) hunters in Africa will stop poaching animals to express their apology for Cecil's death
    (D) worldwide photographers will help report illegal poachers to the police with their photos

48. According to the passage, which of the following statements is **NOT** true?
   (A) Cecil's death led some big airlines to stop transporting hunting trophies.
   (B) James Palmer took bribes from wealthy businessmen to kill Cecil as their trophy.
   (C) Cecil's death caused such a stir that James Palmer even received online death threats.
   (D) Both the hunter and his guides were questioned about Cecil's death.

第 49 至 52 題爲題組

   In modern times, many people have developed a special taste for spicy foods. Take Chinese people for example. They enjoy a variety of spicy dishes, such as mapo tofu, spicy hot pot and the like. It seems to them that their daily life would not be complete without something spicy. "I like spicy food myself and I eat spicy food almost every day." commented Lu Qi, an epidemiologist at the Harvard School of Public Health. His love for spicy foods drove him to explore the advantages of consuming spicy foods. He collaborated with his coworkers on a study of spicy foods and has drawn the conclusion that having a proper dose of chilies every day might actually benefit one's health.

   Approximately half a million Chinese people, ranging in age from 30 to 79, participated in the study. The researchers quizzed them on how much they loved fiery foods and followed each study subject for seven years on average. Before the study ended, over 20,000 of the subjects passed away. In the end, the researchers discovered that, in comparison with those who stayed away from spicy foods, the risk of death was 10 percent lower in those who ate spicy foods several times a week.　As for people like Lu, who eats chilies every day, they had a 14 percent lower risk of dying.　The result applies to men and women alike.　Nevertheless, Lu cautions that the study is just about chilies and that chilies are not medicine.

It has been proved in previous studies that capsaicin—the active ingredient in chilies—plays a role in combating inflammation and microbes.　But, before you pick up the habit of eating spicy foods, be aware that this study does not prove the cause-and-effect relation.　For example, chances are that weaker people avoid spicy foods, making chili lovers appear tougher in comparison.　In addition, the authors do not recommend adopting a chili diet if you already have some problems with a sensitive stomach.　However, one thing is clear: indulging yourself in spicy food probably won't hurt—**other than, well, your tongue.**

49. This passage is most likely taken from _____.
    (A) an editorial in a newspaper 　(B) a popular science magazine
    (C) a guidebook about spicy cuisine
    (D) a biology textbook

50. Which of the following statements concerning the experiment is **TRUE**?
    (A) The experiment lasted about seven years' and about one-third of the subjects died in the end.
    (B) Daily chili eaters are 10 percent less likely to die compared with those who avoid chilies.
    (C) About half a million people, teenagers and the elderly included, participated in the experiment.
    (D) The results of the experiment suggest that eating chilies is beneficial to people of both sexes.

51. What does the author imply when he says "**other than, well, your tongue.**" in the last paragraph?
   (A) Your tongue may be the only place to be hurt when you eat spicy food.
   (B) Your tongue plays an essential role in protecting your sensitive stomach.
   (C) Having chilies too often is harmful to some body organs, including your tongue.
   (D) Picking up the habit of eating chilies harms your body parts, except for the tongue.

52. According to the passage, it can be inferred that _____.
   (A) more research will be done on capsaicin for it reduces inflammatory reactions
   (B) adopting a diet with chilies helps people of all age groups to stay healthy
   (C) people become healthier and stronger because they eat spicy foods
   (D) eating spicy foods regularly may extend one's lifespan

第 53 至 56 題為題組

Over the past few years, a lot of linguists have been studying whether language learners can acquire a language more effectively or efficiently with the "lexical chunking approach"—to learn a language in larger "lexical chunks," or meaningful combinations of words. By definition, chunks are not only fixed idioms or conventional speech patterns, but strings of words that usually appear together as well.

In general, a native speaker has learned thousands of chunks since childhood, and such chunks are found to be stored and processed in the brain as individual units. According to linguist Norbert Schmitt, with plenty of ready-made lexical chunks, language users will have a lesser burden of cognition. This is because they do not need to work through all the possibilities of word selection and sequencing every time they speak.

In fact, using computers to analyze a large number of texts for word usage patterns acts as a backup for cognitive studies of chunking. As linguists and lexicographers compile corpora—large databases of texts—they come to the realization that human languages are so chunky that certain words are usually inseparably collocated with certain others. That's why a large number of English teachers have been anxious to use corpus findings in their teaching to help students learn more about the word usage patterns. This is usually the case with teachers of English as a second language, for having a better understanding of chunks increases the chance for non-native speakers to achieve nativeness in a language.

Nevertheless, not everybody agrees. A British teacher, Michael Swan, has emerged as a major critic of the lexical-chunk approach. While he agrees that teachers should teach collocations to students, he is worried that too much emphasis on high-priority chunks will deprive students of time to learn more about the other important aspects of language: ordinary vocabulary, pronunciation, grammar and so on. Swan also argues that it's unrealistic, even ridiculous, to expect that teaching chunks will help language learners advance toward native-like fluency.

The lexical-chunking approach receives both positive and negative reviews, but in the near future, there will definitely be more and more researchers working on how to teach more effectively or efficiently by applying corpus findings in language classroom. There is no denying that lexical chunks have entered the house of language teaching, and they're "making themselves at home."

53. The passage mainly focuses on _____.
    (A) the pros and cons of learning through collocations
    (B) the origin and history of the lexical chunking approach
    (C) the idea and controversy of learning language through lexical chunks
    (D) the process and procedure of conducting a lexical-chunk approach in teaching

54. According to the passage, what information do you mostly likely find in a corpus?
    (A) Examples of a word in use.
    (B) The history of a word.
    (C) The grammatical classification of a word.
    (D) The pronunciation of a word.

55. Why does the British writer Michael Swan criticize the lexical-chunk approach?
    (A) Students might confuse one set phrase with another because many collocations look alike.
    (B) The learning or teaching of grammar and pronunciation in classroom might be overlooked.
    (C) Computer-based analysis has proved the uselessness of using chunks in language learning.
    (D) Students might have a heavier burden because they need to remember a lot of collocations.

56. According to the passage, which of the following statements is **NOT** true?
    (A) Whether applying corpus findings in teaching is effective or not remains open to different interpretations.
    (B) Many English teachers adopt a lexical-chunk approach in teaching to help students achieve nativeness in a foreign language.

(C) More research on corpus studies will be conducted to examine if the chunking approach really benefits students' language learning.

(D) Criticized for being unable to help students sound native-like, the chunking approach is becoming less popular in language classrooms.

第貳部分：非選擇題（占 28 分）

說明：本部分共有二題，請依各題指示作答，答案必須寫在「答案卷」上，並標明大題號（一、二）。作答務必使用筆尖較粗之黑色墨水的筆書寫，且不得使用鉛筆。

一、中譯英（占 8 分）

說明：1. 請將以下中文句子譯成正確、通順、達意的英文，並將答案寫在「答案卷」上。

　　　2. 請依序作答，並標明子題號。每題 4 分，共 8 分。

1. 根據官方的統計數字顯示，去年約有八百萬人來臺旅遊，創下歷史新高。

2. 道地美食、豐富的文化資產與人情味都令外國旅客對臺灣印象深刻。

二、英文作文（占 20 分）

說明：1. 依提示在「答案卷」上寫一篇英文作文。

　　　2. 文長至少 120 個單詞（words）。

提示：學測即將到來，假設你從臉書知道你的國中好友（英文名字必須假設為 Mark 或是 Michelle）最近心情低落，面對大考也無心準備，因為他／她養了十五年的狗（Candy）死掉了。請你（英文名字必須假設為 Albert 或是 Zoe）寫一封信**安慰並鼓勵他／她趕緊重新振作起來**，為即將到來的學測好好衝刺。

請注意：必須使用上述的 Albert 或 Zoe 在信末署名，<u>不得使用自己的真實中文或英文名字</u>。

大學入學學科能力測驗英文科
模擬試題 ② 詳解

第壹部分：單選題

一、詞彙題：

1. (**B**) 不要給老人吃過熟的牛排，因為肉很老，很難吞下去。
   (A) stiff³ 〔 stɪf 〕 *adj.* 僵硬的
   (B) ***tough***⁴ 〔 tʌf 〕 *adj.* (肉) 老硬的；咬/切不動的
   (C) rigid⁵ 〔 'rɪdʒɪd 〕 *adj.* 僵硬的 (= *stiff*³)；嚴格的 (= *strict*²)
   (D) organic⁴ 〔 ɔr'gænɪk 〕 *adj.* 有機的
   * overcooked 〔 ˌovɚ'kukt 〕 *adj.* 煮太久的
     (↔ *undercooked* 煮不夠久的；未煮透的)
     steak² 〔 stek 〕 *n.* 牛排　　swallow² 〔 'swɑlo 〕 *v.* 吞

2. (**B**) 當湯姆看到自己老婆跟他最好的朋友在浪漫餐廳時，他勃然大怒。
   (A) sensible³ 〔 'sɛnsəbḷ 〕 *adj.* 明智的；明理的；理性的
   (B) ***furious***⁴ 〔 'fjurɪəs 〕 *adj.* 非常憤怒的 (= *very angry*)
   (C) genuine⁴ 〔 'dʒɛnjuɪn 〕 *adj.* 真正的；真誠的 (= *real*¹ = *authentic*⁶)
   (D) modest⁴ 〔 'mɑdɪst 〕 *adj.* 謙遜的 (= *humble*²)
     modesty⁴ 〔 'mɑdəstɪ 〕 *n.* 謙遜 (= *humility*)

3. (**D**) 這個複雜的句子，直到英文老師解釋給我聽之後，我才理解。
   (A) extensive⁵ 〔 ɪk'stɛnsɪv 〕 *adj.* 廣泛的；廣大的
   (B) magnificent⁴ 〔 mæg'nɪfəsṇt 〕 *adj.* 壯觀的
   (C) stubborn³ 〔 'stʌbɚn 〕 *adj.* 固執的；倔強的
   (D) ***complex***³ 〔 kəm'plɛks 〕 *adj.* 複雜的 (= *complicated*⁴)
   * explain² 〔 ɪk'splen 〕 *v.* 解釋；說明

4. (**A**) 中國與臺灣的領導人在 2015 年 11 月 7 日第一次碰面，這是兩岸自 1949 年分裂以來的一大里程碑。
   (A) ***milestone***⁵ 〔 'maɪlˌston 〕 *n.* 里程碑；劃時代的大事
   (B) thread³ 〔 θrɛd 〕 *n.* 線　　比較：needle² 〔 'nidḷ 〕 *n.* 針

(C) errand[4] 〔ˋɛrənd〕 *n.* 差事　　run errands for sb. 幫某人跑腿

(D) obstacle[4] 〔ˋɑbstəkl̩〕 *n.* 障礙 (= *barrier*[4])

* *for the first time* 第一次　　split[4] 〔splɪt〕 *n.* 分裂
　state[1] 〔stet〕 *n.* 州；國家

5. (**C**) 學生必須今天交出報告，因爲他們知道查克老師不會破例接受遲交的作業。

(A) contribution[4] 〔͵kɑntrəˋbjuʃən〕 *n.* 貢獻

(B) confession[5] 〔kənˋfɛʃən〕 *n.* 自白；招供；告解

(C) *exception*[4] 〔ɪkˋsɛpʃən〕 *n.* 例外
　　make an exception 當成例外；破例

(D) exaggeration[5] 〔ɪg͵zædʒəˋreʃən〕 *n.* 誇張

* submit[5] 〔səbˋmɪt〕 *v.* 繳交　　assignment[4] 〔əˋsaɪnmənt〕 *n.* 作業

6. (**A**) 爲了防止更多人感染 MERS，凡是有 MERS 症狀的人都必須被隔離。

(A) *isolate*[4] 〔ˋaɪsl̩͵et〕 *v.* 隔離 (= *separate*[2])　　isolation[4] *n.*

(B) operate[2] 〔ˋɑpə͵ret〕 *v.* 操作；營運；動手術　　operation[4] *n.*

(C) dismiss[4] 〔dɪsˋmɪs〕 *v.* 解散；解僱；摒棄　　dismissal[4] *n.*

(D) negotiate[4] 〔nɪˋgoʃɪ͵et〕 *v.* 協商；談判　　negotiation[6] *n.*

* respiratory 〔ˋrɛspərə͵torɪ〕 *adj.* 呼吸的
　syndrome 〔ˋsɪn͵drom〕 *n.* 症候群　　*MERS* 中東呼吸症候群
　symptom[6] 〔ˋsɪmptəm〕 *adj.* 症狀　　require[2] 〔rɪˋkwaɪr〕 *v.* 要求；需要
　be required to V 需要；必須

7. (**D**) 巴黎遭遇恐怖攻擊後，預防措施之一是取消運動賽事，公立學校和許多博物館也被關閉。

(A) coordination[6] 〔ko͵ɔrdn̩ˋeʃən〕 *n.* 協調 (= *harmonization*[4])

(B) manipulation[6] 〔mə͵nɪpjəˋleʃən〕 *n.* 操控

(C) integration[6] 〔͵ɪntəˋgreʃən〕 *n.* 融合 (= *combination*[4])

(D) *precaution*[5] 〔prɪˋkɔʃən〕 *n.* 預防措施 (= *preventive measure*)

* terrorist[4] 〔ˋtɛrərɪst〕 *adj.* 恐怖主義的；恐怖份子的
　attack[2] 〔əˋtæk〕 *n.* 攻擊　　event[2] 〔ɪˋvɛnt〕 *n.* 事件；活動；賽事
　public school 公立學校

8. (**D**) 健康的重要性再怎麼<u>強調</u>也不爲過。爲了保持健康，我們應該規律運動、早睡早起，還要有均衡的飲食。

    (A) neglect[4] 〔 nɪˈglɛkt 〕 v. 忽視；忽略

    (B) realize[2] 〔ˈrɪəˌlaɪz 〕 v. 實現；了解

    (C) illustrate[4] 〔ˈɪləstret , ɪˈlʌstret 〕 v. 闡述；舉例證明；畫插圖

    (D) *emphasize*[3] 〔ˈɛmfəˌsaɪz 〕 v. 強調 (= *stress*[2] = *highlight*[6])

    * regularly[2] 〔ˈrɛgjələlɪ 〕 adv. 規律地

      keep good/early hours 早睡早起

      balanced[3] 〔ˈbælənst 〕 adj. 均衡的   diet[3] 〔ˈdaɪət 〕 n. 飲食

9. (**C**) 在多年努力之後，柔伊想成爲太空人的夢想終於實現。在她踏上太空船的那一刻，她感到強烈的<u>滿足感</u>。

    (A) compliment[5] 〔ˈkɑmpləmənt 〕 n. 讚美 (= *praise*[2])

    (B) entertainment[4] 〔ˌɛntəˈtenmənt 〕 n. 娛樂 (= *recreation*[4])

    (C) *fulfillment*[4] 〔 fulˈfɪlmənt 〕 n. 實現；達成 (= *realization*[6])

      a sense of fulfillment 滿足感

    (D) investment[4] 〔 ɪnˈvɛstmənt 〕 n. 投資

    * effort[2] 〔ˈɛfət 〕 n. 努力   astronaut[5] 〔ˈæstrəˌnɔt 〕 n. 太空人

      come true 成眞；實現   moment[1] 〔ˈmomənt 〕 n. 時刻；瞬間

      the moment conj. 一～就

      spacecraft[5] 〔ˈspesˌkræft 〕 n. 太空船 (= *spaceship*)

10. (**A**) 莉莉的電腦中毒，所以她<u>安裝</u>防毒程式，除掉所有中毒的檔案與程式。

    (A) *install*[4] 〔 ɪnˈstɔl 〕 v. 安裝

    (B) scatter[3] 〔ˈskætə 〕 v. 撒；散播；驅散

    (C) motivate[4] 〔ˈmotəˌvet 〕 v. 激勵

    (D) abandon[4] 〔 əˈbændən 〕 v. 放棄；抛棄

    * infect[4] 〔 ɪnˈfɛkt 〕 v. 感染   virus[4] 〔ˈvaɪrəs 〕 n. 病毒

      anti-virus adj. 防毒的   program[3] 〔ˈprogræm 〕 n. 程式

      remove[3] 〔 rɪˈmuv 〕 v. 除掉   file[3] 〔 faɪl 〕 n. 檔案

11. (**B**) 《三國演義》是中國文學裡一部<u>古典</u>小說，主要探討漢朝三國之間的謀略、個人與軍事的戰役與糾葛。

(A) passionate[5] (ˋpæʃənɪt) *adj.* 熱情的

(B) ***classical***[3] (ˋklæsɪk!̣) *adj.* 古典的

(C) durable[4] (ˋdjʊrəb!̣) *adj.* 持久的；耐用的

(D) superstitious[6] (͵supɚˋstɪʃəs) *adj.* 迷信的

* plot[4] (plɑt) *n.* 情節；陰謀　　personal[2] (ˋpɝsn!̣) *adj.* 個人的　military[2] (ˋmɪlə͵tɛrɪ) *adj.* 軍事的　　battle[2] (ˋbæt!̣) *n.* 戰役　struggle[2] (ˋstrʌg!̣) *n.* 掙扎；奮鬥　　state[1] (stet) *n.* 州；國家　dynasty[4] (ˋdaɪnəstɪ) *n.* 朝代

12. (**D**) 雖然芬妮在爆炸中嚴重燒傷，她<u>奇蹟似地</u>快速康復，在醫院只住了一個月後就出院。

(A) permanently[4] (ˋpɝmənəntlɪ) *adv.* 永遠地 (= *forever*[3])

(B) conclusively (kənˋklusɪvlɪ) *adv.* 最後地；終結地

(C) triumphantly[6] (traɪˋʌmfəntlɪ) *adv.* 洋洋得意地

(D) ***miraculously***[6] (məˋrækjələslɪ) *adv.* 奇蹟似地 (= *amazingly*[3])　miracle[3] (ˋmɪrək!̣) *n.* 奇蹟

* explosion[4] (ɪkˋsploʒən) *n.* 爆炸　　recovery[4] (rɪˋkʌvərɪ) *n.* 恢復　discharge[6] (dɪsˋtʃɑrdʒ) *v.* 釋放；使 (病人) 出院

13. (**B**) 在臺灣，我們很幸運擁有很多高山充當天然<u>屏障</u>，擋住颱風。這些高山會減弱颱風的結構與強度。

(A) surroundings[4] (səˋraʊndɪŋz) *n.* 環境　　surround[3] *v.* 圍繞

(B) ***barrier***[4] (ˋbærɪɚ) *n.* 屏障；障礙

(C) wonder[2] (ˋwʌndɚ) *n.* 驚嘆；奇景；奇觀 (= *miracle*[3] = *marvel*[5])

(D) landscape[4] (ˋlæn(d)skep) *n.* 風景 (= *scenery*[4])

* natural[2] (ˋnætʃərəl) *adj.* 天然的　　weaken[3] (ˋwikən) *v.* 變弱；減弱　structure[3] (ˋstrʌktʃɚ) *n.* 結構　　intensity[4] (ɪnˋtɛnsətɪ) *n.* 強度

14. (**C**) 很多學生聚集在教育部四周，<u>抗議</u>充滿爭議的課綱。

(A) accuse[4] (əˋkjuz) *v.* 控告　　accuse sb. of sth. 控告某人某罪

(B) oppose[4] (əˋpoz) *v.* 反對 (= *object to*)【及物動詞，不必加 against】

(C) ***protest***[4] (prəˋtɛst) *v.* 抗議　　***protest against*** 抗議

(D) confront[5] (kənˋfrʌnt) *v.* 面對；對質【及物動詞】

* ministry[4] (ˋmɪnɪstrɪ) *n.* 部

controversial[6] 〔͵kɑntrəˈvɝʃəl〕*adj.* 有爭議的
curriculum[5] 〔kəˈrɪkjələm〕*n.* 課程
guideline[5] 〔ˈgaɪd͵laɪn〕*n.* 指導方針

15. (**A**) 這對沒有孩子的夫妻<u>非常</u>想要孩子,所以他們從孤兒院領養了一個男孩。

    (A) ***desperately***[4] 〔ˈdɛspərɪtlɪ〕*adv.* 拼命地;絕望地;非常地

    (B) intentionally[4] 〔ɪnˈtɛnʃənḷɪ〕*adv.* 故意地 (= *deliberately*[6])

    (C) reluctantly[4] 〔rɪˈlʌktəntlɪ〕*adv.* 不願意地 (= *unwillingly*[2])

    (D) courteously[4] 〔ˈkɝtɪəslɪ〕*adv.* 有禮貌地 (= *politely*[2])

    * couple[2] 〔ˈkʌpḷ〕*n.* 一對 (夫妻、情侶)   adopt[3] 〔əˈdɑpt〕*v.* 領養
    orphanage[5] 〔ˈɔrfənɪdʒ〕*n.* 孤兒院【orphan[3] *n.* 孤兒】

二、綜合測驗:

第 16 至 20 題為題組

    你知道對於十幾歲的女生來說,運動非常重要嗎?有一項研究,找了 7 萬 5 千名中國女性參加,<u>年紀</u>在 40 歲到 70 歲,研究人員發現,那些在十幾歲時
        16
有規律運動的女性,<u>比那些</u>沒有運動習慣的人更健康。女性如果在青春期時每
        17
週運動 80 分鐘,她們生病致死的風險較低。研究結果也顯示,<u>就整體而言</u>,如
        18
果女性在青春期時有養成每天運動 15 分鐘的習慣,她們可以活比較久。

    * vital[4] 〔ˈvaɪtḷ〕*adj.* 非常重要的   ***of importance*** 重要的 (= *important*[1])
    female[2] 〔ˈfimel〕*adj.* 女性的   participant[5] 〔pəˈtɪsəpənt〕*n.* 參加者
    researcher[4] 〔rɪˈsɝtʃɚ〕*n.* 研究人員   discover[1] 〔dɪˈskʌvɚ〕*v.* 發現
    regular[2] 〔ˈrɛgjələ〕*adj.* 經常的
    on a regular basis 經常地 (= *regularly*[2])
    teens[2] 〔tinz〕*n.* 十幾歲的年紀   ***in one's teens*** 在某人十幾歲的時候
    teenager[2] 〔ˈtin͵edʒɚ〕*n.* 十幾歲的孩子   risk[3] 〔rɪsk〕*n.* 風險;危險
    result[2] 〔rɪˈzʌlt〕*n.* 結果   suggest[3] 〔sə(g)ˈdʒɛst〕*v.* 暗示;顯示
    develop[2] 〔dɪˈvɛləp〕*v.* 發展;培養

16. (**A**) 表示「…歲」用「***aged*** + 數字」,選 (A)。

17. (**B**) 依句意,「那些」沒有運動習慣的人,選 (B) ***those***。

18. (**C**)　(A) by no means　絕不　　　　(B) by the way　順道一提
　　　　　　(C) ***on the whole***　就整體而言　(D) in other words　換句話說

對於女性來說，青春期時如有規律運動，意味著可以更長壽，即使她們年紀大
後不再有這個習慣。不管成年之後有沒有運動，青少年時期的運動可以<u>降低</u>罹
　　　　　　　　　　　　　　　　　　　　　　　　　　　　　　　　19
患癌症或高血壓等疾病的風險。因此，有關當局應該努力推廣青少年的運動習
慣，以延長壽命，還有避免老年後為疾病所苦。<u>雖然</u>這個研究是在中國進行，
　　　　　　　　　　　　　　　　　　　　　　　20
但對於全世界的女性來說，在青春期養成運動的習慣是非常重要的。

　　* ***even if*** 即使　　advanced³ ﹝ əd'vænst ﹞ *adj.* 先進的；邁入老年的
　　regardless of 不管　　adult¹ ﹝ ə'dʌlt ﹞ *adj.* 成人的　　***suffer from*** 罹患
　　cancer² ﹝ 'kænsə ﹞ *n.* 癌症　　hypertension ﹝ ˌhaɪpə'tɛnʃən ﹞ *n.* 高血壓
　　authority⁴ ﹝ ə'θɔrətɪ ﹞ *n.* 權威；(*pl.*) 當局
　　concerned³ ﹝ kən'sɜnd ﹞ *adj.* 有關的
　　the authorities concerned 有關當局
　　promote³ ﹝ prə'mot ﹞ *v.* 推廣；促進　　prolong⁵ ﹝ prə'lɔŋ ﹞ *v.* 延長
　　lifespan ﹝ 'laɪf,spæn ﹞ *n.* 壽命 (= *life span*)　　avoid² ﹝ ə'vɔɪd ﹞ *v.* 避免
　　conduct⁵ ﹝ kən'dʌkt ﹞ *v.* 進行　　***pick up*** 撿拾；開始
　　adolescence⁵ ﹝ ˌædl̩'ɛsn̩s ﹞ *n.* 青春期

19. (**D**)　(A) seize³ ﹝ siz ﹞ *v.* 抓住　　　(B) deposit³ ﹝ dɪ'pozɪt ﹞ *v.* 存放
　　　　　　(C) boost⁶ ﹝ bust ﹞ *v.* 提高　　(D) ***reduce***³ ﹝ rɪ'djus ﹞ *v.* 降低

20. (**C**)　依句意，選 (C) ***While***「雖然」。而 (A) Since「自從；因為」，
　　　　　　(B) Unless「除非」，(D) Once「一旦」，句意均不合。

<u>第 21 至 25 題為題組</u>

　　自閉症譜系障礙（ASD）是不同神經發展障礙的結合。此類病人通常在
<u>建立</u>社交關係方面有困難，而且有重複性、固定的行為表現。其他的狀況包
　21
括亞斯伯格症、兒童崩解症，與廣泛性發展障礙。雖然自閉症的患者在性格與
嚴重性上<u>大</u>不相同，但各個種族、社經族群、年齡層中都有這樣的病人。根據
　　　　　　22
專家的說法，每 88 個八歲的孩子，就有一個自閉症患者，男生患有自閉症的
<u>可能性</u>是女生的四倍。
　23

* autism〔'ɔtɪzəm〕*n.* 自閉症　　spectrum[6]〔'spɛktrəm〕*n.* 光譜；範圍
disorder[4]〔dɪs'ɔrdɚ〕*n.* 混亂；失調；疾病
combination〔,kɑmbə'neʃən〕*n.* 結合；綜合
neurodevelopment〔,njʊrodɪ'vɛləpmənt〕*n.* 神經發展【neuro = nerve[3]】
patient[2]〔'peʃənt〕*n.* 病人　　social[2]〔'soʃəl〕*adj.* 社會的；社交的
ties[1]〔taɪz〕*n., pl.* 關係　　display[2]〔dɪ'sple〕*v.* 展現；表現 (= *show*[1])
repetitive[4]〔rɪ'pɛtətɪv〕*adj.* 重複的
stereotyped[5]〔'stɛrɪə,taɪpt〕*adj.* 固定的；一成不變的
pattern[2]〔'pætɚn〕*n.* 模式　　condition[3]〔kən'dɪʃən〕*n.* 情況；疾病
Asperger〔'æs,pɝdʒɚ〕*n.* 亞斯伯格　　syndrome〔'sɪn,drom〕*n.* 症候群
disintegrative[6]〔dɪs'ɪntə,gretɪv〕*adj.* 瓦解的；崩潰的
pervasive〔pɚ'vesɪv〕*adj.* 遍及的；充滿的
developmental[2]〔dɪ,vɛləp'mɛntḷ〕*adj.* 發展的
despite[4]〔dɪ'spaɪt〕*prep.* 儘管　　vary[3]〔'vɛrɪ〕*v.* 不同
character[2]〔'kærɪktɚ〕*n.* 性格　　severity[4]〔sə'vɛrətɪ〕*n.* 嚴重性
ethnic[6]〔'ɛθnɪk〕*adj.* 種族的
socioeconomic〔,soʃɪə,ɪkə'nɑmɪk〕*adj.* 社會經濟的
sufferer[3]〔'sʌfərɚ〕*n.* 受苦者

21. **(B)** ***have difficulty V-ing*** 做某事有困難，establish[4]〔ə'stæblɪʃ〕*v.* 建立，
故選 (B) ***establishing***。

22. **(B)** (A) diligently[3]〔'dɪlədʒəntlɪ〕*adv.* 勤勞地
　　　　 (B) ***significantly***[3]〔sɪg'nɪfəkəntlɪ〕*adv.* 重大地；顯著地
　　　　 (C) numerously[4]〔'njumərəslɪ〕*adv.* 很多地
　　　　 (D) considerately[5]〔kən'sɪdərɪtlɪ〕*adv.* 體貼地

23. **(C)** (A) possible[1]〔'pɑsəbḷ〕*adj.* 可能的
　　　　 (B) ready[1]〔'rɛdɪ〕*adj.* 準備好的
　　　　 (C) ***likely***[1]〔'laɪklɪ〕*adj.* 可能的　　***be likely to V*** 可能
　　　　 (D) potential[5]〔pə'tɛnʃəl〕*adj.* 有潛力的；可能的

　　直到現在，科學家還在努力，要找出造成自閉症明確的原因，很有可能基
　　　　　　　　　　　　　　　　24
因和環境都有很大的關聯。研究人員已經找出一些與自閉症相關的基因，而且
針對自閉症患者的研究也發現，自閉症患者腦部的一些區域有異常的情況。
其他研究也顯示，自閉症患者的血清素，或是其他大腦內部的神經傳導物質，
25

有異常的含量。雖然這些研究結果很有趣，但還有很多值得我們探索的東西，以便更了解自閉症還有自閉症患者。

> * ***up to now*** 直到現在　　pinpoint〔'pɪn,pɔɪnt〕*v.* 明確指出
> ***chances are that*** + 子句　很有可能　　genetics[6]〔dʒə'nɛtɪks〕*n.* 遺傳
> matter[1]〔'mætɚ〕*v.* 有關係；很重要　　gene[4]〔dʒin〕*n.* 基因
> related[3]〔rɪ'letɪd〕*adj.* 有關的　　irregularity[2]〔,ɪrɛgjə'lærətɪ〕*n.* 不規律
> region[2]〔'ridʒən〕*n.* 區域　　abnormal[6]〔æb'nɔrml̩〕*adj.* 不正常的
> level[1]〔'lɛvl̩〕*n.* 程度　　serotonin〔,sɛro'tonɪn〕*n.* 血清素
> neurotransmitter〔,njʊrotræns'mɪtɚ〕*n.* 神經傳遞素
> 【transmit[6] *v.* 傳導；傳遞】
> intriguing〔ɪn'trɪgɪŋ〕*adj.* 有趣的　　explore[4]〔ɪk'splor〕*v.* 探索

24. (**D**) (A) make up for 補償　　(B) take account of 考慮到
　　　(C) keep pace with 與…並駕齊驅；趕上
　　　(D) ***give rise to*** 導致；造成

25. (**D**) 依句意，「其他」研究也顯示…，用 ***Other*** studies，選 (D)。
　　　(A) The other studies「其餘的研究」，句意不合；(B) Still others「還有一些」，為代名詞，後面不接名詞，(C) Another「另一個」，後面接單數名詞，均不合。

第 26 至 30 題為題組

　　約翰‧濟慈 1795 年出生於倫敦，他的詩人生涯，大概是所有英國浪漫詩人中最精彩的。15 歲時，他在倫敦的一所醫院當學徒學醫學，但後來他並沒有當醫生，<u>反而投入詩的創作</u>。然而遺憾的是，濟慈終其一生只發表了 54 首詩，集
　　　　　26
結在三本薄冊與一些雜誌裡。即使如此，在他人生中的每一階段，濟慈從未停
　　　　27
止<u>從事</u>挑戰不同詩風的創作。
　28

> * perhaps[1]〔pɚ'hæps〕*adv.* 也許　　colorful[2]〔'kʌləfəl〕*adj.* 多采多姿的
> career[4]〔kə'rɪr〕*n.* 職業；事業；生涯
> romantic[3]〔ro'mæntɪk〕*adj.* 浪漫的　　poet[2]〔'po‧ɪt〕*n.* 詩人
> apprentice[6]〔ə'prɛntɪs〕*n.* 學徒　　medicine[2]〔'mɛdəsn̩〕*n.* 藥；醫學
> ***practice medicine*** 行醫；當醫生　　devote[4]〔dɪ'vot〕*v.* 致力於；投入
> poetry[1]〔'po‧ɪtrɪ〕*n.* 詩【總稱，不可數】　　pity[3]〔'pɪtɪ〕*n.* 可惜；憾事

throughout[2]〔θru'aʊt〕*prep.* 遍及　　poem[2]〔'po·ɪm〕*n.* 詩【可數名詞】
publish[4]〔'pʌblɪʃ〕*v.* 出版；發表　　slim[2]〔slɪm〕*adj.* 纖細的
stage[2]〔stedʒ〕*n.* 舞台；階段　　challenge[3]〔'tʃælɪndʒ〕*n.* 挑戰
poetic[5]〔po'ɛtɪk〕*adj.* 詩的；詩意的

26. (**C**) (A) accordingly[6]〔ə'kɔrdɪŋlɪ〕*adv.* 因此
　　　　(B) likewise[6]〔'laɪk,waɪz〕*adv.* 同樣地
　　　　(C) ***instead***[3]〔ɪn'stɛd〕*adv.* 反之；取而代之
　　　　(D) furthermore[4]〔'fɝðɚ,mor〕*adv.* 此外

27. (**B**) (A) category[5]〔'kætə,gorɪ〕*n.* 類型　　(B) ***volume***[3]〔'vɑljəm〕*n.* 冊；卷
　　　　(C) kettle[3]〔'kɛtl̩〕*n.* 水壺　　(D) survey[3]〔'sɝve〕*n.* 調查

28. (**C**) (A) decide on　決定　　　　　(B) ward off　避開；躲避
　　　　(C) ***engage in***　參與；從事　　(D) bump into　撞上；偶遇

由於偉大的文學成就，他被視爲是浪漫時期最具影響力的詩人之一，與拜倫及
雪萊齊名。雖然一開始並非所有人都欣賞濟慈詩的美，他在過世後吸引了越來
越多的擁護者。到了 19 世紀末，他已經成爲英國最受人喜愛的詩人之一。他的
　　　　　　　　　　　　　　　　29
詩特色是豐富的感官意象，尤其在他一系列的頌歌裡最爲明顯，其中兩首便是
　　　　　　　　　　　　　　　　　　　　　　　　　　　30
《秋風頌》與《夜鶯頌》。雖然濟慈 26 歲便英年早逝，他的詩與書信一直都是
英國文學中，最常拿來分析的作品之一。

＊ literary[4]〔'lɪtə,rɛrɪ〕*adj.* 文學的　　achievement[3]〔ə'tʃivmənt〕*n.* 成就
recognize[3]〔'rɛkəg,naɪz〕*v.* 承認；認可
influential[4]〔,ɪnflu'ɛnʃəl〕*adj.* 有影響力的
figure[2]〔'fɪgɚ〕*n.* 人物　　period[2]〔'pɪrɪəd〕*n.* 時期；期間
the Romantic Period 浪漫時期　　***along with*** 以及
Lord Byron〔lord 'baɪrən〕*n.* 拜倫【1788-1824，英國貴族、詩人、政治家，
　　被認爲是最偉大的英國詩人之一，他最著名的作品是長篇的敘事詩《唐璜》
　　以及短篇作品《她舉步娉婷》】
Percy Bysshe Shelley〔'pɝsɪ bɪʃ 'ʃɛlɪ〕*n.* 雪萊【1792-1822，著名的英國浪
　　漫主義詩人，被認爲是史上最出色的英語詩人之一，《西風頌》是他不朽的
　　作品之一】　　appreciate[3]〔ə'priʃɪ,et〕*v.* 欣賞
in the beginning 最初；首先　　attract[3]〔ə'trækt〕*v.* 吸引
following[2]〔'fɑloɪŋ〕*n.* 擁護者；崇拜者【集合名詞，常用單數】

beloved⁵〔 bɪˈlʌvɪd 〕*adj.* 心愛的　　feature³〔ˈfitʃɚ〕*v.* 以～爲特色
sensual³〔ˈsɛnʃʊəl〕*adj.* 感官的　　imagery³〔ˈɪmədʒ(ə)rɪ〕*n.* 意象
notably⁵〔ˈnotəblɪ〕*adv.* 顯著地；特別地；尤其　　series⁵〔ˈsɪrɪz〕*n.* 系列
ode〔 od 〕*n.* 頌詩；詩歌　　nightingale⁵〔ˈnaɪtn̩ˌgel〕*n.* 夜鶯
analyze⁴〔ˈænlˌaɪz〕*v.* 分析　　literature⁴〔ˈlɪtərətʃɚ〕*n.* 文學

29. (**D**)　表示「在過去某時已經…」，用過去完成式，選 (D) ***had become***。

30. (**C**)　空格旣是代名詞，代替前句的名詞 a series of odes，也是連接詞，
　　　　　連接前後二句話，也就是關係代名詞，選 (C) ***which***。

三、文意選填：

第 31 至 40 題爲題組

　　你有聽說過魯本・馬特斯這個人嗎？可能沒有，但是你一定聽說過「哈根
達斯」。魯本・馬特斯就是這個知名冰淇淋品牌的創始者。他曾經幫他媽媽在紐
約街頭 ³¹·(G) 叫賣冰淇淋。因爲他很重視食物的品質，³²·(C) 堅持使用最好的原
料來製作冰淇淋。在 1960 年，馬特斯先生創立了一間新公司，³³·(J) 投入於自
己的冰淇淋夢想中。他的冰淇淋品牌名稱就稱作「哈根
達斯」，直到現在，都是全世界最好的冰淇淋之一。

　　* probably³〔ˈprɑbəblɪ〕*adv.* 可能；也許
　　definitely⁴〔ˈdɛfənɪtlɪ〕*adv.* 明確地；必然
　　creator³〔krɪˈetɚ〕*n.* 創造者　　brand²〔brænd〕*n.* 品牌
　　peddle⁶〔ˈpɛdl̩〕*v.* 沿街叫賣　　***care about*** 在意；重視
　　quality²〔ˈkwɑlətɪ〕*n.* 品質　　insist²〔ɪnˈsɪst〕*v.* 堅持 < on >
　　ingredient⁴〔ɪnˈgridɪənt〕*n.* 原料　　establish⁴〔əˈstæblɪʃ〕*v.* 建立
　　dedicate⁶〔ˈdɛdəˌket〕*v.* 奉獻；投入 < to >
　　brand name 品牌名稱　　globe⁴〔glob〕*n.* 球體；地球；世界
　　around the globe 全球　　***till now*** 直到現在

　　起初，哈根達斯冰淇淋只有三種 ³⁴·(A) 口味：香草、巧克力，和咖啡，但
是馬特斯渴望 ³⁵·(D) 擴展冰淇淋事業，因而出國尋找更好的冰淇淋種類。他獨
特的冰淇淋 ³⁶·(E) 原料，包括來自比利時的黑巧克力，與來自馬達加斯加的香
草豆，提供了絕佳的口感體驗。

　　* ***at first*** 起初；最初　　flavor〔ˈflevɚ〕*n.* 口味
　　vanilla⁶〔vəˈnɪlə〕*n.* 香草　　eagerness³〔ˈigɚnɪs〕*n.* 渴望

expand⁴ 〔 ɪk'spænd 〕 v. 擴大　　　prompt⁴ 〔 prɑmpt 〕 v. 促使；驅使

abroad² 〔 ə'brɔd 〕 adv. 在國外　　　variety³ 〔 və'raɪətɪ 〕 n. 種類

unique⁴ 〔 ju'nik 〕 adj. 獨特的　　　**dark chocolate** 黑巧克力

Belgium 〔 'bɛldʒəm 〕 n. 比利時【位於歐洲西北部，首都布魯塞爾

（ Brussels 〔 'brʌslz 〕 ）】　　　bean² 〔 bin 〕 n. 豆子

Madagascar 〔 ,mædə'gæskɚ 〕 n. 馬達加斯加【位於非洲東南部一大島】

fantastic⁴ 〔 fæn'tæstɪk 〕 adj. 極好的　　　taste¹ 〔 test 〕 n. 味道；體驗

哈根達斯這個品牌很快就 ³⁷· **(F)** 吸引了許多冰淇淋愛好者。一開始，只有在紐約的某些店裡，才吃得到哈根達斯冰淇淋，但是很快地，³⁸· **(H)** 經銷就擴散出去。到了 1973 年，哈根達斯的產品已經受到全美國顧客的歡迎。在 1983 年，馬特斯先生決定把哈根達斯的品牌賣給貝思保公司，因為它在製作冰淇淋過程中，同樣也重視 ³⁹· **(B)** 上等的品質與創新。從那時起，哈根達斯冰淇淋成為一種全球性的 ⁴⁰· **(I)** 現象，在全世界大約 50 個國家都吃得到。魯本·馬特斯建立在每一種哈根達斯產品上，注意品質的相同原則，至今依然存在。

* **appeal to** 吸引　　　**a large number of** 很多

in the beginning 一開始　　　aficionado 〔 ə,fɪʃɪə'nɑdo 〕 n. 熱衷者；迷

certain¹ 〔 'sɝtn̩ 〕 adj. 某些

distribution⁴ 〔 ,dɪstrə'bjuʃən 〕 n. 分配；經銷；流通

spread out 擴散　　　product³ 〔 'prɑdəkt 〕 n. 產品

be popular with 受～歡迎　　　throughout² 〔 θru'aʊt 〕 prep. 遍及

value² 〔 'væljʊ 〕 v. 重視　　　superior³ 〔 sə'pɪrɪɚ 〕 adj. 優質的；上等的

innovation⁶ 〔 ,ɪnə'veʃən 〕 n. 創新　　　process³ 〔 'prɑsɛs 〕 n. 過程

global³ 〔 'globl̩ 〕 adj. 全球的　　　phenomenon⁴ 〔 fə'nɑmə,nɑn 〕 n. 現象

available³ 〔 ə'veləbl̩ 〕 adj. 可獲得的

worldwide¹ 〔 'wɝld,waɪd 〕 adv. 全世界

attention² 〔 ə'tɛnʃən 〕 n. 注意 < to >　　　exist² 〔 ɪg'zɪst 〕 v. 存在

四、閱讀測驗：

第 41 至 44 題為題組

埃米莉·伊莉莎白·狄更生（ 1830-1886 ）出生於麻州的安默斯特區，她的家庭在當地社會，經濟上、政治上，與知識方面都十分顯赫。但狄更生沒有成為社會名流，她大部分的生活都非常內向。她不願意接待訪客或是結交新的朋友。她幾乎都生活在狄更生家的宅邸範圍內，她終生的同伴與密友就是她的家人。由於她的自我隔離，狄更生一輩子單身。

* economically[4] (ˌikəˈnɑmɪkl̩ɪ) *adv.* 經濟上地
  politically[3] (pəˈlɪtɪkl̩ɪ) *adv.* 政治上地
  intellectually[4] (ˌɪntl̩ˈɛktʃuəlɪ) *adv.* 智力上地
  prominent[4] (ˈprɑmənənt) *adj.* 卓越的
  community[4] (kəˈmjunətɪ) *n.* 社區；社會　　***instead of*** 而非；不是
  socialite (ˈsoʃəˌlaɪt) *n.* 社交名流
  highly[4] (ˈhaɪlɪ) *adv.* 高度地；非常地【修飾抽象程度】
  introverted (ˈɪntrəˌvɝtɪd) *adj.* 內向的
  reluctant[4] (rɪˈlʌktənt) *adj.* 不願意的　　greet[2] (grit) *v.* 問候；打招呼
  realm[5] (rɛlm) *n.* 領域；範圍　　lifelong[5] (ˈlaɪfˌlɔŋ) *adj.* 一生的；終身的
  ally[5] (ˈælaɪ, əˈlaɪ) *n.* 盟友；夥伴　　***due to*** 因為；由於
  seclusion (sɪˈkluʒən) *n.* 隔離；隔絕　　***self-seclusion*** 自我隔離
  remain[3] (rɪˈmen) *v.* 保持；仍然　　single[2] (ˈsɪŋgl̩) *adj.* 單身的
  throughout *one's life* 遍及某人的一生；終身

　　雖然狄更生是個多產、不善社交的詩人，但她打破傳統窠臼，只是她在世時，沒有受到太多的關注。在她將近 1,800 首詩中，她在世時發表的不到 12 首，那個時候所發表的作品，通常都被大幅修改與編輯過，以符合當時的慣例。【第一個句子中，前半句為副詞子句，as 做「雖然」解，要將主詞補語 Prolific private poet（單數名詞要去掉冠詞）置於句首，再寫 as，再寫主詞和動詞，用倒裝句寫法】

* prolific (prəˈlɪfɪk) *adj.* 多產的
  private[2] (ˈpraɪvɪt) *adj.* 私人的；不好社交的
  rule-breaker (ˈrulˌbrekɚ) *n.* 打破規則的人
  publicity[4] (pʌbˈlɪsətɪ) *n.* 公開；出風頭
  publish[4] (ˈpʌblɪʃ) *v.* 出版；刊登；發表　　lifetime[3] (ˈlaɪfˌtaɪm) *n.* 一生
  alter[5] (ˈɔltɚ) *v.* 改變　　edit[3] (ˈɛdɪt) *v.* 編輯　　fit[2] (fɪt) *v.* 適合
  convention[4] (kənˈvɛnʃən) *n.* 慣例；習俗

　　狄更生的詩是一種新形式的詩，語氣與風格獨特，改變了傳統詩的格式；她的詩通常有點矛盾、破碎。詩句通常很短，通常沒有詩名，使用異於傳統的大寫字母與標點符號。她的許多首詩都探討死亡或永恆的主題，這兩個主題在她寫給朋友的信中反覆出現。她的作品經常用幽默、誠實與好奇的感覺，質疑上帝的計謀與人的存在，探討精神世界，甚至是她自己的性別角色。

* distinctive[5] (dɪˈstɪŋktɪv) *adj.* 獨特的　　voice[1] (vɔɪs) *n.* 聲音；語氣
  style[3] (staɪl) *n.* 風格　　transformation[6] (ˌtrænsfɚˈmeʃən) *n.* 轉變
  traditional[2] (trəˈdɪʃənl̩) *adj.* 傳統的

paradoxical[5] 〔͵pærə'daksɪkl̩〕*adj.* 矛盾的
fragmented[6] 〔fræg'mɛntɪd〕*adj.* 破碎的　　contain[2] 〔kən'ten〕*v.* 包含
typically[3] 〔'tɪpɪkl̩ɪ〕*adv.* 典型地；通常　　lack[1] 〔læk〕*v.* 缺乏
title[2] 〔'taɪtl̩〕*n.* 標題
unconventional[4] 〔͵ʌnkən'vɛnʃənl̩〕*adj.* 不依循慣例的
capitalization 〔͵kæpətl̩ə'zeʃən〕*n.* 使用大寫字母
punctuation 〔͵pʌŋktʃu'eʃən〕*n.* 標點符號　　***deal with*** 處理；討論
theme[4] 〔θim〕*n.* 主題　　immortality[5] 〔͵ɪmɔr'tælətɪ〕*n.* 不朽；永恆
recurring[6] 〔rɪ'kɝɪŋ〕*adj.* 循環的　　topic[2] 〔'tapɪk〕*n.* 主題
work[1] 〔wɝk〕*n.* 作品　　constantly[3] 〔'kanstəntlɪ〕*adv.* 不斷地；一直
question[1] 〔'kwɛstʃən〕*v.* 質疑　　scheme[5] 〔skim〕*n.* 計劃；陰謀
as well as 以及　　existence[3] 〔ɪg'zɪstəns〕*n.* 存在
explore[4] 〔ɪk'splor〕*v.* 探索；探討　　spiritual[4] 〔'spɪrɪtʃuəl〕*adj.* 精神的
gender[5] 〔'dʒɛndɚ〕*n.* 性別　　role[2] 〔rol〕*n.* 角色
sharp[1] 〔ʃarp〕*adj.* 敏銳的　　curiosity[4] 〔͵kjurɪ'asətɪ〕*n.* 好奇

　　雖然她的朋友知道她對於詩有興趣，但直到她在 1886 年過世後，她的妹妹拉維妮亞和她的密友，才發現她藏詩的地方，直到那時她的作品之廣才爲大衆所知。她的第一本詩集在 1890 年出版，但不是一本非常忠於原作的作品。完整且大部分沒有修改過的詩集，則是在 1955 年問世，書名爲《埃米莉狄更生詩集》。儘管關於她的文學創作能力，有一些負面的風評和懷疑，但是她到現在普遍被視爲是最傑出的美國詩人之一。【第一個句子和第二個句子中，only after her death in 1886 和 not until then 置於句首時，後面都要接倒裝句，先寫助動詞 did，再寫主詞和主要動詞。】

　　* acquaintance[4] 〔ə'kwentəns〕*n.* 認識的人
　　intimate[4] 〔'ɪntəmɪt〕*adj.* 親密的　　cache 〔kæʃ〕*n.* 隱藏處
　　breadth[5] 〔brɛdθ〕*n.* 寬度；廣泛　　collection[3] 〔kə'lɛkʃən〕*n.* 收集；集合
　　originally[3] 〔ə'rɪdʒənl̩ɪ〕*adv.* 最初地；獨創地
　　complete[2] 〔kəm'plit〕*adj.* 完整的
　　available[3] 〔ə'veləbl̩〕*adj.* 可獲得的　　despite[4] 〔dɪ'spaɪt〕*prep.* 儘管
　　unfavorable[4] 〔ʌn'fevərəbl̩〕*adj.* 不利的；批判的
　　reception[4] 〔rɪ'sɛpʃən〕*n.* 接受；風評
　　skepticism[6] 〔'skɛptə͵sɪzəm〕*n.* 懷疑　　regarding[4] 〔rɪ'gardɪŋ〕*prep.* 關於
　　literary[4] 〔'lɪtə͵rɛrɪ〕*adj.* 文學的　　competence[6] 〔'kampətəns〕*n.* 能力
　　universally[4] 〔͵junə'vɝsl̩ɪ〕*adv.* 普遍地
　　eminent 〔'ɛmənənt〕*adj.* 著名的；卓越的

41. (**B**) 以下哪一項不是狄更生詩的特色？

(A) 不尋常的大寫字母。　　　　(B) 特別長的詩句。

(C) 缺乏詩的篇名。　　　　　　(D) 不規則的標點符號。

* feature[3] 〔ˋfitʃɚ〕 n. 特色　　characterize[6] 〔ˋkærɪktə͵raɪz〕 v. 以…為特色
unusually[2] 〔ʌnˋjuʒʊəlɪ〕 adv. 異常地
capitalize 〔ˋkæpətḷ͵aɪz〕 v. 以大寫字母開始；用大寫字母寫
exceptionally[5] 〔ɪkˋsɛpʃənḷɪ〕 adv. 例外地；特別地
irregular[2] 〔ɪˋrɛgjələ〕 adj. 不規則的　　mark[2] 〔mɑrk〕 n. 記號

42. (**C**) 下面哪一個選項是第三段 "cache" 這個字的最佳定義？

(A) 一種天賦。　　　　　　　　(B) 一種明顯的趨勢。

(C) 一個藏東西的地方。　　　　(D) 一項重要的特色。

* define[3] 〔dɪˋfaɪn〕 v. 下定義　　natural[2] 〔ˋnætʃərəl〕 adj. 天生的
talent[2] 〔ˋtælənt〕 n. 才能　　tendency[4] 〔ˋtɛndənsɪ〕 adj. 傾向；趨勢
hidden[2] 〔ˋhɪdn̩〕 adj. 隱藏的　　supply[2] 〔səˋplaɪ〕 v. n. 供給
characteristic[4] 〔͵kærɪktəˋrɪstɪk〕 n. 特性

43. (**D**) 從詩名來判斷，下面哪一首詩最有可能為狄更生所寫？

(A) 《我可否將你比擬為夏日》　(B) 《西風頌》

(C) 《阿爾弗瑞德·普魯弗洛克的情歌》

(D) 《因為我不能為了死亡而停下》

* judge[2] 〔dʒʌdʒ〕 v. 判斷　　***judging from*** 從～來判斷
compare A to B 把 A 比喻成 B

44. (**D**) 以下關於狄更生的敘述何者為真？

(A) 她在當時是個著名的詩人，因為擁有敏銳的文學鑑賞力。

(B) 她遵照當時文學的規則來寫詩。

(C) 她是個多產的詩人，大部分的詩在她生前就已發表。

(D) 她在創作文學作品的能力上獲得正反兩面的評價。

* celebrated[3] 〔ˋsɛlə͵bretɪd〕 adj. 著名的　　keen[4] 〔kin〕 adj. 敏銳的
sense[1] 〔sɛns〕 n. 感覺　　obey[2] 〔əˋbe〕 v. 遵守；服從
contemporary[5] 〔kənˋtɛmpə͵rɛrɪ〕 adj. 當代的
compose[4] 〔kəmˋpoz〕 v. 組成；作（曲、文、詩）
productive[4] 〔prəˋdʌktɪv〕 adj. 多產的
review[2] 〔rɪˋvju〕 n. 評論　　ability[2] 〔əˋbɪlətɪ〕 n. 能力

第 46 至 48 題爲題組

今年七月底，獅子「塞西爾」的死亡震驚全世界，並引起國際間的公憤。
13 歲大、受人喜愛的獅子塞西爾，住在辛巴威的萬基國家公園，牠被引誘離開
公園、用箭射殺並砍下頭顱，甚至剝皮做成戰利品。

* beloved[5]〔bɪˈlʌvɪd〕adj. 心愛的　　resident[5]〔ˈrɛzədənt〕n. 居民
bait[3]〔bet〕v. 裝餌；引誘　　shoot[2]〔ʃut〕v. 射殺　　arrow[2]〔ˈæro〕n. 箭
behead〔bɪˈhɛd〕v. 砍頭　　skin[1]〔skɪn〕n. 皮膚　v. 剝皮
trophy[6]〔ˈtrofɪ〕n. 戰利品【鹿角、獸頭等】
take sb. by surprise 使某人大吃一驚
provoke[6]〔prəˈvok〕v. 刺激；引起
border[3]〔ˈbɔrdɚ〕n. 邊界；國界；(pl.) 領土
across borders 跨越國界；國際間的

```
pro  + voke
 |      |
forth + call
```

來自明尼蘇達州的牙醫沃爾特・詹姆士・帕爾默，以五萬五千美金賄賂當地的
嚮導，幫忙他追蹤並殺害塞西爾，他受到網路上嚴厲的批評。有些激進的網民
甚至威脅要殺死他作爲報復。他的牙醫診所網站也被抱怨留言淹沒；批評者留
下數百封負面的評論，表達他們對塞西爾的死的憤怒。

* dentist[2]〔ˈdɛntɪst〕n. 牙醫　　bribe[5]〔braɪb〕v., n. 賄賂
guide[1]〔gaɪd〕n. 嚮導　　track[2]〔træk〕v. 追蹤
harsh[4]〔hɑrʃ〕adj. 嚴厲的　　criticism[4]〔ˈkrɪtə,sɪzəm〕n. 批評
radical[6]〔ˈrædɪkḷ〕adj. 激進的
netizen〔ˈnɛtəzṇ〕n. 網民【源自 net[2]（網路）和 citizen[2]（市民）】
threaten[3]〔ˈθrɛtṇ〕v. 威脅　　revenge[4]〔rɪˈvɛndʒ〕n. 報復
webpage〔ˈwɛb,pedʒ〕n. 網頁　　practice[1]〔ˈpræktɪs〕n. 開業的地方
flood[2]〔flʌd〕n. 洪水　v. 氾濫；大量湧至
complaint[3]〔kəmˈplent〕n. 抱怨
reviewer[2]〔rɪˈvjuɚ〕n. 評論者；批評者
negative[2]〔ˈnɛgətɪv〕adj. 負面的　　gesture[3]〔ˈdʒɛstʃɚ〕n. 姿勢；表示

到目前爲止，當局已經在美、非兩洲進行調查。即使帕爾默宣稱一切是合法且
有安善處理，但他跟他的打獵嚮導都必須面對審判，而且必須透露有關塞西爾
死亡的所有細節。而在塞西爾的死亡公諸於世後，一些大型航空公司爲了避免
惹上麻煩，緊急宣布停止運送打獵所得的戰利品。

* *so far* 到目前爲止　　authority[4]〔əˈθɔrətɪ〕n. 權威；(pl.) 當局
investigation[4]〔ɪn,vɛstəˈgeʃən〕n. 調查

continent³〔ˈkɑntənənt〕n. 洲；大陸　　argue²〔ˈɑrgju〕v. 宣稱；主張
legal²〔ˈligḷ〕adj. 合法的　　properly³〔ˈprɑpɚlɪ〕adv. 適當地；妥善地
address¹〔əˈdrɛs〕v. 處理；辦理　　along with 以及
trial²〔ˈtraɪəl〕n. 審判　　require²〔rɪˈkwaɪr〕v. 需要；要求
be required to V 必須　　reveal³〔rɪˈvil〕v. 透露
detail³〔ˈditel〕n. 細節　　airline²〔ˈɛrˌlaɪn〕n. 航線；(pl.) 航空公司
rush²〔rʌʃ〕v. 匆忙　　announce³〔əˈnauns〕v. 宣布　　no longer 不再

　　雖然塞西爾的死亡讓全世界注意到非法盜獵的議題，其他獵人仍然在以同樣的方式，追求他們自己的戰利品，但諷刺的是，這麼做完全合法。這是因為大型獵物戰利品的狩獵，有比較少為人知的一面：誘捕特別被圈養的動物是被批准的，如此這個獵殺的權力可以賣給有錢的獵人。

＊poach⁶〔potʃ〕v. 偷獵　　pursue³〔pɚˈsu〕v. 追求
ironically⁶〔aɪˈrɑnɪkḷɪ〕adv. 諷刺地
perfectly²〔ˈpɝfɪktlɪ〕adv. 完美地；完全地
lesser-known〔ˈlɛsɚˌnon〕adj. 不太有名的　　game¹〔gem〕n. 獵物
approve³〔əˈpruv〕v. 贊成；批准　　entrapment〔ɪnˈtræpmənt〕n. 誘捕
raise¹〔rez〕v. 飼養　　cage¹〔kedʒ〕v. 關入籠子
specifically³〔spɪˈsɪfɪkḷɪ〕adv. 明確地

　　這樣的方式被稱為「籠內狩獵」。事實上，在南非的牧場上，常常看到攝影師拿著高解析度的相機，記錄這種狩獵行為。他們的照片顯示，很多獅子還有其他動物，似乎都無法逃過與塞西爾一樣的悲慘命運，只是沒有全世界為牠們感到哀悼而已。

＊canned¹〔kænd〕adj. 裝罐的；被囚的
photographer²〔fəˈtɑgrəfɚ〕n. 攝影師
ranch⁵〔ræntʃ〕n. 大農（牧）場　　document⁵〔ˈdɑkjəˌmɛnt〕v. 紀錄
definition³〔ˌdɛfəˈnɪʃən〕n. 定義；解析度　　escape³〔əˈskep〕v. 逃離
tragic⁴〔ˈtrædʒɪk〕adj. 悲慘的　　fate³〔fet〕n. 命運
mourning⁵〔ˈmornɪŋ〕n. 哀悼【與 morning¹「早晨」發音相同】

45. (**D**) 以下哪一個訊息文章中沒有提到？

(A) 塞西爾如何被殺。

(B) 塞西爾的死應該怪誰。

(C) 國際社會對於塞西爾死去的反應。

(D) <u>殺害塞西爾的罪犯受到什麼處罰。</u>

* mention³〔ˈmɛnʃən〕v. 提到　　passage³〔ˈpæsɪdʒ〕n. 段落；文章
be to blame 該受責備　　community⁴〔kəˈmjunətɪ〕n. 社區
respond²〔rɪˈspɑnd〕n. 回答；反應 < to >
punishment²〔ˈpʌnɪʃmənt〕n. 處罰　　criminal³〔ˈkrɪmən!〕n. 罪犯

46. (**A**) 根據本文，"canned hunting" 最好的定義是什麼？

　　(A) 捕獵爲了那個目的而繁殖的動物。

　　(B) 捕獵那些毛皮可以用來當戰利品的動物。

　　(C) 捕獵飼養在國家公園裡的動物。

　　(D) 捕獵擁有高度經濟價值的動物。

* breed⁴〔brid〕v. 繁殖；養育　　purpose¹〔ˈpɝpəs〕n. 目的
fur³〔fɝ〕n. 毛皮　　economic⁴〔ˌikəˈnɑmɪk〕adj. 經濟的
value¹〔ˈvælju〕n. 價值

47. (**A**) 根據本文，從最後一段可以推論出 ＿＿＿＿＿＿。

　　(A) 在南非，籬內狩獵將會繼續流行

　　(B) 未來在南非的動物狩獵案件，大家的反應可能會非常激烈

　　(C) 南非的獵人會停止偷獵動物，以表達他們對塞西爾的死的歉意

　　(D) 全世界的攝影師會用他們的照片，來幫忙舉發非法盜獵者

* infer⁶〔ɪnˈfɝ〕v. 推論　　react³〔rɪˈækt〕v. 反應
case¹〔kes〕n. 情況；例子　　poach⁶〔potʃ〕v. 偷獵
express²〔ɪkˈsprɛs〕v. 表達　　apology⁴〔əˈpɑlədʒɪ〕n. 道歉

48. (**B**) 根據本文，下面哪一個敘述爲非？

　　(A) 塞西爾的死使得一些大型航空公司，停止運輸打獵的戰利品。

　　(B) 詹姆士‧帕爾默接受富商的賄賂，殺害塞西爾作爲他們的戰利品。

　　(C) 塞西爾的死亡引起軒然大波，以至於詹姆士‧帕爾默甚至在網路
　　　　上收到死亡威脅。

　　(D) 獵人和他的嚮導都因爲塞西爾的死受到質疑。

* transport³〔trænsˈport〕v. 運輸　　**take bribes** 接受賄賂
stir³〔stɝ〕n. 騷動；混亂　　threat³〔θrɛt〕n. 威脅

第 49 至 52 題爲題組

　　在現代，很多人對辛辣的食物有特別的喜好。以中國人爲例，他們喜歡各式各樣辛辣的菜色，如麻婆豆腐、麻辣鍋諸如此類等。對他們來說，日常生活

沒有辣的東西，似乎就不算完整。哈佛大學公共衛生學院的流行病學家，陸琦說：「我個人喜歡吃辣，而且幾乎每天都吃。」陸琦對於辣食的喜愛，驅使他去研究吃辣的好處，他和同事合作了一項有關辛辣食物的研究，得到的結論是，每天吃一點辣，事實上對一個人的健康可能會有幫助。

* modern^2〔ˋmɑdɚn〕*adj.* 現代的　　develop^2〔dɪˋvɛləp〕*v.* 發展；培養
taste^1〔test〕*n.* 喜好　　spicy^4〔ˋspaɪsɪ〕*adj.* 辛辣的
Take ~ for example. 以 ~ 為例。
variety^3〔vəˋraɪətɪ〕*n.* 多種；多樣性　　*a variety of* 各式各樣的
dish^1〔dɪʃ〕*n.* 菜餚　　pot^2〔pɑt〕*n.* 鍋子
hot pot 火鍋　　*the like* 同樣的人或物；同類
complete^2〔kəmˋplit〕*adj.* 完整的　　comment^4〔ˋkɑmɛnt〕*v.* 評論
epidemiologist〔ˌɛpɪˌdimɪˋɑlədʒɪst〕*n.* 流行病學家
public health 公共衛生　　drive^1〔draɪv〕*v.* 驅使；驅策
explore^4〔ɪkˋsplor〕*v.* 探險；探索　　advantage^3〔ədˋvæntɪdʒ〕*n.* 優點
consume^4〔kənˋsjum, kənˋsum〕*v.* 消耗；吃（喝）
collaborate〔kəˋlæbəˌret〕*v.* 合作（= *cooperate^4*）
conclusion^3〔kənˋkluʒən〕*n.* 結論　　*draw a conclusion* 得到結論
proper^3〔ˋprɑpɚ〕*adj.* 適當的　　dose^3〔dos〕*n.* 劑量；服用量
chili^5〔ˋtʃɪlɪ〕*n.* 辣椒　　actually^3〔ˋæktʃʊəlɪ〕*adv.* 實際上
benefit^3〔ˋbɛnəfɪt〕*v.* 使獲益

大約有 50 萬名中國人參與這項研究，年齡從 30 歲到 79 歲都有。研究人員詢問他們有多麼愛吃辣，每一個受測者平均追蹤七年。在研究結束之前，有超過兩萬名受測者過世。

* approximately^6〔əˋprɑksəmɪtlɪ〕*adv.* 大約（= *roughly^4* = *about^1*）
range^2〔rendʒ〕*v., n.* 範圍　　*range from A to B* 範圍從 A 到 B 都有
participate^3〔pɑˋtɪsəˌpet〕*v.* 參加 < *in* >
researcher^4〔rɪˋsɝtʃɚ〕*n.* 研究人員　　quiz^2〔kwɪz〕*n.* 小測驗　*v.* 詢問
fiery〔ˋfaɪrɪ〕*adj.* 燃燒的；辣的　　subject^2〔ˋsʌbdʒɪkt〕*n.* 受測者
average^3〔ˋævərɪdʒ〕*n., adj.* 平均（的）　　*on average* 平均而言
pass away 過世（= *die^1*）

最後研究人員發現，每週吃幾次辣的人，比不吃辣的人死亡率低百分之 10。至於像陸琦這種每天吃辣的人，死亡率減少百分之 14。這個結果男女都適用，但是陸琦提醒大家，這項研究只針對辣椒，但辣椒不是藥。

* ***in the end*** 最後　　discover[1]〔dɪ'skʌvə〕*v.* 發現
comparison[3]〔kəm'pærəsn̩〕*n.* 比較　　***in comparison with*** 和～比較
stay away from 遠離　　risk[1]〔rɪsk〕*n.* 危險　　***as for*** 至於
result[2]〔rɪ'zʌlt〕*n.* 結果　　apply[2]〔ə'plaɪ〕*v.* 適用＜*to*＞
alike[2]〔ə'laɪk〕*adv.* 同樣地　　nevertheless[4]〔͵nɛvəðə'lɛs〕*adv.* 然而
caution[5]〔'kɔʃən〕*n.* 謹慎　　*v.* 提醒；警告

　　之前的研究已經證實，辣椒裡的一種活性成分稱為辣椒素（capsaicin），有助於對抗發炎與微生物。不過，在你養成吃辣的習慣之前，你要知道，這項研究並沒有證明其中的因果關係。

* prove[1]〔pruv〕*v.* 證明　　previous[3]〔'privɪəs〕*adj.* 之前的
capsaicin〔kæp'sesɪn〕*n.* 辣椒素
active[2]〔'æktɪv〕*adj.* 活躍的；活性的
ingredient[4]〔ɪn'gridɪənt〕*n.* 成分

in	+	flamm	+	ation
in	+	fire	+	n.

play a role in 在～中扮演一個角色；有助於
combat[5]〔'kɑmbæt〕*v.* 戰鬥；對抗
inflammation〔͵ɪnflə'meʃən〕*n.* 發炎　　microbe〔'maɪkrob〕*n.* 微生物
pick up 學習；培養　　aware[3]〔ə'wɛr〕*adj.* 知道的；察覺的
cause-and-effect relation 因果關係

舉例來說，體質虛弱的人很有可能會避免吃辣的食物，相較之下，愛吃辣的人就顯得較為強健。此外，如果你已經有胃部敏感等問題，研究作者們並不建議你吃辣。然而，有一件事是很明顯的：盡情享受吃辣的食物或許不會有害，除了你的舌頭之外。

* ***chances are (that)*** + 子句　很有可能　　avoid[2]〔ə'vɔɪd〕*v.* 避免
appear[1]〔ə'pɪr〕*v.* 似乎　　tough[4]〔tʌf〕*adj.* 強壯的
in addition 此外　　author[3]〔'ɔθə〕*n.* 作者
recommend[5]〔͵rɛkə'mɛnd〕*v.* 推薦；建議　　adopt[3]〔ə'dɑpt〕*v.* 採用
diet[3]〔'daɪət〕*n.* 飲食　　sensitive[3]〔'sɛnsətɪv〕*adj.* 敏感的
indulge[5]〔ɪn'dʌldʒ〕*v.* 縱容　　***indulge oneself in*** 縱容；沈溺
hurt[1]〔hɝt〕*v.* 疼痛；有害　　***other than*** 除了～之外
tongue[2]〔tʌŋ〕*n.* 舌頭

49.（**B**）本文最可能從 ＿＿＿＿＿＿ 節錄下來。

　　(A) 報紙的一篇社論　　　　　　(B) 一本科學期刊
　　(C) 一本關於麻辣菜餚的指引　　(D) 一本生物教科書

* editorial[6]〔͵ɛdəˈtorɪəl〕 n. 社論　　guidebook[1]〔ˈgaɪd͵bʊk〕 n. 指南
cuisine[5]〔kwɪˈzin〕 n. 菜餚　　biology[4]〔baɪˈɑlədʒɪ〕 n. 生物學
textbook[2]〔ˈtɛkst͵bʊk〕 n. 教科書

50. (**D**) 以下關於這個實驗的敘述何者爲眞？

(A) 這個實驗持續約七年，最後約有三分之一的受測者過世。

(B) 每天吃辣的人比起避免吃辣的人死亡率低百分之十。

(C) 包含老人與青少年在內，大約有五十萬人參加實驗。

(D) <u>這個實驗的結果顯示，吃辣椒對於兩性都有幫助。</u>

* concerning[4]〔kənˈsɜnɪŋ〕 prep. 關於 (= about[1])
experiment[3]〔ɪkˈspɛrəmənt〕 n. 實驗　　last[1]〔læst〕 v. 持續
eater[1]〔ˈitɚ〕 n. 吃的人　　teenager[2]〔ˈtin͵edʒɚ〕 n. 青少年
the elderly 年長者　　include[2]〔ɪnˈklud〕 v. 包括
beneficial[5]〔͵bɛnəˈfɪʃəl〕 adj. 有益的　　sex[3]〔sɛks〕 n. 性別

51. (**A**) 在最後一段，作者說 "**other than, well, your tongue.**" 這句話時，
可能暗示著什麼？

(A) <u>如果你吃辣的話，你的舌頭可能是唯一受傷的地方。</u>

(B) 你的舌頭很重要，因爲它可以保護你敏感的胃。

(C) 太常吃辣對有些身體器官有害，包括你的舌頭。

(D) 養成吃辣的習慣會傷害到你的身體部位，除了舌頭以外。

* imply[4]〔ɪmˈplaɪ〕 v. 暗示　　essential[4]〔əˈsɛnʃəl〕 adj. 必要的
protect[2]〔prəˈtɛkt〕 v. 保護　　harmful[3]〔ˈhɑrmfəl〕 adj. 有害的
organ[2]〔ˈɔrgən〕 n. 器官　　harm[3]〔hɑrm〕 n. v. 傷害
except[1]〔ɪkˈsɛpt〕 prep. 除了～之外 (= other than)

52. (**D**) 根據本文可以推論出 ＿＿＿＿＿＿。

(A) 會有愈來愈多人研究辣椒素，因爲它可以降低發炎反應

(B) 吃辣可以幫助所有年齡層的人保持健康

(C) 因爲吃辣，人們會變得更健康、更強壯

(D) <u>經常吃辣可能會延長壽命</u>

* research[4]〔rɪˈsɜtʃ〕 v., n. 研究　　reduce[3]〔rɪˈdjus〕 v. 減少
inflammatory〔ɪnˈflæmə͵tori〕 adj. 發炎的
reaction[3]〔rɪˈækʃən〕 n. 反應　　regularly[2]〔ˈrɛgjələlɪ〕 adv. 經常地
extend[4]〔ɪkˈstɛnd〕 v. 延伸；延長　　lifespan[6]〔ˈlaɪf͵spæn〕 n. 壽命

第 53 至 56 題爲題組

　　最近幾年來，很多語言學家一直在研究，使用「字彙詞塊學習法」，也就是透過有意義的單字組合來學習語言，語言學習者是否能夠更有效果或有效率地學習。根據定義，詞塊不只是固定的成語，或習慣性的語言模式，也可以是常常一起出現的單字組合。

> * linguist[6] 〔ˋlɪŋgwɪst〕 *n.* 語言學家　　acquire[4] 〔əˋkwaɪr〕 *v.* 獲得
> effectively[2] 〔əˋfɛktɪvlɪ〕 *adv.* 有效地；有效果地
> efficiently[3] 〔əˋfɪʃəntlɪ〕 *adv.* 有效率地　　lexical 〔ˋlɛksɪk!〕 *adj.* 字彙的
> chunk[6] 〔tʃʌŋk〕 *n.* 大塊；厚塊　　approach[3] 〔əˋprotʃ〕 *n.* 方法
> meaningful[3] 〔ˋminɪŋfəl〕 *adj.* 有意義的
> combination[4] 〔ˌkɑmbəˋneʃən〕 *n.* 結合；組合
> definition[3] 〔ˌdɛfəˋnɪʃən〕 *n.* 定義　　***by definition*** 根據定義
> fixed[2] 〔fɪkst〕 *adj.* 固定的　　idiom[4] 〔ˋɪdɪəm〕 *n.* 成語；慣用語
> conventional[4] 〔kənˋvɛnʃən!〕 *adj.* 傳統的；習慣的
> pattern[2] 〔ˋpætən〕 *n.* 模式　　string[2] 〔strɪŋ〕 *n.* 連續；連串
> appear[1] 〔əˋpɪr〕 *v.* 出現　　***as well*** 也 (= ***too***[1])
> ***not only A but B as well*** 不只 A 而且 B (= *not only A but also B*)

　　一般說來，母語人士從小就學會數千個詞塊，這些詞塊被發現在大腦裡，以個別的單位儲存並處理。根據語言學家諾伯特‧施米特的說法，有了大量現成的字彙詞塊，語言使用者在認知上負擔較少，這是因爲他們在每次說話時，不必嘗試所有字詞選擇和排序的可能性。

> * general[1,2] 〔ˋdʒɛnərəl〕 *adj.* 一般的；普遍的　　***in general*** 一般說來
> native[3] 〔ˋnetɪv〕 *adj.* 本土的；本國的　　store[1] 〔stor〕 *v.* 儲存
> process[3] 〔ˋprɑsɛs〕 *v.* 處理　　individual[3] 〔ˌɪndəˋvɪdʒuəl〕 *adj.* 個別的
> unit[1] 〔ˋjunɪt〕 *n.* 單位　　***plenty of*** 許多　　***ready-made*** 現成的
> lesser[1] 〔ˋlɛsə〕 *adj.* 較少的；較小的　　burden[3] 〔ˋbɝdn̩〕 *n.* 負擔
> cognition 〔kɑgˋnɪʃən〕 *n.* 認識；認知
> possibility[2] 〔ˌpɑsəˋbɪlətɪ〕 *n.* 可能性　　selection[2] 〔səˋlɛkʃən〕 *n.* 選擇
> sequence[6] 〔ˋsikwəns〕 *v.* 排序

　　事實上，利用電腦來分析大量的內文，以找出字詞使用的模式，可支持有關詞塊的認知研究。當語言學家與辭典編纂者，在建立語料庫——內文的大型資料庫時，他們逐漸了解到人類的語言非常的塊狀，所以某些字詞固定會跟某些字詞搭配使用。這也是爲什麼很多英文老師，非常想要把語料庫的資料運用

在教學上，已幫助學生學習更多字詞使用的模式。而把英文當成第二外語教授的老師中尤其是如此，因為了解更多詞塊，增加非母語人士達到母語人士熟練度的可能性。

* **analyze**[4] (ˈænḷˌaɪz) v. 分析　　***a large number of*** 很多的
  text[3] (tɛkst) n. 內文　　**usage**[4] (ˈjusɪdʒ) n. 用法；語法
  act as 當作　　backup (ˈbækˌʌp) n. 支持；後援
  cognitive (ˈkɑgnətɪv) adj. 認知的
  lexicographer (ˌlɛksəˈkɑgrəfɚ) n. 辭典編纂者
  compile[6] (kəmˈpaɪl) v. 編輯；編纂
  corpus (ˈkɔrpəs) n. 全集；語料庫 (= **collection**[3])【複數為 corpora 】
  database (ˈdetəˌbes) n. 資料庫
  realization[6] (ˌriəlaɪˈzeʃən , ˌriələˈzeʃən) n. 了解；認識
  come to the realization that + 子句 逐漸了解某事
  chunky[6] (ˈtʃʌŋkɪ) adj. 塊狀的　　**certain**[1] (ˈsɝtn̩) adj. 某些
  inseparably (ɪnˈsɛpərəblɪ) adv. 不可分地【**separate**[2] (ˈsɛpəˌret) v. 分開】
  collocate (ˈkɑloˌket) v. 並排；搭配　　**anxious**[4] (ˈæŋkʃəs) adj. 渴望的
  the case 事實；真相　　**achieve**[3] (əˈtʃiv) v. 達到

　　然而，並非每個人意見都一致。【not every…為部分否定的用法】麥克・史旺是一位英國教師，他就是字彙詞塊學習法的主要批評者之一。雖然他贊成老師應該教學生字詞搭配，但是他也擔心，過度強調優先學習詞塊，會剝奪學生的時間，去學習更多語言的其他重要方面：一般的字彙、發音與文法等等。史旺也宣稱，期待教授詞塊來幫助語言學習者，進步到母語人士的流利程度，是不切實際，甚至是可笑的。

* **nevertheless**[4] (ˌnɛvɚðəˈlɛs) adv. 然而　　**emerge**[4] (ɪˈmɝdʒ) v. 出現
  major[3] (ˈmedʒɚ) adj. 大的；主要的　　**critic**[4] (ˈkrɪtɪk) n. 批評者
  collocation (ˌkɑloˈkeʃən) n. 搭配　　**emphasis**[4] (ˈɛmfəsɪs) n. 強調
  priority[5] (praɪˈɔrətɪ) n. 優先　　**deprive**[6] (dɪˈpraɪv) v. 剝奪 < *of* >
  aspect[4] (ˈæspɛkt) n. 方面　　**ordinary**[2] (ˈɔrdn̩ˌɛrɪ) adj. 一般的
  vocabulary[2] (vəˈkæbjəˌlɛrɪ) n. 字彙【指整體，為集合名詞】
  pronunciation[4] (prəˌnʌnsɪˈeʃən) n. 發音　　**grammar**[4] (ˈgræmɚ) n. 文法
  and so on 等等　　**argue**[2] (ˈɑrgju) v. 主張；宣稱
  unrealistic[4] (ˌʌnrɪəˈlɪstɪk) adj. 不切實際的
  ridiculous[5] (rɪˈdɪkjələs) adj. 荒謬的；可笑的
  expect[2] (ɪkˈspɛkt) v. 期待　　**advance**[2] (ədˈvæns) v. 進步；進展
  fluency[5] (ˈfluənsɪ) n. 流利

　　字彙詞塊學習法評論有褒有貶，但是在不久的將來，一定會有越來越多研究人員，研究如何將語料庫的研究結果，應用在語言教室裡，更有效果、有效率地教學。無可否認的是，字彙詞塊已經進入了語言教學的殿堂，而且進行得非常順利。

＊positive[2]〔ˈpɑzətɪv〕adj. 正面的；肯定的
negative[2]〔ˈnɛɡətɪv〕adj. 負面的；否定的　　review[2]〔rɪˈvju〕n. 評論
in the near future 在不久的將來　　definitely[4]〔ˈdɛfənɪtlɪ〕adv. 必定
work on 著手進行　　apply[2]〔əˈplaɪ〕v. 應用　　deny[2]〔dɪˈnaɪ〕v. 否認
There is no denying that ＋ 子句　無法否認～
make oneself ***at home*** 不拘束；不客氣

53. (**C**) 本文主要聚焦在 ＿＿＿＿＿＿。

> There is no denying that...
> = It is impossible to deny that...
> = We can't deny that...

(A) 透過搭配詞學習的優缺點
(B) 字彙詞塊學習法的起源與歷史
(C) 透過字彙詞塊學習語言的概念與爭議
(D) 進行字彙詞塊學習法的教學過程與程序

＊mainly[2]〔ˈmenlɪ〕adv. 主要地　　focus[2]〔ˈfokəs〕v. 聚焦＜ on ＞
pro〔pro〕n. 贊成　　con〔kɑn〕n. 反對　　***pros and cons*** 優缺點
origin[3]〔ˈɔrədʒɪn〕n. 起源　　controversy[6]〔ˈkɑntrə͵vɝsɪ〕n. 爭論
process[3]〔ˈprɑsɛs〕n. 過程　　procedure[4]〔prəˈsidʒɚ〕n. 程序
conduct[5]〔kənˈdʌkt〕v. 進行；做

54. (**A**) 根據本文，你最有可能在語料庫中找到下面哪項資訊？

(A) 單字的使用範例。　　　　(B) 單字的歷史。
(C) 單字的文法分類。　　　　(D) 單字的發音。

＊grammatical[4]〔ɡrəˈmætɪkl̩〕adj. 文法上的
classification[4]〔͵klæsəfəˈkeʃən〕n. 分類

55. (**B**) 為什麼英國作家麥克・史旺會批評字彙詞塊學習法？

(A) 因為學生可能會把不同的搭配字詞搞混，因為很多搭配字詞看起來很相像。
(B) 教室裡文法與發音的學習或教授可能會受到忽略。
(C) 電腦分析已經證明了，使用字彙詞塊來學習語言是沒有用的。
(D) 學生負擔會加重，因為他們要背很多搭配字詞。

＊criticize[4]〔ˈkrɪtə͵saɪz〕v. 批評　　confuse[3]〔kənˈfjuz〕v. 混淆

set[1] 〔 sɛt 〕 *adj.* 固定的　　phrase[2] 〔 frez 〕 *n.* 片語
alike[2] 〔 ə'laɪk 〕 *adj.* 相像的　　overlook[4] 〔 ,ovə'luk 〕 *v.* 忽視
analysis[4] 〔 ə'næləsɪs 〕 *n.* 分析　　prove[1] 〔 pruv 〕 *v.* 證明
uselessness 〔 'juslɪsnɪs 〕 *n.* 無益；無用

56. (**D**) 根據本文，以下何者爲非？

(A) 將語料庫的研究結果應用在教學上是否有效，仍然有不同的解釋。

(B) 很多英語老師採用字彙詞塊學習法來教學，以幫助學生達到母語人士的程度。

(C) 未來會有更多語料庫相關的研究，來檢視詞塊學習法是否可以有助於學生學習語言。

(D) <u>因爲無法幫助學生達到母語人士的精熟受到批評，詞塊學習法愈來愈不受到歡迎。</u>

* effective[2] 〔 ɪ'fɛktɪv 〕 *adj.* 有效的　　remain[3] 〔 rɪ'men 〕 *v.* 仍然
open[1] 〔 'opən 〕 *adj.* 開放的　　interpretation[5] 〔 ɪn,tɜprɪ'teʃən 〕 *n.* 解釋
adopt[3] 〔 ə'dɑpt 〕 *v.* 採用　　examine[1] 〔 ɪg'zæmɪn 〕 *v.* 檢查；檢測
unable[1] 〔 ʌn'ebl̩ 〕 *adj.* 不能的 < *to V* >
popular[2,3] 〔 'pɑpjələ 〕 *adj.* 受歡迎的；普遍的

第貳部分：非選擇題

一、中翻英：

1. 根據官方的統計數字顯示，去年約有八百萬人來臺旅遊，創下歷史新高。

According to official statistics, <u>around/about/approximately/roughly</u>

eight million people (eight million <u>or so</u> people)

$$\left\{ \begin{array}{l} \text{traveled to Taiwan} \\ \text{visited Taiwan for } \underline{\text{traveling/sightseeing}} \\ \text{paid a visit to Taiwan for } \underline{\text{traveling/sightseeing}} \end{array} \right\} \text{ last year,}$$

$$\left\{ \begin{array}{l} \text{and this } \underline{\text{hits/reaches}} \\ \text{which } \underline{\text{hits/reaches}} \\ \underline{\text{hitting/reaching}} \end{array} \right\} \left\{ \begin{array}{l} \text{(a) record high} \\ \text{an all-time high} \end{array} \right\} \text{ (in history).}$$

2. 道地美食、豐富的文化資產與人情味都令外國旅客對臺灣印象深刻。

$\left\{ \begin{array}{l} \text{Local/Authentic } \underline{\text{delicacies/treats}}, \\ \underline{\text{Yummy/Tasty/Delicious/Delightful}} \text{ local/authentic } \underline{\text{dishes/foods/cuisine}}, \end{array} \right\}$

$\left\{ \begin{array}{l} \text{rich} \\ \text{abundant} \end{array} \right\}$ cultural heritage and the $\left\{ \begin{array}{l} \text{friendliness} \\ \text{hospitality} \\ \text{warmth} \\ \text{kindness} \end{array} \right\}$ of the people

all $\left\{ \begin{array}{l} \text{impress} \\ \underline{\text{make/leave}} \text{ a deep impression on} \end{array} \right\}$ foreign $\left\{ \begin{array}{l} \text{visitors.} \\ \text{travelers.} \\ \text{tourists.} \end{array} \right\}$

二、英文作文：

【作文範例 1】

Dear Michelle,

I was so sorry to hear about your dog Candy. She was part of your life for over 15 years. I know you loved her very much. *Of course* you feel sad, but you must not let this sadness ruin your future. *After all*, that is not what Candy would want. A dog can always sense its master's mood. When you felt sad, she felt sad. When you were happy, she was happy. I'm sure that you would like her to be happy now.

Although you must feel lonely now, you have to look toward the future. The big test is coming, and it will affect your whole life. It is important to study hard so that you can get the best possible score. Please try to put aside your sadness and prepare. A dog's life is short compared to ours. All we can do is enjoy them for the time they are with us. Be thankful for all the wonderful years you had with Candy. Study hard and make her proud of you!

Your friend, Zoe

中文翻譯

親愛的蜜雪兒：

聽到妳的狗坎蒂的事我很難過。她在妳的生活中存在了超過 15 年，我知道妳非常愛她。當然妳會很傷心，但是妳不可以讓這份悲傷毀掉妳的人生。畢竟，那不是坎蒂想要的。狗狗總是可以感受到主人的心情。妳難過時她也難過，妳高興時她也高興。我確信妳也想要她現在很快樂。

雖然妳現在一定覺得很孤單，但妳必須放眼未來。大考將至，這會影響妳的一生。用功讀書很重要，這樣妳才能得到最好的成績。請試著將妳的悲傷放在一邊，先準備考試。狗狗的生命相較於我們很短暫，我們所能做的，就是好好享受他們和我們在一起的時候。妳要感謝妳和坎蒂在一起的那幾年美好的時光。用功讀書，讓她以妳為傲。

妳的朋友柔依

ruin[4]〔ˋruɪn〕*v.* 破壞　　***after all*** 畢竟　　sense[1]〔sɛns〕*v.* 感覺
mood[3]〔mud〕*n.* 心情　　affect[3]〔əˋfɛkt〕*v.* 影響
put aside 收拾；整理；放在一旁　　***compared to/with*** 和～比較
thankful[3]〔ˋθæŋkfəl〕*adj.* 感謝的

【作文範例 2】

Dear Mark,

I saw on Facebook that your dog Candy passed away. *I am very sorry about that*, and I understand why you feel so sad. I still remember how much fun we had playing with her when we were in elementary school. What a long time it has been! Fifteen years is quite a long life for a dog, and I know she had a good life. You were lucky to have her all of those years, and she was lucky to have you for a master.

Now you must try to forget your sadness and focus on preparing for the test. It will be here *before you know it*. This test is very important for our future. If we do well on it, we can look forward to a happy college life. Try to imagine that Candy is there with you, watching you study hard.

Above all, cheer up and remember the happy times you had with her.
When you succeed on the test, she will wag her tail in dog heaven!

Your friend, Albert

中文翻譯

親愛的馬克：

　　我在臉書上看到，你的狗坎蒂往生了。我深感遺憾，我了解你爲什麼這麼難過。我還記得我們小學時，和她一起玩得那麼愉快，眞是好久了呢！15 年對狗狗來說算是長壽，而且我知道她過得很好。你很幸運和她度過了那麼些年，她也很幸運有你這個主人。

　　現在你必須試著忘記你的悲傷，專心準備考試。大考將至，這個考試對我們的未來很重要。如果我們考得好，就可以期待快樂的大學生活。你試著想像坎蒂與你同在，看著你用功讀書。最重要的是，你要振作起來，記得你和她在一起時的快樂時光。當你考試成功時，她會在狗狗的天堂搖尾巴。

你的朋友亞伯特

pass away 過世；往生（ = *die*[1] ）
elementary school 小學（ = *primary school* ）
master[1]〔ˈmæstɚ〕*n.* 主人　　focus[2]〔ˈfokəs〕*v.* 專注於＜ *on* ＞
before you know it 不知不覺地；很快　　***do well on a test*** 考試考得好
look forward to N/V-ing 期待　　***above all*** 尤其；最重要的是
cheer up 振作起來　　wag[3]〔wæg〕*v.* 搖（尾巴）
heaven[3]〔ˈhɛvən〕*n.* 天堂

大學入學學科能力測驗英文科
模擬試題③

第壹部分：單選題（占72分）

一、詞彙題（占15分）

說明： 第1題至第15題，每題有4個選項，其中只有一個是正確或最適當的
選項，請畫記在答案卡之「選擇題答案區」。各題答對者，得1分；
答錯、未作答或畫記多於一個選項者，該題以零分計算。

1. Marvin couldn't help but feel _____ when left alone with his father-in-law, for he didn't know how to talk to someone who didn't like him.
   (A) conscious   (B) tense   (C) satisfactory   (D) wicked

2. After receiving some strange phone calls, Claire was _____ by the fear that someone may have discovered her affair with a married man.
   (A) strengthened   (B) prospered   (C) haunted   (D) discharged

3. That the drug-addicted father injected his two-year-old daughter with heroin simply to stop her from crying is _____.
   (A) monstrous   (B) furry   (C) voluntary   (D) rough

4. It was believed that tests were the most effective way to measure students' learning _____. However, today multiple assessments are encouraged to take into account individual differences.
   (A) progress   (B) struggle   (C) balance   (D) majority

5. No driver can pretend to be _____ of speed limits. Drivers should always pay attention to traffic signs.
   (A) obedient   (B) tolerant   (C) confident   (D) ignorant

6. Visitors to the beach are advised to put on sunblock since too much _____ to sunlight without proper protection may cause sunburn or even skin cancer.
   (A) interaction   (B) exposure   (C) response   (D) application

7. The museum _____ a massive collection of works of art from ancient Egypt, including 2,500 documents written on papyrus.
   (A) boasts (B) frames (C) devises (D) conceals

8. Carpooling is aimed at reducing the number of people driving to work during rush hour. It helps to not only _____ the heavy traffic but also cut carbon emissions.
   (A) prompt (B) alleviate (C) descend (D) restrict

9. Alcohol intake might _____ with your sense of direction and judgment. That's why one should not drive after drinking.
   (A) interfere (B) disguise (C) possess (D) vanish

10. The idea of constructing an iron tower was met with local _____. The townspeople hated to see an ugly tower ruin the beautiful landscape there.
    (A) preparation (B) objection
    (C) infection (D) investigation

11. Protein, fat, and vitamins are all _____ nutrients our body needs. Therefore, our diet should include all kinds of food.
    (A) essential (B) delicate (C) athletic (D) identical

12. The waiter _____ spilled coffee on a lady's skirt. He sincerely apologized to her and promised to pay the laundry fee.
    (A) roughly (B) thoroughly (C) mutually (D) accidentally

13. According to the Ministry of Health and Welfare's statistics, irregular dietary habits and _____ sleep are highly associated with colon cancer.
    (A) intolerable (B) incapable (C) inadequate (D) inefficient

14. The top model has a good _____ for being warm and thoughtful. No wonder people like to befriend her.
    (A) distribution (B) inspiration (C) reputation (D) regulation

15. Health authorities are urging pregnant women to avoid traveling to Zika-affected areas, for the virus can be passed from the pregnant woman to the fetus, _____ causing serious birth defects.

(A) potentially　(B) ecologically　(C) scarcely　(D) suspiciously

二、綜合測驗（占 15 分）

說明：第 16 題至第 30 題，每題一個空格，請依文意選出最適當的一個選項，請畫記在答案卡之「選擇題答案區」。各題答對者，得 1 分；答錯、未作答或畫記多於一個選項者，該題以零分計算。

第 16 至 20 題為題組

　　It is estimated that modern people use a smartphone for around nine hours each day, which is probably longer than many people spend sleeping. Such extended cell phone use shows that this technology has become an addiction. Some research even points out that excessive use of smartphones endangers people's physical and mental health. ___16___, staring at a cell phone screen for long hours can cause bad eyesight. Prolonged immobility and improper positioning while people are using cell phones can ___17___ joint stiffness, headaches or backaches. There is a growing concern that people are unable to stop their ___18___ with smartphones, for many have become accustomed to playing with one every day. Their over-reliance ___19___ this technology has caused them to grow extremely panicky or anxious when they lose their phones or their batteries ___20___. Are you one of those smartphone addicts? Remember, technology helps when it's a tool—not when it is an unhealthy addiction.

16. (A) Instead　(B) Yet　(C) For example　(D) As a result
17. (A) bring about　(B) set off　(C) result from　(D) gear up
18. (A) concession　(B) observation　(C) convention　(D) obsession
19. (A) in　(B) on　(C) with　(D) over
20. (A) die　(B) dying　(C) died　(D) to die

第 21 至 25 題爲題組

In an editorial in the British Journal of Sports Medicine, experts say that exercise plays little role in tackling obesity. ___21___, avoiding excessive sugar and carbohydrates is the key. People in modern society have easy access to unhealthy foods, such as those sold in convenience stores, gas stations or fast food chains. While these foods may be convenient and ___22___, they are often processed and contain large amounts of sugar, salt, fat and other unhealthy ingredients. Research has shown that they are contributing to the world's growing obesity epidemic and that the message ___23___ people can eat whatever they like as long as they exercise is totally wrong.

However, some other scientists say it is risky to ___24___ the role of exercise. To fight obesity, the general public should be encouraged to live healthy lives. And a healthy lifestyle will include both a balanced diet and exercise. Clear on-pack nutrition information helps consumers to calculate and limit their ___25___ of salt, sugar and fat. The recommended level of two and a half hours of moderate activity each week also delivers huge health benefits.

21. (A) Similarly   (B) Therefore   (C) Instead   (D) Besides
22. (A) comparable   (B) affordable   (C) remarkable   (D) capable
23. (A) how   (B) which   (C) when   (D) that
24. (A) play down   (B) turn down   (C) quiet down   (D) track down
25. (A) income   (B) intake   (C) input   (D) inflow

第 26 至 30 題爲題組

Short and simple as they are, fables teach people important life lessons and reveal the truths concealed in ordinary events. In fact, many parents find ___26___ less laborious and more effective to instill correct concepts into their children by leading them to read interesting and inspiring fables than just through lectures. The following is a good example of how an ancient Chinese fable helps modern readers understand the world. The story __27__ like this: A man was trying to sell his horse in the market. He had stood there for three days, but __28__ of the passersby would come to take a look. __29__, he turned to Bo Le, a specialist known for his skill in selecting fine horses, for help. All the man asked Bo Le to do was walk around the horse three times and turn his head to glimpse at it several times while leaving. Bo Le agreed and did so. __30__, the man sold the horse at a high price. The moral of the fable is that people tend to blindly follow others' or experts' opinions rather than make their own judgment. It can't be more true in modern society.

26. (A) it   (B) that   (C) what   (D) them
27. (A) says   (B) tells   (C) describes   (D) goes
28. (A) some   (B) none   (C) either   (D) neither
29. (A) Hence   (B) Besides   (C) Otherwise   (D) However
30. (A) At times   (B) In an instant
    (C) In short   (D) For the time being

三、文意選填（占 10 分）

說明： 第 31 題至第 40 題，每題一個空格，請依文意在文章後所提供的(A)到(J) 選項中分別選出最適當者，並將其英文字母代號畫記在答案卡之「選擇題答案區」。各題答對者，得 1 分；答錯、未作答或畫記多於一個選項者，該題以零分計算。

第 31 至 40 題為題組

Hotels and resorts are making sure that they are making the growing number of solo diners comfortable. The Plume restaurant in Washington, D.C. created a program for solo diners last fall: several of its seats are dedicated to diners who want a sense of privacy yet a feeling of __31__. The restaurant's manager, Sean Mulligan, mentioned that the seating for this type of diner won't be in the center of the room. "We make sure they are not near the entrance or exit for discretion and privacy ___32___ making sure the diners have things they need like newspapers and magazines delivered to their table," he said. A dinner-for-one menu also made its ___33___ earlier this year at Metropolitan by Como, Miami Beach, with recommended seating at the corner of the hotel's terrace and the Traymore bar, positioned for people-watching along a pedestrian area of Miami Beach Drive. Solo diners are also able to log into PressReader, ___34___ they can read their favorite magazine in their preferred language on their phone or tablet. The new "Just Cook for Me Chef!" program at Miraval Resort & Spa in Tucson, Arizona, was ___35___ to bring together several solo guests in the kitchen so they can enjoy samples from the daily menu. This option is a smaller version of the communal-style tables that are enjoying a wave of ___36___.

There are other hotels taking a ___37___ approach. At the Atwood Restaurant in the Hotel Burnham in Chicago, which was renovated last year, the general manager, Damian Palladino, said an extension of the bar area was intentionally ___38___ into the lobby to attract the solo diner. Bjorn Hanson, a clinical professor of hospitality and tourism at New York University's Tisch Center, said he has observed a ___39___ increase in solo dining among those traveling on their own. "This type of experience continues to become more of a desire, and much of the ___40___ is less of an issue for younger travelers," he said in an email.

(A) debut　　(B) similar　　(C) while　　(D) recent　　(E) popularity
(F) where　　(G) inclusion　　(H) blended　　(I) stigma　　(J) designed

四、閱讀測驗（占 32 分）

說明： 第 41 題至第 56 題，每題請分別根據各篇文章之文意選出最適當的一個選項，請畫記在答案卡之「選擇題答案區」。各題答對者，得 2 分；答錯、未作答或畫記多於一個選項者，該題以零分計算。

Some people wonder why Taipei's color palette is what it is. Most signboards are printed using highly saturated primary colors, such as red, yellow, and blue. The conflicting and contrasting color systems in use around Taipei make it seem as if the entire city is arguing and shouting. Apparently, our use of colors has stagnated. That's why Agua Chou, founder of Agua Design and head of City Yeast, aimed to carry out a cleanup on Taipei to create a more comfortable and harmonious urban environment.

In 2016, City Yeast earned an opportunity to put its ideals into action. Taipei has more than 9,000 electrical transformer boxes, which have a real impact on the city's streetscape. These boxes are a standardized green color, though some have landscapes or bird-and-flower paintings on them. While the latter are intended to make the boxes more visually appealing, they just add to the city's visual chaos. City Yeast spent months brainstorming and generating ideas on how to integrate the transformer boxes into the cityscape. Their design guidelines focused on using low-saturation colors that don't show dirt, integrating the boxes with their surroundings and making them locally prominent. For example, Songjiang Road is an important financial corridor with a lot of gray buildings. They thus chose to use a gray gradient on the transformer boxes. On the other hand, they chose coffee-brown, which exudes calm and stability but also age, for boxes in the more cultured atmosphere of Xinsheng South Road. In general, City Yeast went with darker colors because such shades can make objects seem smaller. The result of all their work was that the transformer boxes became both obviously designed, but very **low-key**. That is the magic of color. While the repainting of the transformer boxes is only one small step for City Yeast, it has been a giant leap for Taipei color.

41. Why did City Yeast select darker colors when repainting the electrical transformer boxes?
    (A) Such shades can make objects look less dirty.
    (B) Such shades can make objects look smaller.
    (C) Such shades can make people feel calm and cultured.
    (D) Such shades can integrate the boxes with their surroundings more easily.

42. What does the word "**low-key**" most likely mean?
    (A) not dull   (B) not locked
    (C) not eye-catching   (D) not new

43. What is the author's attitude toward carrying out a cleanup on Taipei's color scheme?
    (A) neutral   (B) positive   (C) negative   (D) indifferent

44. Which of the following is true?
    (A) The transformer boxes in the neighborhood of Songjiang Road are painted coffee-brown.
    (B) Highly-saturated primary colors are greatly overused on street signs or warnings in Taipei.
    (C) All of the transformer boxes in Taipei are painted green, with birds or flowers drawn on them.
    (D) City Yeast tends to use bright colors in repainting transformer boxes to add energy to the city.

第 45 至 48 題為題組

At the 2012 Summer Olympics in London, Katie Ledecky, a 15-year-old upstart, was the youngest American participant. That was her international debut. She was qualified to swim in the final of the 800-meter freestyle. She stunned the field, winning gold by more than 4 seconds with a time of 8:14.63, the then second fastest effort of all time, just behind Rebecca Adlington's world record of 8:14.10 set in 2008.

Asked about her secret to success, Ledecky credited her success to hard work and perseverance, saying "I just work hard and try my best every time I step up on those blocks." What's more, she had strong faith in herself. With confidence, she said, "I'm never worried about setting high goals for myself. I know if I put my mind to it, I can do it. I tell myself **this** whenever I feel my lungs are burning and my muscles are screaming and I still have dozens of laps to go."

"I can do this" can be a mixed blessing. There are times when Ledecky fails spectacularly and frequently because she is always pushing her limits and shooting for a seemingly impossible pace. However, it is this belief that propelled her to make history as the first to swim, and win, all four freestyle distances—200 m, 400 m, 800 m and 1,500 m—at the same meet, the 2015 World Championships. The feat has become known as the "Ledecky Slam," and that's the aquatic version of beating Usain Bolt *and* winning the marathon. At the Rio Olympics, she set out to win five medals, and she did, with a dominant performance—four golds, one silver, two world records, victories by unheard-of margins of 4.77 and 11.38 seconds. Has she hit her peak? Her coach says she is a machine of pure and awe-inspiring power and that what she's about to achieve will be a once-in-a-generation thing. Will it happen? All Ledecky has to tell herself is "I can do this."

45. What is the passage mainly about?
   (A) A young athlete who has broken a world record by 0.53 second.
   (B) An experienced coach who has secret plans to train world champions.
   (C) A teenage swimmer who aims to pursue excellence.
   (D) A female sprinter who can run faster than Usain Bolt.

46. Which factor is **NOT** mentioned as what makes Katie Ledecky successful?

(A) Her long-time effort. (B) Her unique techniques.

(C) Her strong confidence. (D) Her continuous dedication.

47. What does "**this**" in the second paragraph most likely refer to?

    (A) I'll break world records. (B) I am the best.

    (C) I have set high goals. (D) I can do this.

48. Which of the following statements is true about Katie Ledecky?

    (A) She won a gold medal the first time she competed in the Olympics.

    (B) She is the youngest Olympic medalist in American swimming history.

    (C) The 2015 World Championships was named "Ledecky Slam" due to her victories.

    (D) In the Rio Olympics, her goal of winning gold in five events was met.

第 49 至 52 題為題組

　　Colorless, odorless, and tasteless, helium is a gas with unique qualities. For instance, its boiling point is the lowest among all the elements in the world, at -269°C, just a few degrees above absolute zero (-273°C). As an **inert** gas, it almost never reacts with other chemicals. Also, it is extremely light. If not trapped in rocks or underground caves, it floats up through the atmosphere and leaks into space. Though it is the second most abundant element in the universe, it is relatively rare on the earth.

　　Helium can be very useful in several aspects of our life. Scuba divers have to breathe in a mixture of oxygen and helium under the sea since the blend of nitrogen and oxygen in the normal air would become toxic under great pressure. Helium also helps workers detect leaks in industrial systems, for the small atoms it contains can easily flow through the tiniest cracks. In addition, the lightness and inactiveness of helium allow things like balloons or blimps to float in the air without the risk of adding inflammable hydrogen. Best of all, with a boiling point just a couple of degrees above absolute zero, helium can serve as a very good coolant, which greatly facilitates the function of many scientific devices including satellites, telescopes, and the countless life-saving MRI scanners in hospitals around the world.

As the significance of helium is growing, the demand for this precious gas is increasing too. The global consumption of helium is about 8 billion cubic feet (Bcf) each year, but the world's known reserves hold only 153 Bcf, which means helium will soon run out. The crisis worries scientists and doctors so much that they have even called for a ban on using helium for party balloons in an attempt to conserve it. Though a new gas field with 54 Bcf helium discovered in Tanzania seems to bring a beam of hope, it will only relieve the problem temporarily. Unless new technology can provide an alternative, humans will soon face the inevitable: Helium will be lost to us forever.

49. In this passage, the use of helium does not happen in the field of
_____.
   (A) medicine   (B) manufacturing
   (C) entertainment   (D) agriculture

50. Which of the following is the closest in meaning to the word "**inert**" in the first paragraph?
   (A) inactive   (B) energetic.   (C) sensitive   (D) stinky

51. When might the shortage of helium occur were it not for the discovery of the new gas field in Tanzania?
   (A) Between 2025 and 2035.   (B) Between 2035 and 2045.
   (C) Between 2045 and 2055.   (D) Between 2055 and 2065.

52. Which of the following statements is true?
    (A) Helium exists only in outer space.
    (B) Doctors care about the helium shortage because it is very good medicine for some diseases.
    (C) To keep helium from running out, people are not allowed to inflate balloons with it in some countries.
    (D) Scientists have not found another substance to take the place of helium.

第 53 至 56 題為題組

   The Complete Peanuts is a series of books containing the entire run—50 years and 18,170 strips—of Charles M. Schulz's long-running newspaper comic strip masterpiece, *Peanuts*. A new book in the series is released every six months, each containing two years of strips (except for the first volume which includes 1950–1952). The first book was released in 2004 and a total of 26 volumes were scheduled to be printed by the end of 2016. The first volume confronts us afresh with what a brilliant, truly modern and weird idea it was to create a comic strip about a chronically depressed child. Schulz wasn't wild about the series of books because he thought his early work was crude, and he didn't especially want to see it reprinted. However, his wife, Jean, disagreed, and after his death in 2000 she worked with an editor to pull the collection together. "To me, what's happening here is we're getting back to the comic strip—the simplicity, the black and whiteness of it. For some people, the animation is more real than the comic strip, but the comic is what is truly him." She's right. To read *The Complete Peanuts* is to forget that Snoopy ever did a commercial for Metlife insurance.

   Schulz was right, too. The early comics are crude, but that's what makes them fascinating. Back then, the characters are all toddlers and Snoopy is a puppy. Take the main character, Charlie Brown, for example. His personality is also different. He is more of a mischievous prankster; he can often be seen scampering off in the last frame with a victim in hot pursuit. But as you turn the pages, you can feel Schulz finding his rhythm. Charlie Brown gets his stripy shirt, and he gets called a blockhead for the first time in 1951. Then, he gradually drops the Little Rascal act in favor of **melancholic** refrains like "I can't stand it!!!", "Boy, am I ever depressed." and "Nobody loves me ..." If Freud discovered infant sexuality, Schulz is the pioneer of the sadness of little children. It turns out to be not so different from the sadness of adults.

53. Which is the main idea of this article?
    (A) It's an introduction of Charles M. Schulz's newspaper comic strip, *Peanuts*.
    (B) It's a discussion about how the characters in *Peanuts* have changed.
    (C) It's the background of the publication of the series of books, *The Complete Peanuts*.
    (D) It's an exploration of the inner side of the cartoonist, Charles M. Schulz.

54. Which of the following statements is **NOT** true?
    (A) Schulz was convinced that his early strips were sophisticated enough to be republished.
    (B) The whole series of 26 books took about 13 years to publish.
    (C) Metlife Insurance used Snoopy to promote the company on TV.
    (D) Charlie Brown got his iconic stripy shirt and his friends called him "blockhead" in 1951.

55. What might the word "**melancholic**" in the second paragraph mean?
    (A) chronic   (B) ecstatic
    (C) furious   (D) gloomy

56. Which of the following **CANNOT** be inferred from the article?
    (A) Schulz didn't have any opinion about the publishing of *The Complete Peanuts*.
    (B) Charlie Brown was a very naughty kid and often got into trouble in the early *Peanuts*.
    (C) Most people love the lively animation of *Peanuts* more than the comic strips.
    (D) Schulz was the first cartoonist to show the distress of children's life.

第貳部分：非選擇題 (占 28 分)

說明： 本部分共有二題，請依各題指示作答，答案必須寫在「答案卷」上，並標明大題號（一、二）。作答務必使用筆尖較粗之黑色墨水的筆書寫，且不得使用鉛筆。

一、中譯英 (占 8 分)

說明： 1. 請將以下中文句子譯成正確、通順、達意的英文，並將答案寫在「答案卷」上。
　　　 2. 請依序作答，並標明子題號。每題 4 分，共 8 分。

1. 虛擬實境能夠取代真實生活的經驗，也因此有很長一段時間都被用來治療心理問題。
2. 對青少年來說，它在電玩的應用提供他們一個宣洩情緒和舒緩壓力的方法。

二、英文作文 (占 20 分)

說明： 1. 依提示在「答案卷」上寫一篇英文作文。
　　　 2. 文長至少 120 個單詞（words）。

提示： 從小到大出現在生命中的人多多少少對自己有不同程度的影響，請回想你/妳生命中重要的人，並寫一篇短文敘述。文分兩段，第一段請描述在生命中對自己有深遠影響的人為誰，第二段請說明這個人對你/妳產生的影響。

大學入學學科能力測驗英文科 模擬試題 ③ 詳解

第壹部分：單選題

一、詞彙題：

1. (**B**) 當馬文被留下與他的岳父獨處時，他忍不住覺得緊張，因為他不知道該如何和一個不喜歡自己的人交談。
   - (A) conscious[3] 〔ˋkɑnʃəs〕 adj. 有意識的
     比較：conscience[4] 〔ˋkɑnʃəns〕 n. 良心
   - (B) *tense*[4] 〔tɛns〕 adj. 緊張的（= *nervous*[3] = *anxious*[4]）
   - (C) satisfactory[3] 〔͵sætɪsˋfæktərɪ〕 adj. 令人滿意的【形容非人】
   - (D) wicked[3] 〔ˋwɪkɪd〕 adj. 邪惡的（= *evil*[3]）
   - * *can't help but V* 忍不住（= *can't help V-ing*）
     father-in-law 岳父；公公

2. (**C**) 在接了幾通奇怪的電話之後，克萊兒害怕也許有人發現了她和已婚男人的婚外情，這個恐懼一直縈繞在她心頭。
   - (A) strengthen[4] 〔ˋstrɛŋθən〕 v. 強化；加強
   - (B) prosper[4] 〔ˋprɑspɚ〕 v. 繁榮
   - (C) *haunt*[5] 〔hɔnt〕 v. 縈繞；（鬼魂）出沒
   - (D) discharge[6] 〔dɪsˋtʃɑrdʒ〕 v. 卸下；排放（= *emit* = *release*[3]）
   - * affair[2] 〔əˋfɛr〕 n. 緋聞；婚外情　　married[1] 〔ˋmærɪd〕 adj. 已婚的

3. (**A**) 那位染上毒癮的父親替他兩歲的女兒注射海洛因，只是為了讓她停止哭泣，簡直駭人聽聞。
   - (A) *monstrous*[5] 〔ˋmɑnstrəs〕 adj. 似怪物的；令人毛骨悚然的
   - (B) furry[3] 〔ˋfɝɪ〕 adj. 覆有毛皮的　　fur[3] 〔fɝ〕 n. 毛皮
   - (C) voluntary[4] 〔ˋvɑlən͵tɛrɪ〕 adj. 自願的
   - (D) rough[3] 〔rʌf〕 adj. 粗糙的；狂暴的；約略的
   - * drug[2] 〔drʌg〕 n. 毒品　　addict[5] 〔əˋdɪkt〕 v. 使上癮
     inject[6] 〔ɪnˋdʒɛkt〕 v. 注射　　heroin[6] 〔ˋhɛro·ɪn〕 n. 海洛因
     simply[2] 〔ˋsɪmplɪ〕 adv. 僅僅；只是

4. (**A**) 過去考試被認為是評量學生學習<u>進度</u>最有效的方式。然而今日，考慮到學生的個別差異，則鼓勵使用多元評量。

(A) ***progress***[2]（'pragrɛs）n. 進度；進步

(B) struggle[2]（'strʌgl）n. 掙扎；奮鬥

(C) balance[3]（'bæləns）n. 平衡　　(well-)balanced adj. 均衡的

(D) majority[3]（mə'dʒɔrətɪ）n. 大多數

　　　相反：minority[3]（mə'nɔrətɪ, maɪ-）n. 少數

* effective[2]（ə'fɛktɪv）adj. 有效的　　measure[2,4]（'mɛʒə）v. 測量
multiple[4]（'mʌltəpl）adj. 多重的
assessment[6]（ə'sɛsmənt）n. 評估；評量
encourage[2]（ɪn'kɝɪdʒ）v. 鼓勵
take sth. ***into account/consideration*** 把某事列入考慮
individual[3]（ˌɪndə'vɪdʒʊəl）adj. 個別的

5. (**D**) 沒有駕駛人可以假裝<u>不知道</u>速限多少。駕駛人應隨時注意交通標誌。

(A) obedient[4]（ə'bidɪənt）adj. 服從的

(B) tolerant[4]（'talərənt）adj. 容忍的；寬大的

(C) confident[3]（'kanfədənt）adj. 有信心的

(D) ***ignorant***[4]（'ɪgnərənt）adj. 無知的；不知道的 < of >

* pretend[3]（prɪ'tɛnd）v. 假裝　　***speed limit*** 速度限制；速限
sign[2]（saɪn）n. 告示；標誌

6. (**B**) 建議前往海灘的遊客應擦防曬乳，因為過度<u>曝曬</u>陽光而沒有適當防護，可能引起曬傷甚至皮膚癌。

(A) interaction[4]（ˌɪntə'ækʃən）n. 互動 < with >

(B) ***exposure***[4]（ɪk'spoʒə）n. 暴露；接觸 < to >

(C) response[3]（rɪ'spans）n. 反應；回應 < to >

(D) application[4]（ˌæplə'keʃən）n. 應用；申請

* advise[3]（əd'vaɪz）v. 勸告；建議　　***put on*** 穿戴；塗擦
sunblock（'sʌnˌblak）n. 防曬乳　　proper[3]（'prapə）adj. 適當的
protection[3]（prə'tɛkʃən）n. 保護　　sunburn（'sʌnˌbɝn）n. 曬傷
skin[1]（skɪn）n. 皮膚　　cancer[2]（'kænsə）n. 癌症

7. (**A**) 這間博物館<u>以</u>擁有大量古埃及藝術作品收藏<u>而自豪</u>，包括 2,500 份寫在紙草紙上的文件。

(A) ***boost***[4] 〔 bost 〕 *v.* 自誇 (= *brag*) ；以擁有…自豪

(B) frame[4] 〔 frem 〕 *n.* 框架；骨架；構造 (= *structure*[3])

(C) devise[4] 〔 dɪˈvaɪz 〕 *v.* 設計

(D) conceal[5] 〔 kənˈsil 〕 *v.* 隱藏 (= *hide*[2])

* museum[2] 〔 mjuˈziəm 〕 *n.* 博物館
massive[5] 〔ˈmæsɪv 〕 *adj.* 大量的 (= *huge*[1])
collection[3] 〔 kəˈlɛkʃən 〕 *n.* 收集；收藏　　work[1] 〔 wɝk 〕 *n.* 作品
ancient[2] 〔ˈenʃənt 〕 *adj.* 古老的　　Egypt 〔ˈidʒəpt 〕 *n.* 埃及
document[5] 〔ˈdɑkjəmənt 〕 *n.* 文件　　papyrus 〔 pəˈpaɪrəs 〕 *n.* 紙草紙

8. (**B**) 汽車共乘目的在於減少尖峰時刻開車上班的人數。它不僅可以幫助
緩解繁忙的交通，而且能減少碳排放。

(A) prompt[4] 〔 prɑmpt 〕 *v.* 促使 (= *bring about*)

(B) ***alleviate*** 〔 əˈlivɪˌet 〕 *v.* 緩解；減輕 (= *ease*[1] = *relieve*[4] = *lessen*[5])

(C) descend[6] 〔 dɪˈsɛnd 〕 *v.* 下降　　descent[6] *n.* 下降

(D) restrict[3] 〔 rɪˈstrɪkt 〕 *v.* 限制 (= *limit*[2] = *confine*[4])

* carpooling 〔ˈkɑrˌpulɪŋ 〕 *n.* 汽車共乘
aim[2] 〔 em 〕 *v.* 目標在於 < *at* >　　reduce[3] 〔 rɪˈdjus 〕 *v.* 減少
rush hour 尖峰時間　　carbon[5] 〔ˈkɑrbən 〕 *n.* 碳
emission 〔 ɪˈmɪʃən 〕 *n.* 排放 (量)

9. (**A**) 喝酒可能會妨礙你的方向感與判斷力，這就是酒後不該開車的原因。

(A) ***interfere***[4] 〔ˌɪntɚˈfɪr 〕 *v.* 干擾；妨礙 < *with* >

(B) disguise[4] 〔 dɪsˈgaɪz 〕 *v., n.* 偽裝；掩飾

(C) possess[4] 〔 pəˈzɛs 〕 *v.* 擁有 (= *own*[1] = *have*[1])

(D) vanish[3] 〔ˈvænɪʃ 〕 *v.* 消失 (= *disappear*[2])

* alcohol[4] 〔ˈælkəˌhɔl 〕 *n.* 酒精；酒
intake 〔ˈɪnˌtek 〕 *n.* 攝取 (= *consumption*[6])
sense of direction 方向感　　judgment[2] 〔ˈdʒʌdʒmənt 〕 *n.* 判斷

10. (**B**) 建造鐵塔的想法遭到當地的反對。鎮民們不願意看到醜陋的鐵塔破壞
那裡美麗的景觀。

(A) preparation[3] 〔ˌprɛpəˈreʃən 〕 *n.* 準備

(B) ***objection***[4] 〔 əbˈdʒɛkʃən 〕 *n.* 反對 (= *opposition*[6])

(C) infection[4] 〔 ɪnˈfɛkʃən 〕 *n.* 感染

(D) investigation[4] ﹝ ɪn͵vɛstə'geʃən ﹞ *n.* 調查

* construct[4] ﹝ kən'strʌkt ﹞ *v.* 建造　　iron[1] ﹝ 'aɪən ﹞ *n.* 鐵
townspeople ﹝ 'taʊnz͵pip! ﹞ *n.* 鎮民　　ugly[2] ﹝ 'ʌglɪ ﹞ *adj.* 醜陋的
ruin[4] ﹝ 'ruɪn ﹞ *v.* 毀滅；破壞　　landscape[4] ﹝ 'lænd͵skep ﹞ *n.* 風景

11. (**A**) 蛋白質、脂肪與維他命都是身體需要的<u>基本</u>養分，因此我們的飲食應
該包括各種食物。

(A) ***essential*[4]** ﹝ ə'sɛnʃəl ﹞ *adj.* 基本的；必要的

(B) delicate[4] ﹝ 'dɛləkɪt ﹞ *adj.* 細緻的

(C) athletic[4] ﹝ æθ'lɛtɪk ﹞ *adj.* 體育的；強壯靈活的
athlete[3] ﹝ 'æθlit ﹞ *n.* 運動員

(D) identical[4] ﹝ aɪ'dɛntɪk! ﹞ *adj.* 相同的

* protein[4] ﹝ 'protin ﹞ *n.* 蛋白質　　vitamin[3] ﹝ 'vaɪtəmɪn ﹞ *n.* 維他命
nutrient[6] ﹝ 'njutrɪənt ﹞ *n.* 養分　　diet[3] ﹝ 'daɪət ﹞ *n.* 飲食
include[2] ﹝ ɪn'klud ﹞ *v.* 包括

12. (**D**) 這名服務生<u>不小心</u>將咖啡灑在一位女士的裙子上。他真誠地向她道
歉，並承諾支付洗衣費用。

(A) roughly[4] ﹝ 'rʌflɪ ﹞ *adv.* 粗暴地；大略地 (= *approximately*[6])

(B) thoroughly[4] ﹝ 'θɝolɪ ﹞ *adv.* 徹底地

(C) mutually[4] ﹝ 'mjutʃʊəlɪ ﹞ *adv.* 相互地；共同地

(D) ***accidentally*[4]** ﹝ ͵æksə'dɛntḷɪ ﹞ *adv.* 意外地；不小心地

* spill[3] ﹝ spɪl ﹞ *v.* 溢出；灑出　　skirt[2] ﹝ skɝt ﹞ *n.* 裙子
sincerely[3] ﹝ sɪn'sɪrlɪ ﹞ *adv.* 真誠地　　apologize[4] ﹝ ə'palə͵dʒaɪz ﹞ *v.* 道歉
promise[2] ﹝ 'pramɪs ﹞ *v.* 承諾；答應　　laundry[3] ﹝ 'lɔndrɪ ﹞ *n.* 洗衣服
fee[2] ﹝ fi ﹞ *n.* 費用

13. (**C**) 根據衛生福利部的統計數字，飲食習慣不規律及睡眠<u>不足</u>，和結腸癌
（即大腸、直腸癌）大有關係。

(A) intolerable[4] ﹝ ɪn'talərəb! ﹞ *adj.* 無法容忍的 (= *unbearable*[2])

(B) incapable[3] ﹝ ɪn'kepəb! ﹞ *adj.* 不能…的 < *of* > (= *unable to V*)；
無能的 (= *incompetent*[6])

(C) ***inadequate*[4]** ﹝ ɪn'ædəkwɪt ﹞ *adj.* 不足的 (= *insufficient*[3])

(D) inefficient[3] ﹝ ͵ɪnə'fɪʃənt ﹞ *adj.* 無效率的

* ministry[4] 〔'mɪnɪstrɪ〕 *n.* 部　　welfare[4] 〔'wɛl,fɛr〕 *n.* 福利；福祉
statistics[5] 〔stə'tɪstɪks〕 *n.* 統計數字
irregular[2] 〔ɪ'rɛgjələ·〕 *adj.* 不規律的
dietary[3] 〔'daɪə,tɛrɪ〕 *adj.* 飲食的
highly[4] 〔'haɪlɪ〕 *adv.* 高度地；非常地【修飾程度】
be associated with 與～有關　　colon 〔'kolən〕 *n.* 結腸

14. (**C**) 這位第一名模是出了<u>名</u>的親切又體貼。難怪人們都喜歡和她交朋友。

(A) distribution[4] 〔,dɪstrə'bjuʃən〕 *n.* 分配
(B) inspiration[4] 〔,ɪnspə'reʃən〕 *n.* 靈感；啟發；激勵
(C) *reputation*[4] 〔,rɛpjə'teʃən〕 *n.* 名聲
(D) regulation[4] 〔,rɛgjə'leʃən〕 *n.* 規定

* top[1] 〔tap〕 *adj.* 第一的　　model[2] 〔'madl̩〕 *n.* 模特兒
warm[1] 〔wɔrm〕 *adj.* 親切的　　thoughtful[4] 〔'θɔtfəl〕 *adj.* 體貼的
no wonder 難怪　　befriend 〔bɪ'frɛnd〕 *v.* 與～交朋友

15. (**A**) 衛生當局勸告孕婦避免到茲卡疫區旅遊，因為這種病毒會從孕婦傳給
胎兒，<u>可能</u>造成嚴重的出生缺陷。

(A) *potentially*[5] 〔pə'tɛnʃəlɪ〕 *adv.* 可能地
(B) ecologically[6] 〔,ikə'ladʒɪklɪ〕 *adv.* 生態地
(C) scarcely[4] 〔'skɛrslɪ〕 *adv.* 幾乎不（= *hardly*[2] = *barely*[3]）
(D) suspiciously[4] 〔sə'spɪʃəslɪ〕 *adv.* 多疑地；懷疑地

* authority[4] 〔ə'θɔrətɪ〕 *n.* 權威；(*pl.*) 當局
urge[4] 〔ɝdʒ〕 *v.* 敦促；力勸　　pregnant[4] 〔'prɛgnənt〕 *adj.* 懷孕的
Zika 〔'zɪkə〕 *n.* 茲卡病毒　　affect[3] 〔ə'fɛkt〕 *v.* 影響
virus[4] 〔'vaɪrəs〕 *n.* 病毒　　fetus 〔'fitəs〕 *n.* 胎兒
defect[6] 〔'difɛkt〕 *n.* 缺點；缺陷

二、綜合測驗：

第 16 至 20 題為題組

根據估計，現代人每天使用智慧型手機的時間大約是九小時，這可能比很
多人的睡眠時間都長。這樣長期使用手機的行為顯示，這個科技已經成為一種
上癮的情況。有些研究甚至指出，過度使用手機會危害人們的身心健康。

* estimate[4] 〔'ɛstə,met〕 *v.* 估計

smartphone（'smɑrt,fon）*n.* 智慧型手機
extended[4]（ɪk'stɛndɪd）*adj.* 長期的　　***cell phone*** 手機
addiction[6]（ə'dɪkʃən）*n.* 上癮　　research[4]（rɪ'sɝtʃ , 'risɝtʃ）*n.* 研究
point out 指出　　excessive[6]（ɪk'sɛsɪv）*adj.* 過度的
endanger[4]（ɪn'dendʒɚ）*v.* 危害　　physical[4]（'fɪzɪkḷ）*adj.* 身體的
mental[3]（'mɛntḷ）*adj.* 心理的

<u>例如</u>，長時間盯著手機螢幕會造成視力減退。使用手機時，長時間不動以及姿
　16
勢不良，會<u>導致</u>關節僵硬、頭痛或背痛。越來越多人擔心，人們會無法停止對
　　　17
手機的<u>走火入魔</u>，因為許多人已經習慣每天都要玩手機。
　　　18

＊ stare[3]（stɛr）*v.* 凝視；盯著 < *at* >　　screen[2]（skrin）*n.* 螢幕
eyesight[6]（'aɪ,saɪt）*n.* 視力　　prolonged[5]（prə'lɔŋd）*adj.* 長期的
immobility[3]（,ɪmo'bɪlətɪ）*n.* 不動
improper[3]（ɪm'prɑpɚ）*adj.* 不適當的；錯誤的
positioning[1]（pə'zɪʃənɪŋ）*n.* 配置；姿勢　　joint[2]（dʒɔɪnt）*n.* 關節
stiffness[3]（'stɪfnɪs）*n.* 僵硬　　concern[3]（kən'sɝn）*n.* 關心；擔憂
unable[1]（ʌn'ebḷ）*adj.* 不能…的 < *to V* >
accustomed[5]（ə'kʌstəmd）*adj.* 習慣的 < *to* >

16.（**C**）(A) instead[3]（ɪn'stɛd）*conj.* 取而代之
　　　　(B) yet[1]（jɛt）*conj.* 然而　　　　(C) ***for example*** 舉例來說
　　　　(D) as a result 因此

17.（**A**）(A) ***bring about*** 導致　　　　(B) set off 啟動；引發
　　　　(C) result from 起因於　　　　(D) gear up 做好準備

18.（**D**）(A) concession[6]（kən'sɛʃən）*n.* 讓步
　　　　(B) observation[4]（,ɑbzɚ'veʃən）*n.* 觀察
　　　　(C) convention[4]（kən'vɛnʃən）*n.* 隱藏
　　　　(D) ***obsession***（əb'sɛʃən）*n.* 著迷；著魔

他們對於這個科技的過度<u>依賴</u>，已經造成他們在手機遺失或電池<u>沒電</u>時，會感
　　　　　　　　　19　　　　　　　　　　　　　　　　　　　20
到非常恐慌或焦慮。你也是智慧型手機上癮者嗎？切記，科技做為工具是很有
幫助的，但若成為不健康的成癮因素，就不是了。

* reliance[6] ﹝rɪˋlaɪəns﹞ *n.* 依賴 < *on* >
panicky[3] ﹝ˋpænɪkɪ﹞ *adj.* 驚慌的；恐慌的
anxious[4] ﹝ˋæŋkʃəs﹞ *adj.* 焦慮的　　battery[4] ﹝ˋbætərɪ﹞ *n.* 電池
addict[5] ﹝ˋædɪkt﹞ *n.* 上癮者　　tool[1] ﹝tul﹞ *n.* 工具

19. (**B**) reliance「依賴」之後介系詞要用 *on*，選 (B)。

20. (**A**) 依句意，當他們手機遺失或電池「沒電」時，前面動詞 lose 是現在
式，後面動詞也該用現在式，選 (A) *die*。

第 21 至 25 題為題組

在「英國運動醫學期刊」的一篇社論中，專家指出運動對於對抗肥胖沒有
什麼用處。反之，避免過多的糖及碳水化合物才是關鍵。現代社會中，人們容
易取得不健康的食物，例如便利商店、加油站，或是速食連鎖店裡面賣的。
　　　　　21

* editorial[6] ﹝͵ɛdəˋtorɪəl﹞ *n.* 社論　　journal[3] ﹝ˋdʒɝnl﹞ *n.* 期刊
medicine[2] ﹝ˋmɛdəsn﹞ *n.* 醫學　　expert[2] ﹝ˋɛkspɝt﹞ *n.* 專家
tackle[5] ﹝ˋtækl﹞ *v.* 處理；應付　　obesity ﹝oˋbisətɪ﹞ *n.* 肥胖
avoid[2] ﹝əˋvɔɪd﹞ *v.* 避免　　excessive[6] ﹝ɪkˋsɛsɪv﹞ *adj.* 過多的
carbohydrate[6] ﹝͵karboˋhaɪdret﹞ *n.* 碳水化合物
access[4] ﹝ˋæksɛs﹞ *n.* 可取得；可使用 < *to* >
convenience store 便利商店　　*gas station* 加油站
chain[3] ﹝tʃen﹞ *n.* 連鎖店

21. (**C**) (A) similarly[2] ﹝ˋsɪmələlɪ﹞ *adv.* 同樣地
　　　　　(B) therefore[2] ﹝ˋðɛr͵for﹞ *adv.* 因此
　　　　　(C) *instead*[3] ﹝ɪnˋstɛd﹞ *adv.* 取而代之；反之
　　　　　(D) besides[2] ﹝bɪˋsaɪdz﹞ *adv.* 此外

雖然這些食物很方便也負擔得起，但它們通常是加工食品，含有大量的糖、鹽、
　　　　　　　　　　22
脂肪及其他不健康的原料。研究指出它們導致全世界肥胖蔚為流行，而只要
運動，吃什麼都可以的這個訊息是完全錯誤的。

* process[3] ﹝ˋprɑsɛs﹞ *v.* 加工　　contain[2] ﹝kənˋten﹞ *v.* 包含
large amounts of 大量的【接不可數名詞】
ingredient[4] ﹝ɪnˋgridɪənt﹞ *n.* 原料；材料

contribute[4] 〔kən'trɪbjut〕 v. 有貢獻；促成 < *to* >
epidemic[6] 〔ˌɛpə'dɛmɪk〕 n. 流行；盛行　message[2] 〔'mɛsɪdʒ〕 n. 訊息
totally[1] 〔'totḷɪ〕 adv. 完全地

22. (**B**) (A) comparable[6] 〔'kɑmpərəbḷ〕 *adj.* 可比較的

(B) ***affordable***[3] 〔ə'fordəbḷ〕 *adj.* 負擔得起的

(C) remarkable[4] 〔rɪ'mɑrkəbḷ〕 *adj.* 卓越的

(D) capable[3] 〔'kepəbḷ〕 *adj.* 有能力的 < *of* >

23. (**D**) 空格需要連接詞引導名詞子句，作主詞 the message 的同位語，
選 (D) ***that***。

然而，其他一些科學家說，<u>貶低</u>運動的角色是危險的。要對抗肥胖，一般
　　　　　　　　　　　 24
大眾應該被鼓勵過健康的生活。而健康的生活方式包括均衡飲食及運動。食品
包裝上清楚的營養訊息，幫助消費者計算及限制鹽、糖及脂肪的<u>攝取量</u>。每週
　　　　　　　　　　　　　　　　　　　　　　　　　　　　　　　 25
二個半小時建議的中度運動量，也可帶來許多健康方面的好處。

* risky[3] 〔'rɪskɪ〕 *adj.* 危險的　　fight[1] 〔faɪt〕 v. 對抗
general[1,2] 〔'dʒɛnərəl〕 *adj.* 一般的　***the general public*** 一般大眾
encourage[2] 〔ɪn'kɝɪdʒ〕 v. 鼓勵　lifestyle 〔'laɪfˌstaɪl〕 n. 生活方式
balanced[3] 〔'bælənst〕 *adj.* 均衡的　diet[3] 〔'daɪət〕 n. 飲食
pack[2] 〔pæk〕 n. 小包；包裝　　***on-pack*** 包裝上的
nutrition[6] 〔nju'trɪʃən〕 n. 營養　consumer[4] 〔kən'sumɚ〕 n. 消費者
calculate[4] 〔'kælkjəˌlet〕 v. 計算
recommend[5] 〔ˌrɛkə'mɛnd〕 v. 推薦；建議
level[1] 〔'lɛvḷ〕 n. 程度；含量
moderate[4] 〔'mɑdərɪt〕 *adj.* 適當的；中度的
activity[3] 〔æk'tɪvətɪ〕 n. 活動　deliver[2] 〔dɪ'lɪvɚ〕 v. 遞送；傳遞
huge[1] 〔hjudʒ〕 *adj.* 很大的　benefit[3] 〔'bɛnəfɪt〕 n. 好處

24. (**A**) (A) ***play down*** 貶低　　　　(B) turn down 拒絕

(C) quiet down 使安靜　　(D) track down 追蹤

25. (**B**) (A) income[2] 〔'ɪnˌkʌm〕 n. 收入　(B) ***intake*** 〔'ɪnˌtek〕 n. 攝取量

(C) input[4] 〔'ɪnˌpʊt〕 n. 輸入　(D) inflow 〔'ɪnˌflo〕 n. 流入

第 26 至 30 題為題組

寓言故事儘管簡短，卻可教導人們重要的人生課題，並揭露隱藏在普通事件中的真理。事實上，許多父母發現，藉由引導孩子閱讀有趣且具啟發性的寓言故事，來灌輸他們正確的觀念，比用說教的方式較不費力而且更有效。

* fable³ ('febḷ) *n.* 寓言　　lesson¹ ('lɛsṇ) *n.* 功課；教訓
reveal³ (rɪ'vil) *v.* 顯露　　truth² (truθ) *n.* 真理
conceal⁵ (kən'sil) *v.* 隱藏　　ordinary² ('ɔrdṇˏɛrɪ) *adj.* 平凡的
event² (ɪ'vɛnt) *n.* 事件　　laborious (lə'borɪəs) *adj.* 費力的
effective² (ə'fɛktɪv) *adj.* 有效的　　instill (ɪn'stɪl) *v.* 灌輸
***instill~into** sb.* 將 (觀念等) 灌輸給某人
concept⁴ ('kɑnsɛpt) *n.* 觀念　　inspiring⁴ (ɪn'spaɪrɪŋ) *adj.* 啟發的
lecture⁴ ('lɛktʃɚ) *n.* 演講；訓誡

26. (**A**) 在這個句子中，空格後 less...effective 是受詞補語，後面的不定詞片語 to instill...through lectures 是真正受詞，空格應填入虛受詞，選 (A) ***it***。

以下就是一個好例子，說明一個古老的中國寓言，如何幫助現代的讀者認識世界。這個故事是這麼說的：有一個人試著在市場裡賣馬。他在那裡站了三天，
　　　　　　　　　　　　　　　　　　　　　27
但是路人中沒人來看一眼。因此，他向伯樂求助，他是以擁有挑選好馬絕技聞
　　　　　28　　　　　　　29
名的專家。

* passerby ('pæsɚˏbaɪ) *n.* 路人【複數為 passer**s**by】
specialist⁵ ('spɛʃəlɪst) *n.* 專家　　***be known for*** 以 (特色) 聞名
skill¹ (skɪl) *n.* 技術；技能　　select² (sə'lɛkt) *v.* 挑選

27. (**D**) 表示故事這這麼「說」的，動詞要用 go，選 (D) ***goes***。

28. (**B**) 依句意，路人中「沒人」來看一眼，選 (B) ***none***，為代名詞，用於三者或三者以上。而 (A) some「一些」，(C) either「二者之一」，(D) neither「二者都不是」，皆不合。

29. (**A**)　(A) ***hence***⁵ (hɛns) *adv.* 因此
　　　　　　(B) besides² (bɪ'saɪdz) *adv.* 此外
　　　　　　(C) otherwise⁴ ('ʌðɚˏwaɪz) *adv.* 否則
　　　　　　(D) however² (haʊ'ɛvɚ) *adv.* 然而

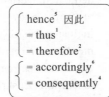

hence⁵ 因此
= thus¹
= therefore²
= accordingly⁶
= consequently⁴

這個人只要求伯樂繞著他的馬走三圈，然後離開時再轉頭看幾眼。伯樂同意也
這麼做了。<u>瞬間</u>，這個人便以高價將馬賣出。這寓言故事的寓意是，人們通常
　　　30
會盲目地跟隨他人或專家的意見，而沒有自己的判斷力。這道理在現代社會中
再正確不過了。

* glimpse[4]〔glɪmps〕v., n. 一瞥；看一眼　　agree[1]〔ə'gri〕v. 同意；贊成
  at a high price 以高價　　moral[3]〔'mɔrəl〕n. 寓意
  tend to V 傾向於；通常　　blindly[2]〔'blaɪndlɪ〕adv. 盲目地
  follow[1]〔'falo〕v. 跟隨　　expert[2]〔'ɛkspɜt〕n. 專家
  opinion[2]〔ə'pɪnjən〕n. 意見　　**rather than** 而非
  judgment[2]〔'dʒʌdʒmənt〕n. 判斷
  can't…more… 不可能更…；再…不過了；非常地…

30. (**B**) (A) at times　有時候　　　　　(B) **in an instant** 立即
　　　　　　(C) in short　簡言之　　　　　　(D) for the time being　暫時

三、文意選填：

第 31 至 40 題為題組

　　飯店和度假村正在確保，使越來越多單獨用餐的客人感到舒適自在。華盛
頓特區的羽毛餐廳，去年秋天為單獨用餐的客人設計了一個方案：餐廳座位中
有一些專門安排給想要保有隱私，又要有 ³¹·(G) 融入感的客人。餐廳經理西恩·
穆利根提到，這類客人的座位不會在餐廳的中央。他說：「為了慎重和隱私起
見，我們絕不會讓他們坐得靠近入口或出口，³²·(C) 同時我們保證會將客人需要
的物品送到他們桌上，如報紙和雜誌等。」

* resort[5]〔rɪ'zɔrt〕n. 度假村；度假飯店　　**make sure** 確定
  the growing number of~ 越來越多的~　　solo[5]〔'solo〕adj. 單獨的
  diner[3]〔'daɪnə〕n. 用餐者　　plume〔plum〕n. 羽毛
  create[2]〔krɪ'et〕v. 創造　　program[3]〔'progræm〕n. 計畫；方案
  fall[1]〔fɔl〕n. 秋天　　seat[1]〔sit〕n. 座位
  dedicated[6]〔'dɛdə,ketɪd〕adj. 致力於；專用的 < to >
  privacy[4]〔'praɪvəsɪ〕n. 隱私；隱私權　　**sense of privacy** 隱私感
  inclusion〔ɪn'kluʒən〕n. 包含　　manager[3]〔'mænɪdʒə〕n. 經理
  mention[3]〔'mɛnʃən〕v. 提到　　seating[1]〔'sitɪŋ〕n. 座位；座位安排
  entrance[2]〔'ɛntrəns〕n. 入口　　exit[3]〔'ɛksɪt〕n. 出口
  discretion〔dɪ'skrɛʃən〕n. 謹慎；慎重　　deliver[2]〔dɪ'lɪvə〕v. 遞送

邁阿密海灘的科莫大都會飯店，今年稍早也 33.(A) 首次推出單客晚餐菜單，建議座位安排在飯店陽台的角落，和 Traymore 酒吧，設置 34.(F) 在那裡可以欣賞邁阿密海灘大道徒步區來往的行人。單客也可以登入 PressReader，在手機或平板電腦上，選擇自己偏好的語言，閱讀他們最喜愛的雜誌。亞利桑納州土桑市米拉瓦度假村及水療會館的新方案，「主廚只為我一人烹調」，35.(J) 設計理念是把幾位單客聚集在廚房，享用每日菜單的樣品。此選項的設計是縮小版的共用桌風格，這種風格正蔚為 36.(E) 風潮。

* debut〔de'bju〕n. 初次出現　　***make one's debut*** 初次出現
  metropolitan⁶〔,mɛtrə'pɑlətn̩〕adj. 大都會的
  recommend⁵〔,rɛkə'mɛnd〕v. 推薦；建議　　corner²〔'kɔrnə〕n. 角落
  terrace⁵〔'tɛrɪs〕n. 陽台　　position¹〔pə'zɪʃən〕v. 配置
  pedestrian⁶〔pə'dɛstrɪən〕n. 行人　　drive¹〔draɪv〕n. 車道；街道
  log²〔lɑg〕n. 圓木；日誌　　v. 記入日誌　　***log into*** 登入
  preferred²〔prɪ'fɜd〕adj. 偏好的　　tablet³〔'tæblɪt〕n. 平板電腦
  spa〔spɑ〕n. 三溫暖；水療會館　　design²〔dɪ'zaɪn〕v. 設計
  sample²〔'sæmpl̩〕n. 樣品　　daily²〔'delɪ〕adj. 每日的
  option⁶〔'ɑpʃən〕n. 選擇　　version⁶〔'vɝʒən〕n. 版本
  communal〔'kɑmjunl̩, kə'mjunl̩〕adj. 社區的；共同的；公有的
  wave²〔wev〕n. 浪潮　　popularity⁴〔,pɑpjə'lærətɪ〕n. 受歡迎；流行

其他一些飯店也採取 37.(B) 類似策略。去年重新裝潢的芝加哥波爾漢姆飯店的艾特伍德餐廳，總經理達米安・帕拉迪諾說，酒吧區已延伸擴大，刻意與大廳 38.(H) 融合在一起，為的就是吸引單客。紐約大學休閒旅遊運動管理中心的臨床教授，畢瓊・韓森說，他觀察到 39.(D) 近來單獨旅行者中，獨自用餐的情況增加。他在一封電子郵件中說：「這類經驗對年輕旅人來說，越來越變成一種渴望，獨自用餐的 40.(I) 羞恥大致上已經不是什麼問題了。」

* similar²〔'sɪmələ〕adj. 類似的　　approach³〔ə'protʃ〕n. 方法
  renovate〔'rɛnə,vet〕v. 整修　　***general manager*** 總經理
  extension⁵〔ɪk'stɛnʃən〕n. 延伸
  intentionally⁴〔ɪn'tɛnʃənl̩ɪ〕adv. 故意地
  blend⁴〔blɛnd〕v. 混合　　lobby³〔'lɑbɪ〕n. 大廳
  clinical⁶〔'klɪnɪkl̩〕adj. 臨床的　　professor⁴〔prə'fɛsə〕n. 教授
  hospitality⁶〔,hɑspɪ'tælətɪ〕n. 好客；殷勤招待
  tourism³〔'turɪzəm〕n. 觀光業；旅遊業
  observe³〔əb'zɝv〕v. 觀察　　recent²〔'risn̩t〕adj. 最近的

　　on one's *own* 獨自地　　desire² ﹝ dɪˋzaɪr ﹞ *n.* 慾望；渴望
　　stigma ﹝ˋstɪgmə﹞ *n.* 恥辱　　issue⁵ ﹝ˋɪʃju﹞ *n.* 問題

四、閱讀測驗：

第 41 至 44 題為題組

　　有些人很納悶，為什麼臺北的色彩會是這樣的？大部分的招牌印刷，運用了大量高飽和的原色，如紅色、黃色和藍色，這些互相衝突與對比色系用在臺北各處，使整個城市看起來像是在吵架叫罵。

　　* wonder² ﹝ˋwʌndɚ﹞ *v.* 想知道；好奇；納悶
　　palette ﹝ˋpælɪt﹞ *n.* 調色盤　　signboard ﹝ˋsaɪnˏbord﹞ *n.* 招牌
　　highly⁴ ﹝ˋhaɪlɪ﹞ *adv.* 高度地；非常地 (= extremely³)
　　saturated ﹝ˋsætʃəˏretɪd﹞ *adj.* 飽和的
　　primary³ ﹝ˋpraɪˏmɛrɪ﹞ *adj.* 基本的 (= basic¹)　　***primary color*** 原色
　　conflicting² ﹝ kənˋflɪktɪŋ ﹞ *adj.* 衝突的；互不相容的 (= incompatible⁶)
　　contrasting⁴ ﹝ kənˋtræstɪŋ ﹞ *adj.* 成對比的；截然不同的 (= very different)
　　in use 使用中　　*as if* 彷彿；好像
　　entire² ﹝ ɪnˋtaɪr ﹞ *adj.* 全部的；整個 (= whole¹)
　　argue² ﹝ˋɑrgju﹞ *v.* 爭吵 (= quarrel³)

　　很明顯地，我們對於色彩的運用是停滯不動的。而這就是為什麼「水越設計」創辦人，也是「都市酵母」計畫的負責人，周育如，想要進行一場臺北的色彩大整頓，以營造一個更舒服、更和諧的都市環境。

　　* apparently³ ﹝ əˋpɛrəntlɪ ﹞ *adv.* 顯然 (= obviously³)
　　stagnate ﹝ˋstægnet﹞ *v.* 不流動；停滯 (= stop developing = be idle⁴)
　　founder⁴ ﹝ˋfaʊndɚ﹞ *n.* 創辦人　　design² ﹝ dɪˋzaɪn ﹞ *n.* 設計
　　yeast⁵ ﹝ jist ﹞ *n.* 酵母　　aim² ﹝ em ﹞ *v.* 目標在於
　　carry out 實行；執行　　cleanup¹ ﹝ˋklinˏʌp﹞ *n.* 大掃除；整頓；掃蕩
　　harmonious⁴ ﹝ hɑrˋmonɪəs ﹞ *adj.* 和諧的
　　urban⁴ ﹝ˋɝbən﹞ *adj.* 都市的 (↔ rural⁴ 鄉村的)

　　2016 年，「都市酵母」獲得了將他們的理想付諸實行的機會。臺北市有九千多座變電箱，確實影響到臺北市的市容街景。這些變電箱是制式的綠色，不過有些有山水、花鳥的彩繪。雖然彩繪是想要讓變電箱看起來漂亮一點，反倒使市容更加混亂。「都市酵母」花費數個月腦力激盪，想出如何將變電箱融入市景的點子。

* ideal³ 〔 aɪˈdiəl 〕 *n.* 理想
  put～into action 將～付諸實行（＝*put～into practice*）
  electrical³ 〔 ɪˈlɛktrɪkḷ 〕 *adj.* 電的
  transformer⁴ 〔 trænsˈfɔrmɚ 〕 *n.* 變壓器
  impact⁴ 〔ˈɪmpækt 〕 *n.* 影響（＝*influence²*）
  streetscape 〔ˈstritˌskep 〕 *n.* 街景
  standardized² 〔ˈstændɚdˌaɪzd 〕 *adj.* 標準化的
  landscape⁴ 〔ˈlændˌskep 〕 *n.* 風景　　paint¹ 〔 pent 〕 *v.* 油漆；繪畫
  latter³ 〔ˈlætɚ 〕 *n.* 後者　　intended⁴ 〔 ɪnˈtɛndɪd 〕 *adj.* 預期的；打算的
  visually⁴ 〔ˈvɪʒʊəlɪ 〕 *adv.* 視覺地
  appealing³ 〔 əˈpilɪŋ 〕 *adj.* 吸引人的（＝*attractive³*＝*fascinating⁵*）
  add to 增加；增添　　chaos⁶ 〔ˈkeas 〕 *n.* 混亂（＝*confusion⁴*）
  brainstorm 〔ˈbrenˌstɔrm 〕 *v.* 腦力激盪
  generate⁶ 〔ˈdʒɛnəˌret 〕 *v.* 產生　　integrate⁶ 〔ˈɪntəˌgret 〕 *v.* 使融入
  cityscape 〔ˈsɪtɪˌskep 〕 *n.* 都市景觀；市容

他們的設計方針著重於使用低飽和度並耐髒的顏色，讓變電箱融入周遭環境，但又具有當地特色。例如，松江路是臺北市重要的金融大道，許多建築物都是灰色，所以他們使用漸層灰色，作爲變電箱的顏色。另一方面，他們選擇散發出沉穩又古色古香的咖啡色，放在更有文化氣息的新生南路。

* guideline⁵ 〔ˈgaɪdˌlaɪn 〕 *n.* 指導方針
  focus² 〔ˈfokəs 〕 *v.* 專注於（＝*concentrate⁴*）＜*on*＞
  saturation 〔ˌsætʃəˈreʃən 〕 *n.* 飽和　　dirt³ 〔 dɝt 〕 *n.* 灰塵；污垢
  surroundings⁴ 〔 səˈraʊndɪŋz 〕 *n. pl.* 周遭環境
  locally 〔ˈlokḷɪ 〕 *adv.* 局部地；地方性地；附近
  prominent⁴ 〔ˈpramənənt 〕 *adj.* 突出的；顯著的（＝*obvious³*
  　＝*outstanding⁴*）
  financial⁴ 〔 faɪˈnænʃəl, fə- 〕 *adj.* 財務的；金融的
  corridor⁵ 〔ˈkɔrədɚ 〕 *n.* 走廊　　gradient 〔ˈgredɪənt 〕 *n.* 漸層的顏色
  exude 〔 ɪgˈzud 〕 *v.* 滲出；散發出（＝*give out*）
  stability⁶ 〔 stəˈbɪlətɪ 〕 *n.* 穩定　　cultured² 〔ˈkʌltʃɚd 〕 *adj.* 有文化的
  atmosphere⁴ 〔ˈætməsˌfɪr 〕 *n.* 氣氛

一般而言，「都市酵母」多會使用較深的顏色，因爲這些顏色會變電箱看起來比較小。他們的最後成品，讓變電箱看來設計感十足，卻非常低調，這就是色彩的魔法。雖然變電箱的重新上色只是「都市酵母」的一小步，卻是臺北色彩的一大步。【文章中的最後一句話，改編自阿姆斯壯首次登上月球時所説的話：

"That's one small step for a man, one giant leap for mankind." 「這是一個人的一小步，卻是人類的一大步。」】

> * *in general* 一般而言   *go with* 採用；遵循
> shade[3] 〔 ʃed 〕 *n.* 色度 (= *hue* = *color*[1])   object[2] 〔ˋɑbdʒɪkt〕 *n.* 物體
> result[2] 〔rɪˋzʌlt〕 *n.* 結果   obviously[3] 〔ˋɑbvɪəslɪ〕 *adv.* 明顯地
> low-key 〔ˋlo͵ki〕 *adj.* 低調的   magic[2] 〔ˋmædʒɪk〕 *n.* 魔術；魔法
> step[1] 〔 stɛp 〕 *n.* 一步   giant[2] 〔ˋdʒaɪənt〕 *adj.* 巨大的 (= *huge*[1])
> leap[3] 〔 lip 〕 *n.* 跳躍；躍進

41. (**B**) 爲何城市酵母會選較深的顏色，來爲變電箱重新上色？
    (A) 這些顏色可以讓物體看起來比較不髒。
    (B) <u>這些顏色可以讓物體看起來比較小。</u>
    (C) 這些顏色可以讓人們感到平靜、有文化。
    (D) 這些顏色可以讓變電箱更容易融入周遭環境。
    * select[2] 〔 səˋlɛkt 〕 *v.* 挑選

42. (**C**) **low-key** 這個字最有可能是什麼意思？
    (A) 不乏味；不遲鈍   (B) 沒鎖
    (C) <u>不引人注目</u>   (D) 不新
    * dull[2] 〔 dʌl 〕 *adj.* 乏味的；遲鈍的   locked[2] 〔 lɑkt 〕 *adj.* 鎖上的
    eye-catching 〔ˋaɪ͵kætʃɪŋ〕 *adj.* 吸引人的；引人注目的

43. (**B**) 作者對於執行臺北市的色彩整頓行動的態度爲何？
    (A) 中立的   (B) <u>正面的</u>   (C) 負面的   (D) 漠不關心的
    * author[3] 〔ˋɔθɚ〕 *n.* 作者   attitude[3] 〔ˋætə͵tjud〕 *n.* 態度
    scheme[5] 〔 skim 〕 *n.* 計劃；陰謀   neutral[6] 〔ˋnjutrəl〕 *adj.* 中立的
    positive[2] 〔ˋpɑzətɪv〕 *adj.* 肯定的；樂觀的；正面的
    negative[2] 〔ˋnɛgətɪv〕 *adj.* 負面的
    indifferent[5] 〔 ɪnˋdɪfrənt 〕 *adj.* 漠不關心的

44. (**B**) 以下何者爲正確？
    (A) 在松江路附近的變電箱都被漆成咖啡色。
    (B) <u>高飽和度的原色，在臺北街頭的招牌或警示標誌被濫用。</u>
    (C) 臺北街頭所有的變電箱都漆成綠色，畫有鳥或是花的圖樣。
    (D) 城市酵母傾向用明亮的色彩來改造變電箱，以添增城市的活力。

* neighborhood[3]〔ˋnebɚˏhʊd〕*n.* 鄰近地區；附近
sign[2]〔saɪn〕*n.* 告示牌　　warning[3]〔ˋwɔrnɪŋ〕*n.* 警告
tend to V 易於；傾向於　　energy[2]〔ˋɛnɚdʒɪ〕*n.* 活力

第 45 至 48 題為題組

　　在 2012 年的倫敦夏季奧運中，15 歲的新秀凱蒂‧雷德基，是美國隊中最年輕的參賽者。那是她第一次參與國際賽事。她進入了 800 公尺自由式決賽。她震驚全場，以 8 分 14 秒 63 的成績拿下金牌，比第二名快了 4 秒多，這項成績在當時是史上第二快，僅次於 2008 年由蕾貝卡‧阿德靈頓所創下的世界紀錄 8 分 14 秒 10。

* Olympics〔oˋlɪmpɪks〕*n.* 奧運會（ = *Olympic Games* ）
upstart〔ˋʌpˏstart〕*n.* 突然發跡的人；新秀（ = *newcomer*[1] ）
participant[5]〔pɚˋtɪsəpənt〕*n.* 參加者
international[2]〔ˏɪntɚˋnæʃənḷ〕*adj.* 國際的
debut〔deˋbju〕*n.* 首次出現（ = *first appearance* ）
qualified[5]〔ˋkwɑləˏfaɪd〕*adj.* 合格的　　final[1]〔ˋfaɪnḷ〕*n.* 決賽
meter[2]〔ˋmitɚ〕*n.* 公尺　　freestyle[3]〔ˋfriˏstaɪl〕*n.* 自由式
stun[5]〔stʌn〕*v.* 使目瞪口呆　　field[2]〔fild〕*n.* 場地
effort[2]〔ˋɛfɚt〕*n.* 努力　　***of all time*** 有史以來；空前
behind[1]〔bɪˋhaɪnd〕*prep.* 落後　　record[2]〔ˋrɛkɚd〕*n.* 記錄
set[1]〔sɛt〕*v.* 創（記錄）；設定（目標）

　　被問到成功的秘密，雷德基將她的成功歸功於勤奮及毅力，她說：「我非常努力，每次站上臺就是全力以赴。」此外，她對自己非常有信心。她帶著自信說：「我從不擔心給自己設定高標準。我知道如果我盡全力，我一定做得到。當我感到肺快炸開、肌肉在尖叫，而我還有幾十趟要游時，我就這麼告訴自己。」

* secret[2]〔ˋsikrɪt〕*n.* 秘密；秘訣
credit[3]〔ˋkrɛdɪt〕*v.* 歸因於；歸功於（ = *attribute* ）< to >
perseverance[6]〔ˏpɝsəˋvɪrəns〕*n.* 毅力（ = *persistence*[6] = *determination*[4] ）
step up 站上去；登上　　block[1]〔blɑk〕*n.* 台；台座
what's more 此外（ = *moreover*[4] = *furthermore*[4] ）
faith[3]〔feθ〕*n.* 信任；信心　　confidence[4]〔ˋkɑnfədəns〕*n.* 信心
goal[2]〔gol〕*n.* 目標　　***put one's mind to*** 專心於；全心去做
lung[3]〔lʌŋ〕*n.* 肺　　muscle[3]〔ˋmʌsḷ〕*n.* 肌肉
scream[3]〔skrim〕*v.* 尖叫　　***dozens of*** 數十個
lap[2]〔læp〕*n.* 一圈；一趟往返

「我一定做得到」的想法時成時敗。雷德基也有華麗慘敗的時候，經常是因爲她總是在挑戰極限，以看似不可能的速度的目標。然而，也就是這個信念，驅使她創造歷史，成爲第一位在同一場賽事，也就是 2015 世界錦標賽中，贏得所有自由式項目——200 公尺、400 公尺、800 公尺及 1,500 公尺——的選手。這項成就被譽爲「雷德基大滿貫」，相當於擊敗尤塞恩・博爾特【100 公尺世界記錄保持人】，同時贏得馬拉松比賽的水中版。

* mixed[2] 〔mɪkst〕 *adj.* 混合的　　blessing[4] 〔'blɛsɪŋ〕 *n.* 恩賜；幸福
spectacularly[6] 〔spɛk'tækjələ·lɪ〕 *adv.* 壯觀地
frequently[3] 〔'frikwəntlɪ〕 *adv.* 經常
shoot for 爭取；以～爲目標 (= *strive to achieve*)
seemingly[1] 〔'simɪŋlɪ〕 *adv.* 表面上地　　pace[4] 〔pes〕 *n.* 速度 (= *speed[2]*)
belief[2] 〔bə'lif〕 *n.* 相信；信念
propel[6] 〔prə'pɛl〕 *v.* 推動；驅使 (= *push[1]*)　　***make history*** 創造歷史
distance[2] 〔'dɪstəns〕 *n.* 距離
meet[1] 〔mit〕 *n.* 競賽大會 (= *tournament[5]*)
championship[4] 〔'tʃæmpɪən͵ʃɪp〕 *n.* 冠軍【資格、頭銜】；冠軍賽
feat 〔fit〕 *n.* 功績；偉業　　***be known as*** 被稱爲
slam[5] 〔slæm〕 *n.* 滿貫；全勝　　aquatic 〔ə'kwætɪk〕 *adj.* 水中的
version[6] 〔'vɝʒən〕 *n.* 版本　　beat[1] 〔bit〕 *v.* 擊敗 (= *defeat[4]*)
marathon[4] 〔'mærə͵θɑn〕 *n.* 馬拉松賽跑

在里約奧運中，她預計贏得五面獎牌，她也做到了，成績十分傲人——四金、一銀、兩項世界紀錄，並且以前所未見的 4.77 秒和 11.38 秒的差距擊敗對手。她已達到巔峰了嗎？她的教練說她是一台力量驚人的機器，並將創造前所未見的紀錄。這會成眞嗎？雷德基只需要告訴自己「我一定做得到」。

* ***Rio Olympics*** 里約奧運【指 2016 年在巴西里約熱內盧舉行的奧運】
set out 計畫；打算 (= *plan[1]* = *intend[4]*)　　medal[3] 〔'mɛdl̩〕 *n.* 獎牌
dominant[4] 〔'dɑmənənt〕 *adj.* 佔優勢的
performance[3] 〔pə·'fɔrməns〕 *n.* 表現　　victory[2] 〔'vɪktrɪ〕 *n.* 勝利
unheard-of 前所未聞的；史無前例的 (= *unprecedented[6]*)
margin[4] 〔'mɑrdʒɪn〕 *n.* 邊緣；差距　　peak[3] 〔pik〕 *n.* 山頂；巔峰
coach[2] 〔kotʃ〕 *n.* 教練　　pure[3] 〔pjʊr〕 *adj.* 純粹的；純淨的
awe-inspiring 〔'ɔɪn͵spaɪrɪŋ〕 *adj.* 令人敬畏的
power[1] 〔'paʊ·〕 *n.* 力量；動力　　***be about to V*** 即將
generation[4] 〔͵dʒɛnə'reʃən〕 *n.* 世代
once-in-a-generation 一代中僅有一次

45. (**C**) 本文內容主要是關於什麼？

(A) 一位年輕運動員以 0.53 秒的差距打破世界紀錄。

(B) 一位有經驗的教練以秘密計畫來訓練世界冠軍。

(C) <u>一位青少年游泳選手志在追求卓越。</u>

(D) 一位女性短跑選手能跑得比尤塞恩・博爾特快。

* athlete³ ('æθlɪt) *n.* 運動員　***break a record*** 破記錄
experienced² (ɪk'spɪrɪənst) *adj.* 有經驗的　train¹ (tren) *v.* 訓練
champion³ ('tʃæmpɪən) *n.* 冠軍　teenage² ('tin,edʒ) *n.* 青少年
aim² (em) *v.* 目標在於　pursue³ (pə'su) *v.* 追求
excellence² ('ɛksləns) *n.* 優秀；卓越
female² ('fimel) *adj.* 女性的　sprinter⁵ ('sprɪntə) *n.* 短跑選手

46. (**B**) 以下哪項因素未被提及，幫助凱蒂・雷德基成功？

(A) 她長期的努力。　(B) <u>她獨特的技巧。</u>

(C) 她堅強的信心。　(D) 她持續不斷的投入。

* factor³ ('fæktə) *n.* 因素　mention³ ('mɛnʃən) *v.* 提到
successful² (sək'sɛsfəl) *adj.* 成功的　unique⁴ (ju'nik) *adj.* 獨特的
technique³ (tɛk'nik) *n.* 技術；方法
continuous⁴ (kən'tɪnjʊəs) *adj.* 連續的
dedication⁶ (,dɛdə'keʃən) *n.* 奉獻

47. (**D**) 第二段中的 **this** 最有可能指的是？

(A) 我將破破世界紀錄。　(B) 我是最棒的。

(C) 我已設定高目標。　(D) <u>我一定做得到。</u>

* ***refer to*** 指

48. (**A**) 以下關於凱蒂・雷德基的敘述何者正確？

(A) <u>她第一次參加奧運比賽就獲得金牌。</u>

(B) 她是美國游泳史上最年輕的奧運獎牌得主。

(C) 因為她的勝利，2015 年世界錦標賽被命名為「雷德基大滿貫」。

(D) 在里約奧運中，她贏得五項金牌的目標達到了。

* compete³ (kəm'pit) *v.* 競爭；比賽
medalist³ ('mɛdlɪst) *n.* 獎牌得者　***due to*** 因為
event³ (ɪ'vɛnt) *n.* 事件；項目　meet¹ (mit) *v.* 達到；滿足

第 49 至 52 題爲題組

　　氦氣無色、無氣味、也沒味道，這是一種具有獨特特性的氣體。例如，它的沸點是世界上所有元素中最低的，-269°C，只比絕對零度 (-273°C) 高幾度。因爲是惰性氣體，它幾乎不會與其他化學物質產生反應。此外，它極輕。如果不是困在岩石或地下洞穴裡，它就會向上漂浮，穿過大氣層，流洩至太空中。雖然它是宇宙中第二豐富的元素，它在地球上卻相對稀少。

　　* colorless[1] 〔ˋkʌləˏlɪs〕 *adj.* 無色的　　odorless[5] 〔ˋodəˏlɪs〕 *adj.* 無氣味的
　　　tasteless[1] 〔ˋtestlɪs〕 *adj.* 無味道的
　　　helium 〔ˋhilɪəm〕 *n.* 氦【稀有氣體元素，符號爲 He】
　　　gas[1] 〔gæs〕 *n.* 氣體　　quality[2] 〔ˋkwɑlətɪ〕 *n.* 特性 (= *trait*[6])
　　　for instance 例如　　*boiling point* 沸點
　　　element[2] 〔ˋɛləmənt〕 *n.* 元素　　degree[2] 〔dɪˋgri〕 *n.* 度數
　　　absolute[4] 〔ˋæbsəˏlut〕 *adj.* 絕對的　　zero[1] 〔ˋzɪro, ˋziro〕 *n.* 零；零度
　　　inert 〔ɪnˋɝt〕 *adj.* 非活性的；惰性的 (= *inactive*[2])
　　　react[3] 〔rɪˋækt〕 *v.* 反應　　chemical[2] 〔ˋkɛmɪkl̩〕 *n.* 化學物質
　　　trap[2] 〔træp〕 *v.* 困住　　underground[1] 〔ˋʌndəˋgraʊnd〕 *adj.* 地下的
　　　cave[2] 〔kev〕 *n.* 洞穴　　float[3] 〔flot〕 *v.* 漂浮；飄浮
　　　atmosphere[4] 〔ˋætməsˏfɪr〕 *n.* 大氣　　leak[3] 〔lik〕 *v., n.* 漏 (= *escape*[3])
　　　abundant[5] 〔əˋbʌndənt〕 *adj.* 豐富的 (= *plentiful*[4] = *rich*[1])
　　　universe[3] 〔ˋjunəˏvɝs〕 *n.* 宇宙　　relatively[4] 〔ˋrɛlətɪvlɪ〕 *adv.* 相當地
　　　rare[2] 〔rɛr〕 *adj.* 稀少的；罕見的 (= *uncommon*[1])

　　氦氣在我們的生活中好幾個方面都很有用處。水肺潛水者在海底必須吸一種氧氣和氦氣混合的氣體，因爲一般空氣中氮氣和氧氣的結合，在高壓下具有毒性。氦氣也可以幫助工人檢查工業設施是否漏氣，因爲它的微小粒子可以很容易穿過最小的裂縫。

　　* aspect[4] 〔ˋæspɛkt〕 *n.* 方面
　　　scuba 〔ˋskubə〕 *n.* 水肺【源自 **s**elf-**c**ontained **u**nderwater **b**reathing
　　　　apparatus，字面意思是「自攜式水下呼吸器」】
　　　diver[3] 〔ˋdaɪvə〕 *n.* 潛水者　　breathe[3] 〔brið〕 *v.* 呼吸
　　　mixture[3] 〔ˋmɪkstʃə〕 *n.* 混合　　oxygen[4] 〔ˋɑksədʒən〕 *n.* 氧
　　　blend[4] 〔blɛnd〕 *n.* 混合　　nitrogen 〔ˋnaɪtrədʒən〕 *n.* 氮【符號 N】
　　　normal[3] 〔ˋnɔrml̩〕 *adj.* 正常的　　toxic[5] 〔ˋtɑksɪk〕 *adj.* 有毒的
　　　pressure[3] 〔ˋprɛʃə〕 *n.* 壓力　　detect[2] 〔dɪˋtɛkt〕 *v.* 偵測；發覺 (= *find*[1])
　　　industrial[3] 〔ɪnˋdʌstrɪəl〕 *adj.* 工業的

system[3]〔ˈsɪstəm〕*n.* 系統　　atom[4]〔ˈætəm〕*n.* 原子

contain[2]〔kənˈten〕*v.* 包含　　flow[2]〔flo〕*v.* 流動（= *run*[1]）

tiny[1]〔ˈtaɪnɪ〕*adj.* 微小的　　crack[4]〔kræk〕*n.* 裂縫

此外，氦氣極輕又不活躍，能讓氣球或飛船等物飄浮在空中，而不必冒險添加易燃的氫氣。最好的是，因爲沸點只高於絕對零度幾度，氦氣可以當作絕佳的冷卻劑，大大地便利許多科學設備的運作，包括衛星、望遠鏡、以及無數台在世界各地的醫院裡，拯救人命所使用的核磁共振掃描儀。

＊balloon[1]〔bəˈlun〕*n.* 氣球　　blimp〔blɪmp〕*n.* 小型軟式飛艇

risk[3]〔rɪsk〕*n.* 危險（= *danger*[1]）　　add[1]〔æd〕*v.* 添加

inflammable〔ɪnˈflæməbḷ〕*adj.* 易燃的；可燃的（= *flammable*）

hydrogen[4]〔ˈhaɪdrədʒən〕*n.* 氫　　***best of all*** 最好的是

a couple of 幾個　　***serve as*** 充當（= *act as*）

coolant〔ˈkulənt〕*n.* 冷卻劑

facilitate[6]〔fəˈsɪlə,tet〕*v.* 使容易；使便利

function[2]〔ˈfʌŋkʃən〕*n.* 功能　　scientific[3]〔,saɪənˈtɪfɪk〕*adj.* 科學的

device[4]〔dɪˈvaɪs〕*n.* 裝置（= *appliance*[4]）

satellite[4]〔ˈsætḷ,aɪt〕*n.* 衛星　　telescope[4]〔ˈtɛlə,skop〕*n.* 望遠鏡

countless[1]〔ˈkaʊntlɪs〕*adj.* 無數的（= *numerous*[4]）

life-saving *adj.* 拯救生命的

MRI 核磁共振成像【全名為 **m**agnetic **r**esonance **i**maging】

scanner[5]〔ˈskænɚ〕*n.* 掃描器

隨著氦氣的重要性漸增，人們對此珍貴氣體的需求也不斷增加。全球每年氦氣的消耗量大約是 80 億立方呎（8 Bcf），但是全世界已知的儲存量只有 153 Bcf，這意味著氦氣很快就會耗盡。這個危機使得科學家與醫生憂心忡忡，爲此他們甚至呼籲，禁止將氦氣使用在舞會的氣球上，試圖節省它的用量。

＊significance[4]〔sɪgˈnɪfəkəns〕*n.* 重要性（= *importance*[2]）

demand[4]〔dɪˈmænd〕*n.* 需求　　precious[3]〔ˈprɛʃəs〕*adj.* 珍貴的

consumption[6]〔kənˈsʌmpʃən〕*n.* 消耗；消耗量

cubic〔ˈkjubɪk〕*adj.* 立方的　　known[1]〔non〕*adj.* 已知的

reserve[3]〔rɪˈzɝv〕*n.* 儲備（= *store*[1] = *supply*[2]）；保護區

hold[1]〔hold〕*v.* 抓住；容納　　***run out*** 用完　　crisis[2]〔ˈkraɪsɪs〕*n.* 危機

call for 要求；呼籲（= *request*[3]）　　ban[5]〔bæn〕*n.* 禁止

in an attempt to V 試著要～（= *in an effort to V*）

conserve[5]〔kənˈsɝv〕*v.* 保存；節省（= *save*[1]）

雖然在坦尚尼亞，最近發現一個有 54 Bcf 儲存量的新氦氣田，似乎帶來一絲希望，但那也只是暫時緩解問題而已。除非新科技能夠提供一個替代品，否則人類很快將面臨到無可避免的情況：我們再也沒有氦氣可用。

* field[2] 〔fild〕 *n.* 田野；場地；領域　　beam[3,4] 〔bim〕 *n.* 光束
a beam of hope 一絲希望　　relieve[4] 〔rɪ'liv〕 *v.* 減輕 (= *ease*[1] = *lessen*[5])
temporarily[3] 〔'tɛmpə,rɛrəlɪ〕 *adv.* 暫時地　　unless[3] 〔ən'lɛs〕 *n.* 除非
provide[2] 〔prə'vaɪd〕 *v.* 提供
alternative[6] 〔ɔl'tɝnətɪv〕 *n.* 替代品 (= *substitute*[5])
human[1] 〔'hjumən〕 *n.* 人；人類
inevitable[6] 〔ɪn'ɛvətəbḷ〕 *adj.* 無法避免的 (= *unavoidable*[2])

49. (**D**) 在本文中，氦氣並未使用在 ＿＿＿＿＿＿＿ 領域。

    (A) 醫學業　　　　　　　　(B) 製造業

    (C) 娛樂業　　　　　　　　(D) 農業

    * passage[3] 〔'pæsɪdʒ〕 *n.* 文章　　medicine[2] 〔'mɛdəsṇ〕 *n.* 醫學
    manufacturing[4] 〔,mænjə'fæktʃərɪŋ〕 *n.* 製造業
    entertainment[4] 〔,ɛntɚ'tenmənt〕 *n.* 娛樂
    agriculture[3] 〔'æɡrɪ,kʌltʃɚ〕 *n.* 農業

50. (**A**) 第一段中 **inert** 這個字最接近哪個意思？

    (A) 無活動的　　　　　　　(B) 有活力的

    (C) 敏感的　　　　　　　　(D) 發臭的

    * meaning[2] 〔'minɪŋ〕 *n.* 意義　　inactive[2] 〔ɪn'æktɪv〕 *adj.* 不活動的
    energetic[3] 〔,ɛnɚ'dʒɛtɪk〕 *adj.* 充滿活力的
    sensitive[3] 〔'sɛnsətɪv〕 *adj.* 敏感的　　stinky[5] 〔'stɪŋkɪ〕 *adj.* 發臭的

51. (**B**) 如果沒有發現坦尚尼亞的新氦氣田，氦氣短缺可能在何時會發生？

    (A) 2025 和 2035 年間。　　(B) 2035 和 2045 年間。

    (C) 2045 和 2055 年間。　　(D) 2055 和 2065 年間。

    * shortage[5] 〔'ʃɔrtɪdʒ〕 *n.* 缺乏　　occur[2] 〔ə'kɝ〕 *v.* 發生
    were it not for~ 如果沒有~　　discovery[3] 〔dɪ'skʌvərɪ〕 *n.* 發現

52. (**D**) 下列哪個敘述是正確的？

    (A) 氦氣只存在於外太空。

    (B) 醫生很在意氦氣短缺的問題，因為它是治療有些疾病很好的藥。

(C) 為避免氦氣耗盡，在某些國家人們不能使用氦氣充氣球。

(D) 科學家還沒有找到找到其他物質來取代氦氣。

* exist[2] 〔 ɪgˋzɪst 〕 *v.* 存在　　**outer space** 外太空
care about 在意　　disease[3] 〔 dɪˋziz 〕 *n.* 疾病
keep ~ from 阻止；避免　　inflate 〔 ɪnˋflet 〕 *v.* 使膨脹
substance[3] 〔ˋsʌbstəns 〕 *n.* 物質　　**take the place of** 取代

第 53 至 56 題為題組

　　《花生漫畫全集》這套系列叢書，包含了查爾斯·舒茲報紙上全部的連載，
50 年，18,170 則四格漫畫巨作《花生》。這個系列每六個月推出一冊新書，每
一冊包含兩年的漫畫（第一冊包含 1950 到 1952 年除外）。第一冊在 2004 年出
版，而整套 26 冊於 2016 年底全數出版。

* complete[2] 〔 kəmˋplit 〕 *adj.* 全部的　　peanut[2] 〔ˋpi͵nʌt 〕 *n.* 花生
series[5] 〔ˋsɪrɪz 〕 *n.* 系列　　contain[2] 〔 kənˋten 〕 *v.* 包含
entire[2] 〔 ɪnˋtaɪr 〕 *adj.* 整個　　run[1] 〔 rʌn 〕 *n.* 連續；連載
strip[3] 〔 strɪp 〕 *n.* 細長條；一則（漫畫）　　**comic strip** 連環漫畫
masterpiece[5] 〔ˋmæstə͵pis 〕 *n.* 傑作　　release[3] 〔 rɪˋlis 〕 *v.* 釋放；發行
except for 除了 ~ 之外　　volume[3] 〔ˋvaljəm 〕 *n.* 冊；卷
a total of 總共　　schedule[3] 〔ˋskɛdʒul 〕 *v.* 排定時間
print[1] 〔 prɪnt 〕 *v.* 印刷；出版

第一冊讓我們再次領會到，創造一套四格漫畫，
來描述一個長期心情沮喪的小孩，是個多麼棒、
真正現代又怪異的點子。舒茲對這套書並不感到
興奮，因為他認為他早期的作品很粗糙，沒有
特別想看到它再版。

* confront[5] 〔 kənˋfrʌnt 〕 *v.* 使面對（= *face*[1]）
afresh 〔 əˋfrɛʃ 〕 *adv.* 重新；再次（= *again*[1]）
brilliant[3] 〔ˋbrɪljənt 〕 *adj.* 很棒的（= *splendid*[4]）
truly[1] 〔ˋtrulɪ 〕 *adv.* 真實地；真正地　　modern[2] 〔ˋmadən 〕 *adj.* 現代的
weird[5] 〔 wɪrd 〕 *adj.* 奇怪的（= *strange*[1]）
create[2] 〔 krɪˋet 〕 *v.* 創造；創作　　chronically[6] 〔ˋkranɪkḷɪ 〕 *adv.* 長期地
depressed[4] 〔 dɪˋprɛst 〕 *adj.* 沮喪的（= *dejected*）
wild[2] 〔 waɪld 〕 *adj.* 瘋狂的；興奮的（= *excited*[2]）
crude[6] 〔 krud 〕 *adj.* 粗糙的；未成熟的

然而，他的太太珍不同意，在舒茲 2000 年過世後，她和一位編輯合力促成整套全集的出版。「對我而言，我們是想回歸到四格漫畫——回到它的簡單、單純。對某些人來說，動畫比漫畫更真實，但漫畫才是真正的他。」她說得對。閱讀《花生漫畫全集》，你會忘掉史努比曾經幫大都會人壽拍過廣告。

* disagree² 〔͵dɪsə'gri〕 v. 不同意　editor³ 〔'ɛdɪtə 〕 n. 編輯
collection³ 〔kə'lɛkʃən〕 n. 收集；收藏
simplicity⁶ 〔sɪm'plɪsətɪ〕 n. 簡單　**black and white** 黑白的；簡單的
animation⁶ 〔͵ænə'meʃən〕 n. 動畫　commercial³ 〔kə'mɝʃəl〕 n. 廣告
insurance⁴ 〔ɪn'ʃʊrəns〕 n. 保險

舒茲也是對的。早期的漫畫的確粗糙，但那正是它們迷人的地方。在那時，所有角色都是走路還搖搖晃晃的小孩，而史努比也只是隻小狗。以主角查理·布朗為例。他的個性也不太一樣。他比較調皮，會惡作劇；常常看到他在最後一格裡落荒而逃，讓受害者緊追在後。但是當你一頁頁看下去，你會發現，舒茲逐漸找到自己的節奏。

* fascinating⁵ 〔'fæsn͵etɪŋ〕 adj. 迷人的（= attractive³ ）
character² 〔'kærɪktə 〕 n. 角色；人物
toddler 〔'tɑdl̩ə 〕 n. (走路搖搖晃晃的) 小孩
puppy² 〔'pʌpɪ〕 n. 小狗　**Take ~ for example.** 以～為例。
personality³ 〔͵pɝsn̩'ælətɪ〕 n. 個性
mischievous⁶ 〔'mɪstʃɪvəs〕 adj. 頑皮的（= naughty² ）
【mischief⁴ 〔'mɪstʃɪf〕 n. 頑皮；頑皮的小孩】
prankster 〔'præŋkstə 〕 n. 惡作劇的人【prank (præŋk) n. 惡作劇】
scamper 〔'skæmpə 〕 v. 跑；落荒而逃（= run¹ ）
frame⁴ 〔frem〕 n. 框；框架　victim³ 〔'vɪktɪm〕 n. 受害者
pursuit⁴ 〔pə'sut〕 n. 追逐（= chase¹ ）　**in hot pursuit** 緊追
rhythm⁴ 〔'rɪðəm〕 n. 節奏

查理·布朗在 1951 年穿上他的條紋上衣，第一次被叫做笨蛋。然後他逐漸改掉小頑皮鬼的行為，而後重複出現憂鬱的對白，如「我受不了了！」、「老天，我好沮喪。」以及「沒有人愛我…」。如果說，佛洛伊德發現了嬰兒的性行為，那麼舒茲就是發現小小孩也會悲傷的先驅，那結果和成年人的悲傷，並沒有太大的不同。

* stripy⁵ 〔'straɪpɪ〕 adj. 條紋的【stripe⁵ 〔straɪp〕 n. 條紋】
blockhead 〔'blɑk͵hɛd〕 n. 笨蛋　**for the first time** 第一次

gradually[3] 〔'grædʒʊəlɪ〕 *adv.* 逐漸地　　drop[2] 〔drɑp〕 *v.* 去掉；停止
rascal[5] 〔'ræskḷ〕 *n.* 小頑皮鬼　　act[1] 〔ækt〕 *n.* 行爲
in favor of 支持；對～有利；（放棄…而）選擇
melancholy[6] 〔'mɛlən‚kɑlɪ〕 *adj.* 憂鬱的　　refrain 〔rɪ'fren〕 *n.* 重疊句
Freud 〔frɔɪd〕 *n.* 佛洛伊德【1856-1939，奧地利心理學家、精神分析學家】
infant[4] 〔'ɪnfənt〕 *n.* 嬰兒　　sexuality[3] 〔‚sɛkʃʊ'ælətɪ〕 *n.* 性行爲
pioneer[4] 〔‚paɪə'nɪr〕 *n.* 先驅（ = *forerunner* ）　　***turn out*** (***to be***) 結果是

53. (**C**) 哪一項爲本文主旨？

　　(A) 本文介紹查爾斯・舒茲的報紙連載漫畫《花生》。

　　(B) 本文討論《花生》漫畫中的角色們如何轉變。

　　(C) <u>本文爲《花生漫畫全集》這系列套書的出版背景。</u>

　　(D) 本文探討查爾斯・舒茲這個漫畫家的內心世界。

　　* article[2,4] 〔'ɑrtɪkḷ〕 *n.* 文章　　introduction[3] 〔‚ɪntrə'dʌkʃən〕 *n.* 介紹
　　discussion[2] 〔dɪ'skʌʃən〕 *n.* 討論　　background[3] 〔'bæk‚graʊnd〕 *n.* 背景
　　publication[4] 〔‚pʌblɪ'keʃən〕 *n.* 出版（品）
　　exploration[6] 〔‚ɛksplə'reʃən〕 *n.* 探險；探索
　　inner[3] 〔'ɪnɚ〕 *adj.* 內在的　　cartoonist[2] 〔kɑr'tunɪst〕 *n.* 漫畫家

54. (**A**) 下列哪一項敘述有誤？

　　(A) <u>舒茲相信他早期的漫畫夠成熟，足以再次出版。</u>

　　(B) 整套 26 本書花費大約 13 年才出版。

　　(C) 大都會人壽使用史努比這個角色，在電視上宣傳他們公司。

　　(D) 在 1951 年，查理・布朗穿上他的代表性條紋上衣，他的朋友叫
　　　　他「笨蛋」。

　　* convince[4] 〔kən'vɪns〕 *v.* 使相信
　　sophisticated[6] 〔sə'fɪstɪ‚ketɪd〕 *adj.* 複雜的
　　publish[4] 〔'pʌblɪʃ〕 *v.* 出版　　promote[3] 〔prə'mot〕 *v.* 促進；推廣；宣傳
　　iconic 〔aɪ'kɑnɪk〕 *adj.* 圖像的；偶像的；代表性的

55. (**D**) 第二段中的 "**melancholic**" 這個字可能代表什麼意思？

　　(A) 慢性的　　　　　　　　　　(B) 欣喜若狂的

　　(C) 暴怒的　　　　　　　　　　(D) <u>憂鬱的</u>

　　* chornic[6] 〔'krɑnɪk〕 *adj.* 慢性的；長期的
　　ecstatic[6] 〔ɪk'stætɪk〕 *adj.* 欣喜若狂的　　furious[4] 〔'fjʊrɪəs〕 *adj.* 狂怒的
　　gloomy[6] 〔'glumɪ〕 *adj.* 昏暗的；憂鬱的

56. (**C**) 以下哪一項<u>無法</u>從文章中推論出來？

(A) 舒茲對於《花生漫畫全集》的出版完全沒意見。

(B) 查理‧布朗曾是很頑皮的小孩，在早期的《花生》漫畫中常惹麻煩。

(C) <u>大部分的人比較喜愛鮮明的《花生》動畫，勝過四格漫畫。</u>

(D) 舒茲是第一位漫畫家，把孩童生活中的痛苦畫出來。

* infer³〔ɪnˈfɝ〕*v.* 推論　　opinion²〔əˈpɪnjən〕*n.* 意見

naughty²〔ˈnɔtɪ〕*adj.* 頑皮的　　***get into trouble*** 惹麻煩

lively³〔ˈlaɪvlɪ〕*adj.* 生動的；鮮明的　　distress⁵〔dɪˈstrɛs〕*n.* 痛苦

第貳部分：非選擇題

一、中翻英：

1. 虛擬實境能夠取代真實生活的經驗，也因此有很長一段時間都被用來治療心理問題。

Virtual reality can $\left\{ \begin{array}{l} \text{replace} \\ \text{take the place of} \end{array} \right\}$ the real-life experience, and

<u>thus/therefore/hence</u> it has long been used $\left\{ \begin{array}{l} \text{for the treatment of} \\ \text{to treat} \\ \text{as a treatment for} \end{array} \right\}$

<u>mental/psychological</u> problems.

2. 對青少年來說，它在電玩的應用提供他們一個宣洩情緒和舒緩壓力的方法。

For teenagers, its application to video games $\left\{ \begin{array}{l} \text{provides them with} \\ \text{offers them} \end{array} \right\}$

a way to $\left\{ \begin{array}{l} \text{release} \\ \text{vent} \\ \text{give vent to} \end{array} \right\} \left\{ \begin{array}{l} \text{emotions} \\ \text{feelings} \end{array} \right\}$ and $\left\{ \begin{array}{l} \text{relieve} \\ \text{ease} \\ \text{alleviate} \end{array} \right\}$

<u>pressure/stress</u>.

二、英文作文：

【作文範例1】

My Mother, My Best Teacher

Several key factors help shape our character, one of which is someone with great influence. *For me*, this person is my loving mother. With her short hair framing a stern-looking face without any make-up on, Mom looks a bit serious to people who don't know her. *But deep down*, she is caring and understanding, and devotes all her time and energy to nurturing her three children. She is also unfailingly kind to people, including strangers. Mom is profoundly influential in molding my personality, as she herself has set the best example.

Life as a single mother is never easy, but Mom takes on the challenges with optimism and perseverance. *Whenever* I'm upset about or depressed by setbacks, Mom will always say, "You didn't fail. You just found one more way that didn't work. Now you can start afresh." Such optimism and humor always bring a smile to my lips and courage to my heart, and I can stride bravely again. *Whenever* I say something harsh to people, Mom corrects me with love, telling me to be gentle and kind whenever possible. *Mom has taught me to* look on the bright side of life, to see opportunity in every adversity, and to always show kindness, for every stranger might be an angel in disguise. *I can proudly say that* I am who I am today because of my mother.

中文翻譯

媽媽，我最好的老師

有助於塑造性格的關鍵因素有好幾樣，其中之一是影響力很大的人。對我而言，這個人就是愛我的媽媽。媽媽留著短髮，臉上沒有化妝，表情不苟言笑，對不認識她的人而言，看起來有點嚴肅，但在本質上，她很親切、很體貼，她

將她所有的時間和體力，都用來培育三個小孩。她對別人永遠都很好，包括陌生人。媽媽對於我的人格塑造影響非常深遠，因為她自己樹立了最好的榜樣。

單親媽媽的生活向來不容易，但媽媽用樂觀和毅力接受種種挑戰。每當我因挫敗難過或沮喪時，媽媽總是說：「你沒有失敗。你只是又發現一條行不通的路而已。現在你可以重新開始了。」這樣的樂觀和幽默，總是讓我的唇邊帶著微笑、心中充滿勇氣，讓我可以再次勇敢邁開大步。每當我對別人說了難聽的話時，媽媽會用愛糾正我，告訴我要盡可能溫和友善。媽媽教導我看生命的光明面，在每次逆境中看到機會，永遠要釋出善意，因為每個陌生人都可能是偽裝的天使。我可以很驕傲地說，我能成為今日的我，都是因為我的媽媽。

stern[5] 〔stɜn〕*adj.* 嚴肅的　　make-up 〔'mek,ʌp〕*n.* 化妝
nurture[6] 〔'nɜtʃɚ〕*v.* 培育
unfailingly[2] 〔ʌn'felɪŋlɪ〕*adv.* 無盡地；始終不變地
profoundly[6] 〔prə'faʊndlɪ〕*adv.* 深深地　　mold[6,5] 〔mold〕*v.* 塑造
set an example 樹立榜樣　　***take on*** 承擔；接受
setback[6] 〔'sɛt,bæk〕*n.* 挫敗　　stride[5] 〔straɪd〕*v.* 跨大步走
harsh[4] 〔hɑrʃ〕*adj.* 殘酷的　　adversity 〔əd'vɜsətɪ〕*n.* 逆境
disguise[4] 〔dɪs'gaɪz〕*n.* 偽裝

【作文範例 2】

An Influential Friend

When someone says that he has an influential friend, he usually means that he knows someone who is rich or has some kind of power to get things done. I have a very influential friend, but she is neither of those things. She influences people ***not with*** money or privilege, ***but with*** the strength of her character. My friend Lisa is an optimistic and couragous girl who sets and achieves goals ***no matter what*** the obstacles are. She has inspired me and everyone else who has met her to push themselves a bit harder. Lisa does all of this from a wheelchair, for she has been reliant on one since she was a very young child.

Although Lisa obviously faces more difficulties than people who can walk, she never lets it get her down. She never gives up. That spirit has influenced me a great deal. *Before I met Lisa*, there were many things that I thought I could not do. *For example*, I always thought I was too short and too slow to play volleyball, so I never really tried. *But after I met Lisa*, I realized how limiting my thinking was. I decided to try everything, at least once. *To my surprise*, I was a lot better at volleyball than I expected. I have applied this philosophy to every new challenge, *and as a result*, I have achieved much more than I ever thought possible. *Like Lisa*, my goal is to have a fulfilling life and be the best that I can be.

中文翻譯

一位影響力很大的朋友

當有人說他有影響力很大的朋友時，通常指的是他認識某位有錢或有權的人。我有一位影響力很大的朋友，但她兩種都不是。她影響別人不是用錢或特權，而是用她的性格力量。我的朋友麗莎是一個樂觀又勇敢的女孩，她會設定目標，並且不計任何障礙達成目標。她鼓舞了我和其他每個認識她的人，再努力鞭策自己一點。麗莎是坐在輪椅上做到這一切的，因為她從很小開始，就必須仰賴輪椅。

雖然麗莎比能走路的人，明顯面對更多的困難，但她從不因此氣餒。她從不放棄。那樣的精神對我影響非常大。在我認識麗莎之前，有很多事情我認為自己做不到。例如，我一直認為自己個子太矮、動作太慢，不適合打排球，所以我從來沒有真正嘗試過。但在我認識麗莎之後，我才了解自己的想法有多麼狹隘。我決定每件事情都嘗試看看，至少一次。令我驚訝的是，我的排球打得比我預期得好多了。我把這個哲學應用在每一次新的挑戰上，因此，我達成的比我認為可能的多更多。就像麗莎一樣，我的目標是過一個充實滿足的人生，成為最好的自己。

privilege[4]〔'prɪvl̩ɪdʒ〕*n.* 特權　　obstacle[4]〔'ɑbstək̩l〕*n.* 障礙
spirit[2]〔'spɪrɪt〕*n.* 精神　　apply[2]〔ə'plaɪ〕*v.* 應用
philosophy[4]〔fə'lɑsəfɪ〕*n.* 哲學
fulfilling[4]〔fʊl'fɪlɪŋ〕*adj.* 能實現抱負的；令人滿足的

大學入學學科能力測驗英文科
模擬試題④

第壹部分：單選題（占 72 分）

一、詞彙題（占 15 分）

說明： 第 1 題至第 15 題，每題有 4 個選項，其中只有一個是正確或最適當的選項，請畫記在答案卡之「選擇題答案區」。各題答對者，得 1 分；答錯、未作答或畫記多於一個選項者，該題以零分計算。

1. Thanks to his wife's lasting _____ support, the man eventually fulfilled his dream of being a director in his middle age.
   (A) unconditional   (B) remarkable   (C) insufficient   (D) additional

2. By closely observing a(n) _____ develop into a butterfly, the little boy witnessed the wonder of life.
   (A) leather   (B) caterpillar   (C) emperor   (D) grasshopper

3. A sudden air attack occurred, accompanied by explosions, _____ of smoke, and fire everywhere.
   (A) receipts   (B) sparks   (C) columns   (D) wrecks

4. The breakdown of the truck has _____ the delivery of the food; I'm afraid the party has to be put off.
   (A) postponed   (B) devised   (C) awarded   (D) blamed

5. Gender imbalance in Chinese communities has long been _____ by one key factor: that many people still believe only boys can keep the family name alive.
   (A) blown   (B) governed   (C) mattered   (D) persuaded

6. To _____ the attack of larger predators, fish swim in groups so that they can look bigger from a distance.
   (A) zipper   (B) deposit   (C) dodge   (D) whisper

7. The suspect's _____ facial features make him unable to deny he was the person videotaped by the monitor.
   (A) instant　　(B) generous　　(C) stale　　(D) distinct

8. The girl's Mandarin is _____ better than it was last year, when she came without knowing even a character.
   (A) initially　　(B) considerably　(C) specifically　(D) supposedly

9. When Helena learned that she won the competition, she _____ from ear to ear, and her friends were so happy for her too.
   (A) sobbed　　(B) peeped　　(C) leaped　　(D) grinned

10. Only when we have _____ will we spur ourselves to move on and try hard to achieve our goals.
    (A) exhibition　　(B) advantage　　(C) ambition　　(D) leisure

11. Jack's performance last night left nothing to be _____. All the reviews in today's newspaper are positive.
    (A) progressed　(B) deserved　　(C) predicted　　(D) desired

12. In addition to encouraging students verbally, giving rewards is also one effective _____ to motivate them to learn.
    (A) strategy　　(B) miracle　　(C) guardian　　(D) authority

13. With Penny's health worsening, there is _____ hope that she can completely recover and go backpacking with us.
    (A) mighty　　(B) faint　　(C) rusty　　(D) loose

14. A security guard is supposed to respond _____ to all kinds of unexpected or dangerous situations before any harm is done.
    (A) purely　　(B) practically　(C) swiftly　　(D) apparently

15. The long hours of working in front of the computer make many employees suffer from a(n) _____ neck and back, so it would be nice to have massage service in the company.
    (A) tame　　(B) fair　　(C) ideal　　(D) stiff

二、綜合測驗（占 15 分）

說明： 第 16 題至第 30 題，每題一個空格，請依文意選出最適當的一個選項，
請畫記在答案卡之「選擇題答案區」。各題答對者，得 1 分；答錯、未
作答或畫記多於一個選項者，該題以零分計算。

第 16 至 20 題為題組

　　Steven Spielberg, the well-known award-winning director and
producer, made a commencement speech at Harvard in 2016. He
___16___ Harvard graduates, using lots of movie analogies in a
humorous yet inspiring way in the speech. In Spielberg's opinion,
people are used to listening to parents and teachers ___17___ their own
intuition. Consequently, the youth are often concerned about what they
are told to do, but seldom listen to their heart and then know what they
could do.

　　As a 12-year-old who had gotten a handycam from his father,
Spielberg somehow knew he could do something with it. The gift
___18___ to be the crucial object that shaped the course of his future even
though the picture wasn't very clear in the beginning. He confessed that
he didn't know making a movie was a(n) ___19___ to him until he shot
"The Color Purple." Afterwards, he constantly used real events in life
to get people to experience what the characters have gone through.
In the end, Spielberg advised graduates to face the "monsters" of the
world, including racism, religious hatred, and so on, like a hero striving
to ___20___ villains. Finally, Spielberg encouraged Harvard graduates
to take responsibility for the world.

16. (A) mentioned　　(B) addressed　　(C) recognized　　(D) performed
17. (A) except for　　(B) apart from　　(C) thanks to　　(D) instead of
18. (A) turned out　　(B) made up　　(C) took on　　(D) set off
19. (A) benefit　　(B) amusement　　(C) mission　　(D) headline
20. (A) impress　　(B) pretend　　(C) murder　　(D) defeat

第 21 至 25 題爲題組

It is fascinating to witness wildlife in its natural habitat. But, for people living in urban areas, especially in developed countries, the opportunities to spot wild animals are ___21___ except in zoos or circuses. Therefore, many nature-loving people visit foreign countries to experience close contact with wildlife. On the top of the list is Thailand, where people can ___22___ intriguing exotic animals in many fun activities, such as taking selfies with tigers and getting a massage from an elephant. However, such a tour, seemingly exciting and unforgettable, actually indicates people's ___23___ of respect for animals' well-being.

One popular tourism enterprise, the Tiger Temple, allows tourists to touch, feed or even take pictures with tigers, but a dark secret lies behind the merriment. It is reported that the tigers in the temple, Wat Pha Luang Ta Bua, were mercilessly beaten and abused ___24___ the monks there claimed that they had been taking good care of the tigers ever since they took in the first one in 1999. Animal rights activists had ___25___ against the Tiger Temple for years. And they finally managed to release the 137 tigers in the temple in 2016.

21. (A) little   (B) less   (C) few   (D) some
22. (A) interact with (B) glance at   (C) recover from (D) appeal to
23. (A) poll   (B) sum   (C) spite   (D) lack
24. (A) unless   (B) although   (C) whether   (D) once
25. (A) violated   (B) educated   (C) protested   (D) concerned

第 26 至 30 題爲題組

The vision of the Special Olympics came about after Eunice Kennedy Shriver developed the first day camp for challenged individuals. Well ___26___ the athletic abilities that challenged people have, she sought to create a program that would assist them in reaching for the stars. The vision became a reality when the ___27___ first Special Olympics took place in 1968. Today, the program ___28___ all around the world and is continually growing. Schools in the United States even make it compulsory to incorporate Special Olympics in their physical education curriculum. "Let me win. But if I can't win, let me be brave in the ___29___." It's the motto of Special Olympics, which speaks volumes about the sportsmanship necessary to achieve and the heroic spirit of being a winner. ___30___ their all to overcome physical difficulties, disabled athletes meet challenges with passion and become victorious through the Special Olympics. No longer being disadvantaged, they can also be role models for all of us.

26. (A) dedicated to   (B) involved with
    (C) aware of   (D) alive with

27. (A) very   (B) most   (C) much   (D) real

28. (A) blossom   (B) has blossomed
    (C) will blossom   (D) had been blossoming

29. (A) condition   (B) extreme   (C) majority   (D) attempt

30. (A) On giving   (B) To give   (C) By giving   (D) Given

三、文意選填（占 10 分）

說明： 第 31 題至第 40 題，每題一個空格，請依文意在文章後所提供的 (A) 到 (J) 選項中分別選出最適當者，並將其英文字母代號畫記在答案卡之「選擇題答案區」。各題答對者，得 1 分；答錯、未作答或畫記多於一個選項者，該題以零分計算。

第 31 至 40 題為題組

    You may frown at the behavior of eating dirt, and think only barbarians do so. However, the ___31___ of eating dirt, called geophagia, has been done for millennia. It is not only widespread in animals but also well ___32___ in human history. Records ___33___ at least the time of Greek physician Hippocrates. Ancient Egyptians ate dirt to treat various illnesses, especially those of the gut. Some American natives used dirt as a(n) ___34___, mixing a little clay in foods that taste naturally bitter to counteract the sharp taste. Geophagia was not uncommon in Europe until the 19th century; even today, cravings for dirt still ___35___ a prominent sign of pregnancy in some societies.

A common explanation for eating dirt is that soil is ___36___ in minerals. It has been proved that the appearance of geophagia in humans is aligned with regions where calcium is not ___37___ available. Mineral acquisition might be a misconception, though. Studies have suggested that eating earth ___38___ adds significant amounts of minerals to one's diet; in many cases, it further interferes with the absorption of digested food. Another explanation is that eating dirt may get rid of toxins. Clay molecules can easily cling to toxins in the stomach and gut, preventing ___39___ substances from entering the bloodstream. Coincidentally, pregnant women in some areas are reported to have consumed clay to ___40___ their discomfort—they claimed that it was a way to remove toxins that might harm the fetus. Whatever the exact reasons behind, geophagia is actually an adaptive behavior, not an eating disorder as earlier presumed.

(A) spice   (B) rich   (C) practice   (D) serve as
(E) rarely   (F) ease   (G) date back to   (H) poisonous
(I) readily   (J) documented

四、閱讀測驗（占 32 分）

說明： 第 41 題至第 56 題，每題請分別根據各篇文章之文意選出最適當的一個選項，請畫記在答案卡之「選擇題答案區」。各題答對者，得 2 分；答錯、未作答或畫記多於一個選項者，該題以零分計算。

第 41 至 44 題爲題組

Drones, or unmanned aerial vehicles, are now all the rage. While some people play with pricey drones for fun or use them to deliver packages, there are other people with vision who hope to utilize them in health care.

Drone technology companies are working together with international health organizations to work on projects of transporting medical supplies or samples. VillageReach, a nonprofit organization in Seattle, Washington, USA, cooperating with UNICEF, has used drones to carry some dried blood samples over a long distance in Malawi, Africa. Malawi is one of the countries that have the highest rate of HIV infection. One of the most effective ways to prevent death from AIDS is for the patients to receive treatment as early as possible, so newborns' blood testing is extremely important. It takes eleven days to travel on rough roads in the forest with snakes to the lab testing for HIV. Nearly 10 thousand infants die because of the delayed testing and treatments every year. It's exciting news that in the trial this year, drones needed only twenty minutes to deliver the samples. Hopefully, drones can replace the traditional way of transporting these time-sensitive medical samples.

Another drone tech company, Zipline, also recently announced a deal with the Rwandan government to transport blood bags. In Rwanda, women who suffer postpartum hemorrhages and children who suffer from malaria are in urgent need of blood transfusion, but these patients usually live in remote areas with terrible road conditions. Drones' effective and efficient delivery of medical cargo is expected to save lots of lives in Rwanda.

Though there are more challenges to overcome, such as the cost, local residents' fear of the unknown flying objects, and the difficulty in getting a contract with a government, the application of drones is sure to play a crucial part in the revolution of medical care.

41. According to the passage, which is **NOT** one of the functions of drones at present?
    (A) Being used as toys.   (B) Delivering medical parcels.
    (C) Detecting unknown objects in the sky.
    (D) Sending packages for delivery companies.

42. What is the main reason for using drones in the projects mentioned in the passage?
    (A) The medical samples contain deadly viruses.
    (B) Using these drones saves a lot of money.
    (C) The delivery of medical packages from and to some places is difficult.
    (D) Volunteers are not allowed to enter these countries because of political chaos.

43. Which of the following about the project by VillageReach and the Malawi government is true?
    (A) The project has successfully saved 10 thousand infants.
    (B) When conducting an HIV test, it's better to do it as soon as possible.
    (C) Lots of people die of HIV infection in Malawi, and most of them are newborns.
    (D) The blood bags that drones carry will save lots of people who have lost a lot of blood.

44. What may VillageReach and Zipline do to more efficiently apply drones in medical care?
    (A) Educate the locals about the drones.
    (B) Work with developed countries instead.
    (C) Use drones to help repair the roads in poor conditions.
    (D) Modify the drones, making them able to transport sick people.

第 45 至 48 題為題組

　　Plato, the ancient Greek philosopher, once said, "Music gives soul to the universe, wings to the mind, flight to the imagination, and charm and gaiety to life and to everything." The power of music has long been recognized, just like what is depicted in the movie "The Sound of Music"—helping a teacher and guardian find her happiness and believe the family cannot be torn apart even by the brutal Nazis.

Though famous linguist Steven Pinker considers music to be cheesy and just an accidental by-product of language development, most people admit that hearing the songs they love effectively helps them get rid of bad moods. So researchers started to look for neurological evidence regarding the power of music. The study was not easy because people have different tastes in music. But they did quickly find that, unlike language, there is no specific area in the brain for music. When humans hear a song, their frontal lobe and temporal lobe are immediately activated to process it. Most scientists agree that the activated areas differ due to diverse factors. A song with lyrics triggers Broca's and Wernicke's areas. The visual cortex is activated when our brain tries to visualize the piece of music, and the medial prefrontal cortex is aroused when the piece of music is linked to a memory.

The neurological evidence implies that humans can cognitively and emotionally respond to a piece of music. Cheerful music and fast songs cause people to have physical responses similar to the signs of being happy while sad music makes people's pulse slow down and blood pressure become lower. These understandings of the impacts of music on the human body shed light on treating and caring for patients, especially those suffering from mental disorders. It is hoped that the application of music therapy can help lots of people.

45. What is this passage mainly about?
    (A) The various applications of music therapy.
    (B) Neurological experiments on musicians.
    (C) The scientific proof for the impact of music.
    (D) The effects of music, language and art on humans.

46. What does Steven Pinker think of music?
    (A) It is less important than language.
    (B) It can put us in a good mood.
    (C) Studying its effect on brains is not easy.
    (D) Doctors should use it more widely.

47. Which of the following is less likely to be stirred up when a man hears a piano sonata without lyrics?
    (A) Frontal lobe and temporal lobe.
    (B) Broca's and Wernicke's areas.　　(C) The visual cortex.
    (D) The medial prefrontal cortex.

48. Which of the following statements is **NOT** true?
    (A) Different parts of the human brain can be triggered when people hear music.
    (B) Whatever the music is, most people's spirits tend to be lifted as their hearts beat faster.
    (C) It has long been believed that music is beneficial to humans, and some research has proved it.
    (D) In addition to regular medical treatment, people who have depression can listen to music to make themselves happier.

第 49 至 52 題為題組

　　The negative impacts of microbeads have long been highlighted by environmentalists and the campaign for a microbeads ban has also been a success: by 2017, it will be illegal in the United States to sell a personal care product containing any plastic microbeads. These small pieces of plastic go down the drains and into the lakes, rivers, and oceans whenever people use face soaps, body washes, toothpastes, and some age-defying cosmetics containing them. They are too small to be filtered out by wastewater treatment. They absorb toxic chemicals and a single microbead can be up to a million times more toxic than the water around it. What's worse, they are not easily degraded, so they pose a threat to the environment.

It seems reasonable to promote the restrictions on microbeads because prohibiting using these tiny plastic particles will help clean up waterways and prevent marine life from consuming them. However, some people also ask whether such a boycott does any good. Scientists at the University of Michigan once examined 145 fish from Lakes Huron and Erie, both of which were notorious for their high levels of microbeads. Interestingly, when the gut of each fish was cut open, none was found to contain a microbead. The argument that humans will consume excessive toxins because of the microbeads in fish species that humans harvest for food might be controversial. In addition, the statistics that environmentalists manifest for their campaigns are mostly derived from trawls of water surfaces, where most fish do not feed. Compared with the leftovers of our face wash, fish are more interested in algae, zooplankton, and other fish that are far tastier.

There is no denying that microbeads have brought about negative side effects. However, how harmful they are and whether they are really as evil as environmentalists claim are still under debate.

49. What is the purpose of the passage?
   (A) To introduce plastic microbeads.
   (B) To offer another perspective on microbeads.
   (C) To explain the reasons microbeads are used.
   (D) To explain why microbeads bans have failed.

50. According to the passage, why are microbeads poisonous?
   (A) Toxic substances easily attach to them.
   (B) They can't be broken up in water.
   (C) They float on the water surface.
   (D) They are degradable in wastewater.

51. Why does the author mention the examination of fish from Lakes Huron and Erie?

(A) Fish species are actually eating more microbeads than claimed.

(B) Fishes in these two lakes eat large numbers of microbeads.

(C) The statistics used against microbeads are not objective enough.

(D) The findings of the examination gave rise to the microbeads ban in 2017.

52. What is the author's attitude toward environmentalists' advocacy of banning microbeads?
    (A) Supportive.   (B) Neutral.
    (C) Against.   (D) Doubtful.

第 53 至 56 題為題組

Many Japanese enterprises have been going through painful transitions since the 1990s. To keep up with global competitiveness and productivity, companies started to employ irregular workers, who are typically paid less than full-time regular employees. The number of these low-paid disposable workers has been steadily climbing. In 1990, they accounted for 20 percent of the workforce, 35 percent in 2011, and now 40 percent, which suggests that they are replacing regular staff in Japanese enterprises. However, the majority of them earn less than the government poverty level, and their average monthly incomes are even lower than charges for renting an apartment.

Such imbalance further contributes to the growth of Internet café refugees, who rent a private booth in an Internet café and treat it as a dormitory. This new type of Internet café has sprung up since the mid-2000s. Equipped with showers and laundry services, these Internet cafés are especially popular with overnight users. According to a survey, most of those long-term users are unemployed and low-paid irregular workers. Unable to rent an apartment, more and more irregular single workers have no option but to choose something cheaper. Living in an Internet café, they don't have to worry about bills for utilities, and they can enjoy unlimited free drinks, blankets, cushions, and Internet service. The environment is clean and the personal booth is also big enough for an adult to sleep without bending his knees and to keep personal belongings—one pair of shoes, two dress shirts, one grey suit, a backpack, and a briefcase.

53. What is the relation between the above two paragraphs?
   (A) The phenomenon described in the first paragraph results in that in the second one.
   (B) The phenomenon described in the first paragraph results from that in the second one.
   (C) The phenomenon described in the second paragraph is the example of that in the first one.
   (D) The phenomenon described in the second paragraph is the solution to that in the first one.

54. Why do a growing number of Japanese people choose to live in an Internet café?
   (A) The thriving economy has led to high house prices.
   (B) The Internet cafés provide dormitories for their workers.
   (C) The rent of a booth is far lower than that of an apartment.
   (D) The booth is so large that they live comfortably.

55. Based on the passage, which of the following statements is **NOT** mentioned?
   (A) Japanese enterprises hire disposable employees to reduce the cost of manpower.
   (B) A large number of people line up for entrance to an Internet café every evening.
   (C) Internet cafés in Japan offer basic daily necessities to consumers.
   (D) Internet café refugees are mainly made up of unemployed or low-paid people.

56. What can be inferred from the two paragraphs?
  (A) Visitors to Japan will prefer Internet cafés to hotels for accommodation.
  (B) Irregular workers have threatened the sustainability of an enterprise.
  (C) The government has come up with new policies for Internet café refugees.
  (D) The economic situation in Japan has been going downhill for a long time.

第貳部分：非選擇題（占 28 分）

說明： 本部分共有二題，請依各題指示作答，答案必須寫在「答案卷」上，並標明大題號（一、二）。作答務必使用筆尖較粗之黑色墨水的筆書寫，且不得使用鉛筆。

一、中譯英（占 8 分）

說明： 1. 請將以下中文句子譯成正確、通順、達意的英文，並將答案寫在「答案卷」上。
　　　2. 請依序作答，並標明子題號。每題 4 分，共 8 分。

1. 儘管颱風要來了，有些固執的人卻忽視來自政府的警告，仍堅持去登山。
2. 萬一他們在山中發生意外，糟糕的氣候狀況將使救援變得更加困難。

二、英文作文（占 20 分）

說明： 1. 依提示在「答案卷」上寫一篇英文作文。
　　　2. 文長至少 120 個單詞（words）。

提示： 你的老師（Mr. Chen）在一個月前就指派了一份作業給全班，繳交期限是今晚十二點。但你因為某種理由而尚未完成，請寫一封信向老師說明你的理由及接下來你將如何挽救或彌補。

請注意： 請以 George 或 Mary 於信末署名，不得使用自己的真實中文或英文名字。

大學入學學科能力測驗英文科 模擬試題④詳解

第壹部分：單選題

一、詞彙題：

1. (**A**) 多虧了太太長期<u>無條件的</u>支持，這個人終於在中年時實現了自己的導演夢。

(A) **unconditional**[3] ﹝ˌʌnkənˈdɪʃənḷ﹞ *adj.* 無條件的

(B) remarkable[4] ﹝rɪˈmɑrkəbḷ﹞ *adj.* 非凡的；卓越的 (= *excellent*[2])

(C) insufficient[3] ﹝ˌɪnsəˈfɪʃənt﹞ *adj.* 不足的 (= *deficient*[6])

(D) additional[3] ﹝əˈdɪʃənḷ﹞ *adj.* 額外的 (= *extra*[2])

* ***thanks to*** 多虧　　lasting[1] ﹝ˈlæstɪŋ﹞ *adj.* 長期的；持久的
support[2] ﹝səˈport﹞ *n.* 支持
eventually[4] ﹝ɪˈvɛntʃʊəlɪ﹞ *adv.* 最後；終於 (= *finally*[1])
fulfill[4] ﹝fʊlˈfɪl﹞ *v.* 實現　　director[4] ﹝dəˈrɛktə﹞ *n.* 導演
middle age 中年時期

2. (**B**) 藉由近距離觀察<u>毛毛蟲</u>變成蝴蝶，小男孩親眼見證了生命的奇蹟。

(A) leather[3] ﹝ˈlɛðə﹞ *n.* 皮革

(B) **caterpillar**[3] ﹝ˈkætəˌpɪlə﹞ *n.* 毛毛蟲【蝴蝶的幼蟲】

(C) emperor[3] ﹝ˈɛmpərə﹞ *n.* 皇帝

(D) grasshopper[3] ﹝ˈgræsˌhɑpə﹞ *n.* 蚱蜢

* closely[1] ﹝ˈkloslɪ﹞ *adv.* 靠近地
observe[3] ﹝əbˈzɝv﹞ *v.* 觀察
develop[2] ﹝dɪˈvɛləp﹞ *v.* 演變　　butterfly[1] ﹝ˈbʌtəˌflaɪ﹞ *n.* 蝴蝶
witness[4] ﹝ˈwɪtnɪs﹞ *v.* 親眼目睹　　wonder[2] ﹝ˈwʌndə﹞ *n.* 奇蹟

3. (**C**) 突然發生空襲後，伴隨而來的是四處的爆炸、煙<u>柱</u>與火災。

(A) receipt[3] ﹝rɪˈsit﹞ *n.* 收據

(B) spark[4] ﹝spɑrk﹞ *n.* 火花；火星

(C) **column**[3] ﹝ˈkɑləm﹞ *n.* 圓柱體

(D) wreck[3] ﹝rɛk﹞ *n.* (船、車輛、飛機、房屋的) 殘骸

* sudden[2] (ˈsʌdn̩) *adj.* 突然的　　attack[2] (əˈtæk) *n.* 攻擊
air attack 空襲 (= *air raid*)　　occur[2] (əˈkɜ) *v.* 發生
accompany[4] (əˈkʌmpənɪ) *v.* 伴隨　　explosion[4] (ɪkˈsploʒən) *n.* 爆炸

4. (**A**) 貨車故障延誤了食物的運送；恐怕派對必須延後了。

(A) ***postpone***[3] (postˈpon) *v.* 延誤 (= *delay*[2])
(B) devise[4] (dɪˈvaɪz) *v.* 設計；發明
(C) award[3] (əˈwɔrd) *v.* 頒發；授與　　*n.* 獎 (= *prize*[2])
(D) blame[3] (blem) *v.* 責備　　blame A for B　因為 B 責備 A
* breakdown[6] (ˈbrekˌdaʊn) *n.* 故障 (= *collapse*[4] = *failure*[2])
delivery[3] (dɪˈlɪvərɪ) *n.* 遞送；運送　　***put off*** 延後

5. (**B**) 華人社會中，性別失衡長久以來一直受到一個關鍵因素的支配：許多人仍然認為只有男孩能延續家族的香火。

(A) blow[1] (blo) *v.* 吹【三態變化：blow-blew-blown】
(B) ***govern***[2] (ˈgʌvən) *v.* 支配；影響 (= *rule*[1] = *control*[2])
(C) matter[1] (ˈmætə) *v.* 重要；有關係 (= *be important*)
(D) persuade[3] (pəˈswed) *v.* 說服 (= *convince*[4])
* gender[5] (ˈdʒɛndə) *n.* 性別　　imbalance[3] (ɪmˈbæləns) *n.* 不平衡
community[4] (kəˈmjunətɪ) *n.* 社區；社會　　key[1] (ki) *adj.* 關鍵的
factor[3] (ˈfæktə) *n.* 因素　　alive[2] (əˈlaɪv) *adj.* 活著的

6. (**C**) 為了躲避較大掠食者的攻擊，魚兒們會成群游在一起，這樣從遠處看起來比較大。

(A) zipper[3] (ˈzɪpə) *n.* 拉鍊　　*v.* 拉拉鍊
(B) deposit[3] (dɪˈpazɪt) *v.* 使沉澱；存錢
(C) ***dodge***[3] (dadʒ) *v.* 躲避 (= *avoid*[2])
(D) whisper[2] (ˈhwɪspə) *v., n.* 低語；私語
* predator (ˈprɛdətə) *n.* 掠食者　　distance[2] (ˈdɪstəns) *n.* 距離；遠處

7. (**D**) 嫌犯的臉部特徵非常清楚，使他無法否認他就是監視器所拍到的人。

(A) instant[2] (ˈɪnstənt) *adj.* 即時的 (= *immediate*[3])
(B) generous[2] (ˈdʒɛnərəs) *adj.* 慷慨的
(C) stale[3] (stel) *adj.* 不新鮮的；腐壞的 (= *no longer fresh*)
(D) ***distinct***[4] (dɪˈstɪŋkt) *adj.* 清楚的；截然不同的 (= *different*[1])

* suspect[3] ('sʌspɛkt) *n.* 嫌疑犯   facial[4] ('feʃəl) *adj.* 臉部的
feature[3] ('fitʃɚ) *n.* 特徵   unable[1] (ʌn'ebḷ) *adj.* 無法…的 < *to V* >
deny[2] (dɪ'naɪ) *v.* 否認   videotape[5] ('vɪdɪo,tep) *v.* 錄影
monitor[4] ('mɑnətɚ) *n.* 監視器

8. (**B**) 女孩的國語已經比去年好多了，她當時來時連一個國字都不認識。

(A) initially[4] (ɪ'nɪʃəlɪ) *adv.* 起初
(B) ***considerably***[3] (kən'sɪdərəblɪ) *adv.* 相當大地 (= *significantly*[3])
(C) specifically[3] (spɪ'sɪfɪkḷɪ) *adv.* 明確地 (= *definitely*[4])
(D) supposedly[3] (sə'pozɪdlɪ) *adv.* 據稱

* Mandarin[2] ('mændərɪn) *n.* 國語   character[2] ('kærɪktɚ) *n.* 國字

9. (**D**) 當海蓮娜得知自己贏得比賽時，笑得非常開懷，她的朋友也很為她高興。

(A) sob[4] (sɑb) *v.* 啜泣   (B) peep[3] (pip) *v.* 偷窺
(C) leap[3] (lip) *v.* 跳躍   (D) ***grin***[3] (grɪn) *v.* 露齒而笑

* competition[4] (,kɑmpə'tɪʃən) *n.* 競爭；比賽
  from ear to ear 張大嘴地

10. (**C**) 只有當我們有抱負時，我們才能激勵自己繼續前進，努力達成我們的目標。

(A) exhibition[3] (,ɛksə'bɪʃən) *n.* 展覽會
(B) advantage[3] (əd'væntɪdʒ) *n.* 優點；優勢
(C) ***ambition***[3] (æm'bɪʃən) *n.* 抱負
(D) leisure[3] ('liʒɚ) *n., adj.* 閒暇 (的)
    leisure time/activity 閒暇時間/活動

* spur[5] (spɝ) *v.* 刺激；激勵 (= *encourage*[2])   ***move on*** 繼續前進
  achieve[3] (ə'tʃiv) *v.* 達成；達到   goal[2] (gol) *n.* 目標

11. (**D**) 傑克昨晚的表演完美無缺，今天報紙上所有評論都是正面的。

(A) progress[2] (prə'grɛs) *v.* 進步   ('prɑgrɛs) *n.* 進步；進展
    make progress in 在~方面有進步
(B) deserve[4] (dɪ'zɝv) *v.* 應得
    You deserve it. 這是你應得的；你當之無愧；你活該。
(C) predict[4] (prɪ'dɪkt) *v.* 預測

(D) ***desire***[2] 〔dɪ'zaɪr〕 *v.* 渴望；想要（ = *want*[1] = *wish*[1] = *long for* ）

　　leave nothing to be desired 沒什麼好改進的，就是「完美無缺」

　　相反：leave much to be desired　有很多要改進，即「缺點很多」

* performance[3] 〔pə'fɔrməns〕 *n.* 表演；演出

review[2] 〔rɪ'vju〕 *n.* 複習；調查；評論

positive[2] 〔'pɑzətɪv〕 *adj.* 正面的；肯定的

12. (**A**) 除了口頭上鼓勵學生，給予獎勵也是激勵學生學習的有效**策略**。

(A) ***strategy***[3] 〔'strætədʒɪ〕 *n.* 策略

(B) miracle[3] 〔'mɪrəkḷ〕 *n.* 奇蹟（ = *wonder*[2] ）

　　do/work miracles/wonders　產生奇蹟

(C) guardian[3] 〔'gɑrdɪən〕 *n.* 監護人（ = *protector*[2] ）

(D) authority[4] 〔ə'θɔrətɪ〕 *n.* 權威；(*pl.*) 當局

　　the authorities concerned　有關當局

* ***in addition to*** 除了～之外　　　encourage[2] 〔ɪn'kɝɪdʒ〕 *v.* 鼓勵

verbally[5] 〔'vɝbḷɪ〕 *adv.* 口頭上地　　reward[4] 〔rɪ'wɔrd〕 *n.* 報酬；獎勵

effective[2] 〔ə'fɛktɪv〕 *adj.* 有效的

motivate[4] 〔'motə,vet〕 *v.* 鼓勵；激勵（ = *encourage*[2] ）

13. (**B**) 隨著潘妮的健康日漸惡化，她可以完全復原、跟我們去自助旅行的希望**很渺茫**。

(A) mighty[3] 〔'maɪtɪ〕 *adj.* 強大的　　　might[3] 〔maɪt〕 *n.* 力量

(B) ***faint***[3] 〔fent〕 *adj.* 微弱的；渺茫的；模糊的

(C) rusty[3] 〔'rʌstɪ〕 *adj.* 生鏽的；生疏的（ = *out of practice* ）

(D) loose[3] 〔lus〕 *adj.* 鬆的；無束縛的

* worsen[1] 〔'wɝsṇ〕 *v.* 惡化　　recover[3] 〔rɪ'kʌvɚ〕 *v.* 恢復；復原

backpack[4] 〔'bæk,pæk〕 *n.* 背包　 *v.* 背背包去旅行

go backpacking 去自助旅行

14. (**C**) 保全應該在任何傷害造成之前，針對各種突發或危險狀況**快速**做出反應。

(A) purely[3] 〔'pʊrlɪ〕 *adv.* 純粹地；完全地

(B) practically[3] 〔'præktɪkḷɪ〕 *adv.* 實際地；幾乎

(C) ***swiftly***[3] 〔'swɪftlɪ〕 *adv.* 快速地（ = *quickly*[1] = *rapidly*[2] ）

(D) apparently³〔ə'pɛrəntlɪ〕 *adv.* 明顯地

* security³〔sɪ'kjʊrətɪ〕 *adj.* 安全；保全　　guard²〔gɑrd〕 *n.* 警衛
be supposed to V 應該　　respond³〔rɪ'spɑnd〕 *v.* 反應 < *to* >
unexpected²〔ˌʌnɪk'spɛktɪd〕 *adj.* 意想不到的；突然的
situation³〔ˌsɪtʃʊ'eʃən〕 *n.* 狀況　　**do harm** 有害；造成傷害

15. (**D**) 長時間在電腦前工作讓許多員工脖子和背部都很<u>僵硬</u>，所以公司裡
有按摩服務會很棒。

(A) tame³〔tem〕 *adj.* 馴服的；溫順的

(B) fair²〔fɛr〕 *adj.* 公平的；美麗的

(C) ideal³〔aɪ'diəl〕 *adj.* 理想的　　 *n.* 理想

(D) **stiff**³〔stɪf〕 *adj.* 僵硬的

* employee³〔ˌɛmplɔɪ'i〕 *n.* 員工　　**suffer from** 罹患；苦於
massage⁵〔mə'sɑʒ〕 *n.* 按摩　　service¹〔'sɝvɪs〕 *n.* 服務

二、綜合測驗：

第 16 至 20 題為題組

　　獲獎無數的知名導演兼製作人史蒂芬史匹柏，於
2016 年在哈佛畢業典禮中演講。他使用許多電影類比，
以幽默且啓發人心的方式<u>對</u>哈佛畢業生<u>演講</u>。依史匹柏之見，人們習慣於聽
　　　　　　　　　　　　　　　　　　16
父母與老師的話，<u>而非自己的直覺</u>。因此，年輕人常常只在意他們被要求要
　　　　　　　　17
做什麼，但很少傾聽自己的聲音，然後知道自己能做什麼。

* Steven Spielberg〔'stivən 'spilbɝg〕 *n.* 史蒂芬・史匹柏【*美國著名電影導*
演、編劇、電影製作人等，著名導演作品包括《大白鯊》、《ET 外星人》、
《侏羅紀公園》系列，及《印第安納瓊斯》系列，他曾以《辛德勒的名單》
和《搶救雷恩大兵》兩部電影，獲得奧斯卡最佳導演獎，是目前全世界最富
有的電影製作人之一，也被列入世紀百大最重要人物之一】
award-winning〔ə'wɔrd'wɪnɪŋ〕 *adj.* 得獎的
director²〔də'rɛktɚ〕 *n.* 導演　　producer²〔prə'djusɚ〕 *n.* 製作人
commencement⁶〔kə'mɛnsmənt〕 *n.* 畢業典禮
graduate³〔'grædʒʊɪt〕 *n.* 畢業生　　analogy⁶〔ə'nælədʒɪ〕 *n.* 類似；類推
humorous³〔'hjumərəs〕 *adj.* 幽默的
inspiring⁴〔ɪn'spaɪrɪŋ〕 *adj.* 啓發人心的　　opinion²〔ə'pɪnjən〕 *n.* 意見

be used to N/V-ing 習慣於   intuition[5]〔ˌɪntuˈɪʃən〕*n.* 直覺

consequently[4]〔ˈkɑnsəˌkwɛntlɪ〕*adv.* 因此

youth[2]〔juθ〕*n.* 年輕人【集合名詞】   ***be concerned about*** 擔心；關心

16. (**B**) (A) mention[3]〔ˈmɛnʃən〕*v.* 提到

(B) ***address***[1]〔əˈdrɛs〕*v.* 向…講話

(C) recognize[3]〔ˈrɛkəgˌnaɪz〕*v.* 認出；認可

(D) perform[3]〔pɚˈfɔrm〕*v.* 表演；表現；執行

17. (**D**) (A) except for 除…之外

(B) apart from 除了…之外（還有）

(C) thanks to 由於   (D) ***instead of*** 而不是

　　12歲時，史匹柏拿到一臺父親送他的手持錄影機，他知道自己可以用它來做點什麼。即使剛開始，畫面拍得都不是非常清楚，這個禮物<u>結果變成</u>塑造他
　　　　　　　　　　　　　　　　　　　　　　　　　　　　　　　18
未來道路的關鍵之物。他承認，直到拍攝《紫色姐妹花》時，他才明白拍電影對他而言，是一項<u>使命</u>。之後，他就經常使用生活中的
　　　　　　　　　　　19
眞實事件，來讓人們體會角色們所經歷過的事情。

　　* handycam〔ˈhændɪˌkæm〕*n.* 手持攝影機

somehow[3]〔ˈsʌmˌhau〕*adv.* 不知怎麼地

crucial[6]〔ˈkruʃəl〕*adj.* 極重要的   object[2]〔ˈɑbdʒɪkt〕*n.* 物體

shape[1]〔ʃep〕*v.* 塑造   course[1]〔kors〕*n.* 過程   ***even though*** 即使

in the beginning 一開始   confess[4]〔kənˈfɛs〕*v.* 坦承

shoot[1]〔ʃut〕*v.* 拍攝【三態變化為：shoot-shot-shot】

afterward(s)[3]〔ˈæftɚwəd(z)〕*adv.* 之後；後來

constantly[3]〔ˈkɑnstəntlɪ〕*adv.* 一直；不斷地   event[2]〔ɪˈvɛnt〕*n.* 事件

character[2]〔ˈkærɪktɚ〕*n.* 角色；人物   ***go through*** 經歷

18. (**A**) (A) ***turn out*** 結果是…   (B) make up 編造；和好

(C) take on 承擔；雇用   (D) set off 出發

19. (**C**) (A) benefit[3]〔ˈbɛnəfɪt〕*n.* 益處

(B) amusement[4]〔əˈmjuzmənt〕*n.* 娛樂

(C) ***mission***[3]〔ˈmɪʃən〕*n.* 任務；使命

(D) headline[3]〔ˈhɛdˌlaɪn〕*n.*（新聞報導等的）標題

最後，史匹柏勸勉畢業生，要面對世界上的「怪獸」，包括種族主義、宗教仇恨等，像英雄努力打敗壞人一樣。最後，史匹柏鼓勵哈佛畢業生，要對全世界
　　　　　　　　　　20
負起責任。

> * ***in the end*** 到最後　　advise[3]〔əd'vaɪz〕*v.* 勸告；建議
> monster[2]〔'mɑnstɚ〕*n.* 怪物
> racism[6]〔'resɪzəm〕*n.* 種族主義；種族優越感
> religious[3]〔rɪ'lɪdʒəs〕*adj.* 宗教的　　hatred[4]〔'hetrɪd〕*n.* 憎恨
> ***and so on*** 等等　　hero[2]〔'hɪro〕*n.* 英雄　　strive[4]〔straɪv〕*v.* 努力
> villain[5]〔'vɪlən〕*n.* 壞人；反派主角　　encourage[2]〔ɪn'kɝɪdʒ〕*v.* 鼓勵
> responsibility[3]〔rɪ,spɑnsə'bɪlətɪ〕*n.* 責任

20. (**D**)　(A) impress[3]〔ɪm'prɛs〕*v.* 使印象深刻
　　　　　　(B) pretend[3]〔prɪ'tɛnd〕*v.* 假裝
　　　　　　(C) murder[3]〔'mɝdɚ〕*v.* 謀殺
　　　　　　(D) ***defeat***[4]〔dɪ'fit〕*v.* 打敗

$$\begin{cases} \text{defeat}^4 \ v. \ 打敗 \\ = \text{beat}^1 \\ = \text{conquer}^4 \\ = \text{overcome}^4 \\ = \text{triumph over} \end{cases}$$

<u>第 21 至 25 題為題組</u>

　　能在自然棲息地，親眼目睹野生動物是很令人著迷的，但對於住在都市的人們，特別是在已開發國家，除了在動物園或馬戲團裡，看見野生動物的機會<u>很少</u>。因此，許多愛好自然的人們，會去國外體驗與野生動物的親密接觸。
　21

> * fascinating[5]〔'fæsṇ,etɪŋ〕*adj.* 令人著迷的　　witness[4]〔'wɪtnɪs〕*v.* 目睹
> wildlife[5]〔'waɪld,laɪf〕*n.* 野生生物；野生動物
> natural[2]〔'nætʃərəl〕*adj.* 自然的　　habitat[6]〔'hæbə,tæt〕*n.* 棲息地
> urban[4]〔'ɝbən〕*adj.* 都市的　　especially[2]〔ə'spɛʃəlɪ〕*adv.* 特別地；尤其
> ***developed country*** 已開發國家　　opportunity[3]〔,apɚ'tjunətɪ〕*n.* 機會
> spot[2]〔spat〕*v.* 看到　　except[1]〔ɪk'sɛpt〕*prep.* 除了～不算
> circus[3]〔'sɝkəs〕*n.* 馬戲團　　close[1]〔klos〕*adj.* 接近的
> contact[2]〔'kɑntækt〕*n.* 接觸 < *with* >

21. (**C**)　依句意，機會「很少」，opportunities 為可數複數，不可用 little，
　　　　　　要用 ***few***，選 (C)。

清單中首選是泰國，在那邊人們可以在許多充滿樂趣的活動中，和有趣的異國動物<u>互動</u>，例如與老虎拍自拍，或是讓大象幫你按摩。然而，這樣的旅遊表面
22

上既刺激又難忘，事實上卻是顯示出，人們對動物福祉<u>缺乏</u>尊重。
23

* intriguing〔ɪnˈtrɪgɪŋ〕 *adj.* 激起興趣的；有趣的
  exotic[6]〔ɪgˈzɑtɪk〕 *adj.* 有異國風味的　　selfie〔ˈsɛlfɪ〕 *n.* 自拍照
  massage[5]〔məˈsɑʒ〕 *n.* 按摩　　seemingly[1]〔ˈsimɪŋlɪ〕 *adv.* 表面上地
  unforgettable[1]〔ˌʌnfəˈgɛtəbḷ〕 *adj.* 難忘的
  actually[3]〔ˈæktʃʊəlɪ〕 *adv.* 實際上　　indicate[2]〔ˈɪndəˌket〕 *v.* 顯示；表示
  well-being〔ˈwɛlˌbiɪŋ〕 *n.* 幸福；健康

22.(**A**)(A) ***interact with*** 和～互動　　　　(B) glance at 瞥見
　　　　　　(C) recover from 從～復原　　　　(D) appeal to 吸引

23.(**D**)(A) poll[3]〔pol〕 *n.* 調查　　　　　　(B) sum[3]〔sʌm〕 *n.* 總數
　　　　　　(C) spite[3]〔spaɪt〕 *n.* 惡意；怨恨　(D) ***lack***[1]〔læk〕 *n.* 缺乏

　　有一個知名旅遊企業「老虎廟」，允許遊客觸摸、餵食，或甚至與老虎拍照，但歡樂的背後有黑暗的祕辛。根據報導，在 Wat Pha Luang Ta Bua 寺廟裡的老虎，被殘忍地毒打及虐待，<u>不過那裡的僧侶宣稱</u>，自從他們在 1999 年收
24
容第一隻老虎以來，他們對老虎照顧無微不至。動物權利保護人士數年來，一直在對老虎廟發出<u>抗議</u>，他們終於在 2016 年成功釋放了廟中 137 隻老虎。
25

* tourism[3]〔ˈturɪzəm〕 *n.* 旅遊業
  enterprise[5]〔ˈɛntəˌpraɪz〕 *n.* 企業；事業　　temple[2]〔ˈtɛmpḷ〕 *n.* 寺廟
  allow[1]〔əˈlaʊ〕 *v.* 允許；使能夠　　tourist[3]〔ˈturɪst〕 *n.* 遊客
  take pictures 拍照　　dark[1]〔dɑrk〕 *adj.* 黑暗的
  secret[2]〔ˈsikrɪt〕 *n.* 秘密　　lie[1]〔laɪ〕 *v.* 在於；存在
  merriment〔ˈmɛrɪmənt〕 *n.* 快活；歡樂
  It is reported that + 子句　根據報導
  mercilessly〔ˈmɝsɪlɪslɪ〕 *adv.* 無情地　　beat[1]〔bit〕 *v.* 打擊
  abuse[6]〔əˈbjuz〕 *v.* 虐待　　monk[3]〔mʌŋk〕 *n.* 和尚；僧侶
  claim[2]〔klem〕 *v.* 宣稱　　***take in*** 收容
  activist[6]〔ˈæktɪvɪst〕 *n.* 行動主義者　　***manage to V*** 設法做到～
  release[3]〔rɪˈlis〕 *v.* 釋放

24.(**B**)(A) unless[3]〔ənˈlɛs〕 *conj.* 除非　　(B) ***although***[2]〔ɔlˈðo〕 *conj.* 雖然
　　　　　　(C) whether[1]〔ˈhwɛðə〕 *conj.* 是否　(D) once[1]〔wʌns〕 *conj.* 一旦

25. (**C**) (A) violate[4] 〔'vaɪə,let〕 v. 違反　　(B) educate[3] 〔'ɛdʒə,ket〕 v. 教育
　　　　　 (C) ***protest***[4] 〔prə'tɛst〕 v. 抗議　　(D) concern[3] 〔kən'sɝn〕 v. 關心

第 26 至 30 題爲題組

　　在爲殘障人士發展日間夏令營的第一天之後，尤妮絲・甘乃迪・史瑞佛想催生特殊奧運會的願景油然而生。她很<u>瞭解</u>身心障礙人士們擁有的運動能力，
　　　　　　　　　　　　　　　　　　　　　　　　　　　26
所以嘗試創辦一個活動，來幫助他們成就遠大的夢想。當第一屆特殊奧運會在1968 年舉行時，這樣的願景成眞了。今日，她的方案已在全球<u>開花</u>，且仍持續
　　　　　　　　　　　　　　　　　　　　　　　　28
成長中。美國的學校甚至強制將特殊奧運融入體育課程中。

> * vision[3] 〔'vɪʒən〕 n. 遠見；願景　　Olympics 〔o'lɪmpɪks〕 n. 奧運會
> ***come about*** 發生　　camp[1] 〔kæmp〕 n. 露營；陣營
> challenged[3] 〔'tʃælɪndʒd〕 adj. 受到挑戰的；殘障的
> individual[3] 〔,ɪndə'vɪdʒʊəl〕 n. 個人　　athletic[4] 〔æθ'lɛtɪk〕 adj. 運動的
> seek[3] 〔sik〕 v. 尋求【三態變化：seek-sought-sought】
> program[3] 〔'progræm〕 n. 計畫；課程　　assist[3] 〔ə'sɪst〕 v. 協助
> ***reach for the stars*** 志向遠大　　reality[2] 〔rɪ'æləti〕 n. 事實
> ***take place*** 發生；舉行　　continually[4] 〔kən'tɪnjʊəli〕 adv. 持續地
> compulsory 〔kəm'pʌlsəri〕 adj. 強制的
> incorporate[6] 〔ɪn'kɔrpə,ret〕 v. 合併；加入
> physical[4] 〔'fɪzɪkḷ〕 adj. 身體的　　***physical education*** 體育
> curriculum[5] 〔kə'rɪkjələm〕 n. 課程

26. (**C**) (A) dedicated to 致力於　　　　(B) involve with 有牽連
　　　　　 (C) ***aware of*** 意識到；知道　　(D) alive with 充滿
　　　　　 前句原爲：Because she was well aware of…，省略連接詞及
　　　　　 主詞，成爲分詞構句 Being，而 Being 又可省略。

27. (**A**) 「the + 名詞」中間插入 ***very***，爲加強名詞語氣的用法，選 (A)。

28. (**B**) blossom[4] 〔'blɑsəm〕 v. 開花；發展。依句意，她的方案已經在全球開
　　　　　 花，應用「現在完成式」，選 (B) ***has blossomed***。

　　「讓我贏，但倘若不能，那麼讓我在努力<u>嘗試</u>中勇敢。」這是特殊奧運的座右
　　　　　　　　　　　　　　　　　29
銘，充分說明必須要達成的運動家精神，與要成爲贏家的英勇精神非常重要。

<u>藉由盡</u>全力克服身體上的困難，身心障礙的運動員們用熱情迎接挑戰，透過特
　30
殊奧運會獲得勝利。他們不再是弱勢，他們也可以成為我們全部人的榜樣。

> * brave¹〔brev〕*adj.* 勇敢的　　motto⁶〔'mɑto〕*n.* 座右銘
> volume³〔'vɑljəm〕*n.*（容、音、產）量；大量
> ***speak volumes*** 有重大意義
> sportsmanship⁴〔'sportsmən,ʃɪp〕*n.* 運動家精神
> necessary²〔'nɛsə,sɛrɪ〕*adj.* 必要的　　achieve³〔ə'tʃiv〕*v.* 達成
> heroic⁵〔hɪ'ro·ɪk〕*adj.* 英雄的；英勇的　　spirit²〔'spɪrɪt〕*n.* 精神
> overcome⁴〔,ovə'kʌm〕*v.* 克服　disabled⁶〔dɪs'ebl̩d〕*adj.* 殘障的
> athlete³〔'æθlit〕*n.* 運動員　　meet¹〔mit〕*v.* 面對；符合；滿足
> challenge³〔'tʃælɪndʒ〕*n.* 挑戰　　passion³〔'pæʃən〕*n.* 熱情
> victorious⁶〔vɪk'torɪəs〕*adj.* 勝利的　　***no longer*** 不再
> disadvantaged⁴〔,dɪsəd'væntɪdʒd〕*adj.* 處於困境的；弱勢的
> role²〔rol〕*n.* 角色　　model²〔'mɑdl̩〕*n.* 模型；模範
> ***role model*** 榜樣

29. (**D**)　(A) condition³〔kən'dɪʃən〕*n.* 情況
　　　　　(B) extreme³〔ɪk'strim〕*n.* 極端

> | try to V　嘗試做某事 |
> | = attempt to + V |
> | = make an attempt to V |

　　　　　(C) majority³〔mə'dʒɔrətɪ〕*n.* 多數
　　　　　(D) ***attempt***³〔ə'tɛmpt〕*n., v.* 嘗試

30. (**C**)　表示「藉由做某事」，用 by V-ing，選 (C) ***By giving***。
　　　give *one's* ***all to V*** 盡全力做某事

三、文意選填：

<u>第 31 至 40 題為題組</u>

　　你或許會對吃土這個行為皺眉頭，而且認為只有野蠻人會這樣做。然而，
吃土的 ³¹·(C) 習慣，稱為食土癖，已有數千年之久了。吃土不只在動物間很普
遍，在人類歷史中也有充分 ³²·(J) 記載。記錄至少可以 ³³·(G) 回溯至古希臘名醫
希波克拉底時代。古埃及人也吃土，以治療各種疾病，尤其是腸疾。

> * frown⁴〔fraʊn〕*v.* 皺眉頭　　behavior⁴〔bɪ'hevjə〕*n.* 行為
> dirt³〔dɜt〕*n.* 泥土　　barbarian⁵〔bɑr'bɛrɪən〕*n.* 野蠻人
> practice¹〔'præktɪs〕*n.* 習慣　geophagia〔dʒio'feʒɪə〕*n.* 食土癖
> millennium〔mə'lɛnɪəm〕*n.* 千年【複數為 millennia】

not only A but also B 不只 A 而且 B

widespread[5]〔'waɪd,sprɛd〕*adj.* 廣泛的；普遍的

document[5] 〔'dakjə,mɛnt〕*v.* 記載　　record[2] 〔'rɛkəd〕*n.* 記錄

date back to 回溯到　　physician[4] 〔fə'zɪʃən〕*n.* 內科醫生

ancient[2] 〔'enʃənt〕*adj.* 古老的　　Egyptian 〔ɪ'dʒɪpʃən〕*n.* 埃及人

treat[5,2] 〔trit〕*v.* 治療　　various[3] 〔'vɛrɪəs〕*adj.* 各種的

gut[5] 〔gʌt〕*n.* 腸子

有些美洲土著把土當成 34.**(A)** 調味料，在嘗起來有天然苦味的食物中，加入一點黏土，來中和強烈的味道。直到 19 世紀，食土癖在歐洲依舊普遍。甚至到了今日，在某些社會中，吃土的渴望仍被 35.**(D)** 當成是懷孕的一個明顯徵兆。

* native[3] 〔'netɪv〕*n.* 土著；原住民　　spice[3] 〔spaɪs〕*n.* 香料；調味料

clay[2] 〔kle〕*n.* 黏土　　naturally[2] 〔'nætʃərəli〕*adv.* 天然地

bitter[2] 〔'bɪtə〕*adj.* 苦的　　counteract 〔,kaʊntə'ækt〕*v.* 抵制；抵銷

sharp[1] 〔ʃɑrp〕*adj.* 刺激性的　　taste[1] 〔test〕*n.* 味道

craving 〔'krevɪŋ〕*n.* 渴望　　***serve as*** 作為；當作

prominent[4] 〔'prɑmənənt〕*adj.* 突出的；顯著的

sign[2] 〔saɪn〕*n.* 跡象　　pregnancy[4] 〔'prɛgnənsɪ〕*n.* 懷孕

人類吃土一般的解釋之一，是因為土壤 36.**(B)** 富含礦物質。目前已證明，人類食土癖的出現，與鈣質不 37.**(I)** 容易取得的區域是一致的。不過獲取礦物質這種說法可能是個誤解。研究已指出，吃土 38.**(E)** 很少會使個人飲食增加大量礦物質。在許多案例中，吃土反而進一步妨礙已消化的食物吸收。

* explanation[4] 〔,ɛksplə'neʃən〕*n.* 解釋；說明　　soil[1] 〔sɔɪl〕*n.* 土壤

be rich in 富含　　mineral[4] 〔'mɪnərəl〕*n.* 礦物質

prove[1] 〔pruv〕*n.* 證明　　appearance[2] 〔ə'pɪrɪəns〕*n.* 出現

align 〔ə'laɪn〕*v.* 和～成一直線　　region[2] 〔'ridʒən〕*n.* 地區

calcium[6] 〔'kælsɪəm〕*n.* 鈣　　readily[1] 〔'rɛdɪlɪ〕*adv.* 容易地

available[3] 〔ə'veləbḷ〕*adj.* 可以獲得的

acquisition[6] 〔,ækwə'zɪʃən〕*n.* 獲得

misconception[6] 〔,mɪskən'sɛpʃən〕*n.* 誤解

suggest[3] 〔sə(g)'dʒɛst〕*v.* 顯示；表示　　earth[1] 〔ɝθ〕*n.* 土

rarely[2] 〔'rɛrlɪ〕*adv.* 很少　　***add A to B*** 把 A 加入 B 中

significant[3] 〔sɪg'nɪfəkənt〕*adj.* 相當大的

amount[2] 〔ə'maʊnt〕*n.* 量　　diet[3] 〔'daɪət〕*n.* 飲食

case[1] 〔kes〕*n.* 情形；案例　　further[2] 〔'fɝðə〕*adv.* 進一步地

interfere[4] 〔͵ɪntə'fɪr 〕 *v.* 妨礙；干擾 < *wtih* >
absorption 〔 əb'sɔrpʃən 〕 *n.* 吸收   digest[4] 〔 daɪ'dʒɛst 〕 *v.* 消化

另一個解釋是，吃土是爲了排毒。黏土分子可以很容易吸附腸胃中的毒素，阻止 ^{39.} **(H)** 有毒物質進入血液之中。巧合的是，有些區域的孕婦被報導過，以吃土來 ^{40.} **(F)** 減輕她們的不適──她們聲稱，這個方法可以排除可能傷害胎兒的毒素。無論背後確切的原因爲何，食土癖確實是一種適應性的行爲，並非先前所認定的，是一種飲食失調的問題。

> * ***get rid of*** 除去   toxin 〔'tɑksɪn 〕 *n.* 毒素
> molecule[5] 〔'mɑlə͵kjul 〕 *n.* 分子   cling[5] 〔 klɪŋ 〕 *v.* 抓住 < *to* >
> ***prevent~from*** 避免；防止   poisonous[4] 〔'pɔɪznəs 〕 *adj.* 有毒的
> substance[3] 〔'sʌbstəns 〕 *n.* 物質   enter[1] 〔'ɛntɚ 〕 *v.* 進入
> bloodstream 〔'blʌd͵strim 〕 *n.* 血流
> coincidentally[6] 〔 ko͵ɪnsə'dɛntḷɪ 〕 *adv.* 巧合地
> pregnant[4] 〔'prɛgnənt 〕 *adj.* 懷孕的
> consume[4] 〔 kən'sjum 〕 *v.* 消耗；吃喝   ease[1] 〔 iz 〕 *v.* 減輕
> discomfort[6] 〔 dɪs'kʌmfɚt 〕 *n.* 不舒服   claim[2] 〔 klem 〕 *v.* 宣稱
> remove[3] 〔 rɪ'muv 〕 *v.* 除去   fetus 〔'fitəs 〕 *n.* 胎兒
> whatever[2] 〔 hwɑt'ɛvɚ 〕 *pron.* 無論什麼   exact[2] 〔 ɪg'zækt 〕 *adj.* 確切的
> adaptive[4] 〔 ə'dæptɪv 〕 *adj.* 適應的   disorder[4] 〔 dɪs'ɔrdɚ 〕 *n.* 失調；疾病
> presume[6] 〔 prɪ'zum 〕 *v.* 假定；推測

四、閱讀測驗：

第 41 至 44 題爲題組

　　無人飛機，即無人駕駛的飛行器，現正流行中。有些人把玩昂貴的無人機當作樂趣，或是使用無人機來遞送包裹，然而有些有遠見的人，則是希望將之利用在醫療方面。

> * drone 〔 dron 〕 *n.* 無人飛機   unmanned[1] 〔 ʌn'mænd 〕 *adj.* 無人駕駛的
> aerial 〔'ɛrɪəl 〕 *adj.* 空中的   vehicle[3] 〔'viɪkḷ 〕 *n.* 交通工具
> rage[4] 〔 redʒ 〕 *n.* 狂熱；渴望
> ***be all the rage*** 非常流行 (= *be very popular*)
> ***play with*** 把玩；玩弄   pricey[1] 〔'praɪsɪ 〕 *adj.* 高價的 (= *expensive*[2])
> ***for fun*** 爲了樂趣；爲了好玩   deliver[2] 〔 dɪ'lɪvɚ 〕 *v.* 遞送
> package[2] 〔'pækɪdʒ 〕 *n.* 包裹 (= *parcel*[3])   vision[3] 〔'vɪʒən 〕 *n.* 遠見
> utilize[6] 〔'jutḷ͵aɪz 〕 *v.* 利用 (= *make use of*)

　　無人機科技公司正與國際健康組織合作，來研發運送醫療用品或樣本的計畫。位於美國華盛頓州西雅圖的非營利組織，VillageReach，與聯合國兒童基金會合作，在非洲馬拉威使用無人機，來長距離運送乾燥血液樣本。馬拉威是HIV 感染率最高的國家之一，預防因愛滋病而死亡最有效的方法之一，就是讓病人儘早接受治療，因此新生兒的血液測試極為重要。

* technology[3] 〔tɛk'nalədʒɪ〕 *n.* 科技（= *tech*）
International[2] 〔ˌɪntə'næʃənḷ〕 *adj.* 國際的
organization[2] 〔ˌɔrgənə'zeʃən〕 *n.* 組織　　***work on*** 著手進行
project[2] 〔'pradʒɛkt〕 *n.* 計畫（= *plan*[1] = *scheme*[5]）
transport[3] 〔træns'port〕 *v.* 運輸（= *carry*[1]）
medical[3] 〔'mɛdɪkḷ〕 *adj.* 醫療的　　supply[2] 〔sə'plaɪ〕 *n.* 供應；補給品
sample[2] 〔'sæmpḷ〕 *n.* 樣品　　village[2] 〔'vɪlɪdʒ〕 *n.* 村莊
reach[1] 〔ritʃ〕 *n.* 可到達的範圍　　nonprofit[3] 〔'nɑn'prafɪt〕 *adj.* 非營利的
Seattle 〔si'ætḷ〕 *n.* 西雅圖【位於美國西北華盛頓州，是該州最大的都市，
　　也是美國太平洋西北區最大的都市】　　cooperate[4] 〔ko'apə,ret〕 *v.* 合作
UNICEF 〔'junɪsɛf〕 *n.* 聯合國兒童基金會
distance[2] 〔'dɪstəns〕 *n.* 距離　　Malawi 〔mə'lawi〕 *n.* 馬拉威
rate[3] 〔ret〕 *n.* 比率　　***HIV*** *n.* 愛滋病毒
infection[4] 〔ɪn'fɛkʃən〕 *n.* 感染　　effective[2] 〔ə'fɛktɪv〕 *adj.* 有效的
prevent[3] 〔prɪ'vɛnt〕 *v.* 避免；阻止　　AIDS[4] 〔edz〕 *n.* 愛滋病
patient[2] 〔'peʃənt〕 *n.* 病人　　receive[1] 〔rɪ'siv〕 *v.* 接受
treatment[5] 〔'tritmənt〕 *n.* 治療　　newborn 〔'nju,bɔrn〕 *n.* 新生兒
blood[1] 〔blʌd〕 *n.* 血液　　testing[2] 〔'tɛstɪŋ〕 *n.* 測試

行經森林裡到處是蛇、崎嶇不平的道路，到測試 HIV 的實驗室需要花費 11 天，每年有將近一萬名嬰兒，因為測試及治療延誤而喪生。令人興奮的消息是，在今年的試飛中，無人機運送樣本只需要 20 分鐘，順利的話，希望無人機能取代傳統的方法，來運送這些分秒必爭的醫療樣本。

* rough[3] 〔rʌf〕 *adj.* 崎嶇不平的　　snake[1] 〔snek〕 *n.* 蛇
lab[4] 〔læb〕 *n.* 實驗室（= *laboratory*[4]）
nearly[2] 〔'nɪrlɪ〕 *adv.* 將近　　infant[4] 〔'ɪnfənt〕 *n.* 嬰兒
delayed[2] 〔dɪ'led〕 *adj.* 延誤的　　trial[2] 〔'traɪəl〕 *n.* 試驗
hopefully[4] 〔'hopfəlɪ〕 *adv.* 有希望地；順利的話
replace[3] 〔rɪ'ples〕 *v.* 取代（= *take the place of*）
traditional[2] 〔trə'dɪʃənḷ〕 *n.* 傳統的
sensitive[3] 〔'sɛnsətɪv〕 *adj.* 敏感的

　　另一家無人機科技公司 Zipline，最近也宣布與盧安達政府，達成了運送血袋的協議。在盧安達，產後大出血的婦女及感染瘧疾的孩童，迫切需要輸血，但是這些病人通常住在道路狀況很差的偏遠地區。無人機能有效又有效率地運送醫療用品，預期可以拯救盧安達許多性命。

* recently[2] 〔ˈrisn̩tlɪ〕 *adv.* 最近
announce[3] 〔əˈnaʊns〕 *v.* 宣布　　　deal[1] 〔dil〕 *n.* 交易
Rwandan 〔ruˈɑndən〕 *adj.* 盧安達的【Rwanda *n.* 盧安達】
suffer[3] 〔ˈsʌfɚ〕 *v.* 遭受　　　postpartum 〔ˌpostˈpartəm〕 *adj.* 產後的
hemorrhage 〔ˈhɛmərɪdʒ〕 *n.* 出血　　malaria[6] 〔məˈlɛrɪə〕 *n.* 瘧疾
urgent[4] 〔ˈɝdʒənt〕 *adj.* 迫切的　　***be in need of*** 需要
transfusion 〔trænsˈfjuʒən〕 *n.* 輸血　　remote[3] 〔rɪˈmot〕 *adj.* 偏遠的
condition[3] 〔kənˈdɪʃən〕 *n.* 狀況　　efficient[3] 〔ɪˈfɪʃənt〕 *adj.* 有效率的
delivery[3] 〔dɪˈlɪvərɪ〕 *n.* 遞送　　cargo[4] 〔ˈkɑrgo〕 *n.* 貨物
expect[2] 〔ɪkˈspɛkt〕 *v.* 期待；預期

　　雖然還有更多挑戰要克服，如成本、當地居民對不明飛行物體的恐懼、以及與政府取得合約有困難度，但無人機的應用，必定會在醫療保健的革命中，扮演舉足輕重的角色。

* challenge[3] 〔ˈtʃælɪndʒ〕 *n.* 挑戰　　overcome[4] 〔ˌovɚˈkʌm〕 *v.* 克服
cost[1] 〔kɔst〕 *n.* 費用；成本　　local[2] 〔ˈlokl̩〕 *adj.* 當地的；本地的
resident[5] 〔ˈrɛzədənt〕 *n.* 居民（= *inhabitant*[6]）
unknown[1] 〔ʌnˈnon〕 *adj.* 不明的　　object[2] 〔ˈɑbdʒɪkt〕 *n.* 物體
flying object 飛行物體　　contract[3] 〔ˈkɑntrækt〕 *n.* 合約；合同
application[4] 〔ˌæpləˈkeʃən〕 *n.* 應用　　***be sure to V*** 一定；必定
crucial[6] 〔ˈkruʃəl〕 *adj.* 極重要的（= *vital*[4]）
revolution[4] 〔ˌrɛvəˈluʃən〕 *n.* 革命

41. (**C**) 根據本文，下何者不是無人機目前的功能之一？
　　(A) 被當成玩具。　　　　　　(B) 運送醫療包裹。
　　(C) 偵測空中不明物體。　　　(D) 為貨運公司運送包裹。
　　* function[2] 〔ˈfʌŋkʃən〕 *n.* 功能　　present[2] 〔ˈprɛzn̩t〕 *n.* 現在
　　at present 現在；目前　　parcel[3] 〔ˈpɑrsl̩〕 *n.* 包裹
　　detect[2] 〔dɪˈtɛkt〕 *v.* 發現；察覺

42. (**C**) 本文中所提到的計畫裡使用無人機的主要理由是什麼？
　　(A) 醫學樣本中含有致命的病毒。

(B) 使用這些無人機節省很多錢。

(C) 將醫療包裹從某處運到某處很困難。

(D) 由於政治混亂，志工不被允許進入這些國家。

* mention[3] 〔'mɛnʃən〕 *v.* 提到　　deadly[6] 〔'dɛdlɪ〕 *adj.* 致命的
viruse[4] 〔'vaɪrəs〕 *n.* 病毒　　volunteer[4] 〔ˌvɑlən'tɪr〕 *n.* 志工
enter[1] 〔'ɛntɚ〕 *v.* 進入　　political[3] 〔pə'lɪtɪkḷ〕 *adj.* 政治的
chaos[6] 〔'keɑs〕 *n.* 混亂（ = *confusion*[4]）

43. (**B**) 關於 VillageReach 與馬拉威政府的計畫，下列何者為眞？

(A) 本計畫已成功拯救了一萬名嬰孩。

(B) 進行 HIV 測試時，最好盡快完成。

(C) 馬拉威有許多人死於 HIV 感染，大部分是新生兒。

(D) 無人機所運送的血袋將會拯救許多失血過多的人。

* successfully[2] 〔sək'sɛsfəlɪ〕 *adv.* 成功地
conduct[5] 〔kən'dʌkt〕 *v.* 進行；做

44. (**A**) VillageReach 及 Zipline 可能要做什麼事情，才能更有效率地將無
人機應用在醫療方面？

(A) 教育當地人有關無人機的事。

(B) 改成與已開發國家合作。　　(C) 用無人機修理狀況不好的路。

(D) 修改無人機，使之能夠運送病人。

* efficiently[3] 〔ə'fɪʃəntlɪ〕 *adv.* 有效率地　　apply[2] 〔ə'plaɪ〕 *v.* 運用
educate[3] 〔'ɛdʒəˌket〕 *v.* 教育　　local[2] 〔'lokḷ〕 *n.* 當地人；本地人
developed[2] 〔dɪ'vɛləpt〕 *adj.* 已開發的　　instead[3] 〔ɪn'stɛd〕 *v.* 取而代之
repair[3] 〔rɪ'pɛr〕 *v.* 修理　　modify[5] 〔'mɑdəˌfaɪ〕 *v.* 修改；變更

第 45 至 48 題為題組

　　古希臘哲學家柏拉圖曾說：「音樂使宇宙有靈魂，使心靈有翅膀，使想像
得以飛翔，使生命及一切有了魅力及歡愉。」音樂的力量長久以來一直被認可，
就好像電影《眞善美》片中所描繪的——幫助了一位家庭教師找到幸福，讓她
相信即使是殘忍的納粹黨，也無法拆散這個家庭。

　　* Plato 〔'pleto〕 *n.* 柏拉圖【著名的希臘哲學家，與他的老師蘇格拉底
（Socrates 〔'sɑkrəˌtiz〕），和他的學生亞里斯多德（Aristotle 〔'ærəˌstɑtḷ〕）
並稱為希臘三哲】　　ancient[2] 〔'enʃənt〕 *adj.* 古代的

Greek〔grik〕*adj.* 希臘的　　philosopher[4]〔fə'lɑsəfə〕*n.* 哲學家
soul[1]〔sol〕*n.* 靈魂　　universe[3]〔'junə,vɜs〕*n.* 宇宙
wing[2]〔wɪŋ〕*n.* 翅膀　　flight[2]〔flaɪt〕*n.* 飛翔；飛躍
imagination[3]〔ɪ,mædʒə'neʃən〕*n.* 想像（力）　　charm[3]〔tʃɑrm〕*n.* 魅力
gaiety〔'geətɪ〕*n.* 歡樂；愉悅（= *happiness*）
recognize[3]〔'rɛkəg,naɪz〕*v.* 認定；認可
depict[6]〔dɪ'pɪkt〕*v.* 描述（= *describe*[2]）
guardian[5]〔'gɑrdɪən〕*n.* 守護者（= *protector*[2]）
tear apart 拆散　　brutal[4]〔'brutḷ〕*adj.* 殘忍的（= *cruel*[2]）
Nazi〔'nɑtsɪ〕*n.* 納粹【指 1933 年到 1945 年希特勒統治的德國】

　　雖然著名的語言學家史迪芬・平克認為音樂很俗氣，只是語言發展中意外的副產品而已，但大部分人都承認，聽自己喜歡的歌，可以有效地幫助他們擺脫壞心情。因此研究人員開始尋找，有關音樂的力量腦神經學方面的證據，這個研究不容易，因為人們對音樂的品味都不同，但他們的確很快就發現，和語言不同的是，大腦內沒有特定的區域負責音樂。

　　* linguist[6]〔'lɪŋgwɪst〕*n.* 語言學家　　***consider A to be B*** 認為 A 是 B
cheesy[3]〔'tʃizɪ〕*adj.* 像起司的；低劣的；無價值的（= *cheap*[2]）
accidental[4]〔,æksə'dɛntḷ〕*adj.* 意外的；偶然的
by-product〔'baɪ,prɑdəkt〕*n.* 副產品
development[2]〔dɪ'vɛləpmənt〕*n.* 發展　　admit[3]〔əd'mɪt〕*v.* 承認
effectively[2]〔ə'fɛktɪvlɪ〕*adv.* 有效地　　***get rid of*** 除去（= *remove*[3]）
mood[3]〔mud〕*n.* 心情；情緒
neurological〔,njurə'lɑdʒɪkḷ〕*adj.* 神經學的
evidence[4]〔'ɛvədəns〕*n.* 證據（= *proof*[3]）
regarding[4]〔rɪ'gɑrdɪŋ〕*prep.* 關於（= *concerning*[4] = *about*[1]）
taste[1]〔test〕*n.* 喜好；品味　　unlike[1]〔ʌn'laɪk〕*prep.* 不像
specific[3]〔spɪ'sɪfɪk〕*adj.* 特定的；明確的　　brain[2]〔bren〕*n.* 大腦

當人類聽到一首歌時，他們的前額葉及顳葉會立刻啟動來處理。大部分科學家都同意，被激發的區域會因各種因素而不同，一首有歌詞的曲子會激發布洛卡區及韋尼克區；當我們的大腦試著要想像這首曲子的畫面時，視覺皮層會被激發；而當這首曲子和某個回憶有連結時，內側前額葉皮層會被喚起。

　　* human[1]〔'hjumən〕*n.* 人類　　frontal[1]〔'frʌntḷ〕*adj.* 前面的
lobe〔lob〕*n.* 圓形的突出部分；（腦）葉
temporal〔'tɛmpərəl〕*adj.* 太陽穴的；顳顬的

activate[2] (ˈæktəˌvet) v. 使開始活動；啓動　　process[3] (ˈprɑsɛs) v. 處理

differ (ˈdɪfɚ) v. 不同　　*due to* 因爲；由於

diverse[6] (dəˈvɝs, daɪˈvɝs) adj. 各種的　　factor[3] (ˈfæktɚ) n. 因素

lyrics[6] (ˈlɪrɪks) n. 歌詞 (= *lines*[1])　　trigger[6] (ˈtrɪgɚ) v. 激發

Broca's area 布洛卡區【布洛卡區是大腦的一區，它主管語言訊息的處理、

　　話語的產生。與韋尼克區 (Wernicke's area) 共同形成語言系統】

visual[4] (ˈvɪʒʊəl) adj. 視覺的　　cortex (ˈkɔrtɛks) n. 大腦皮質

visualize[6] (ˈvɪʒʊəlˌaɪz) v. 想像 (= *imagine*[2])

medial (ˈmidɪəl) adj. 中間的 (= *middle*[1])

prefrontal (prɪˈfrʌntl) adj. 前額葉的　　arouse[4] (əˈraʊz) v. 喚起；激起

be linked to 與…連結　　memory[2] (ˈmɛmərɪ) n. 回憶；記憶

　　這個腦神經學的證據暗示，人類在認知上及情感上對音樂都有反應。愉悅的音樂和快歌，使人們有和快樂徵兆類似的身體反應，而悲傷的音樂會使人脈搏減緩、血壓降低。了解音樂對人體的影響，讓我們對治療及照顧病人更加了解，特別是那些罹患心理疾病的人。希望音樂治療的應用可以幫助很多人。

　　* imply[4] (ɪmˈplaɪ) v. 暗示　　cognitively (ˈkɑgnətɪvlɪ) adv. 認知上地

emotionally[4] (ɪˈmoʃənlɪ) adv. 情緒上地

respond[3] (rɪˈspɑnd) v. 回應；反應 < to >

cheerful[3] (ˈtʃɪrfəl) adj. 愉悅的　　physical[4] (ˈfɪzɪkl̩) adj. 身體的

response[3] (rɪˈspɑns) n. 回應；反應 < to >

similar[2] (ˈsɪmələ) adj. 類似的 < to >

sign[2] (saɪn) n. 跡象；徵兆 (= *indication*[4])　　pulse[5] (pʌls) n. 脈搏

slow down 減慢　　*blood pressure* 血壓

impact[4] (ˈɪmpækt) n. 影響　　*shed light on* 說明；闡明 (= *explain*[2])

treat[5,2] (trit) v. 治療　　*care for* 照顧 (= *take care of* = *see/look after*)

mental[3] (ˈmɛntl̩) adj. 心理的　　disorder[4] (dɪsˈɔrdɚ) n. 疾病

application[4] (ˌæpləˈkeʃən) n. 應用　　therapy[6] (ˈθɛrəpɪ) n. 治療法

45. (**C**) 本文主要是有關什麼？

(A) 音樂療法不同的應用。　　(B) 施行於音樂家的腦神經實驗。

(C) 音樂影響的科學證據。

(D) 音樂、語言與藝術對人類的影響。

　　* experiment[3] (ɪkˈspɛrəmənt) n. 實驗

scientific[3] (ˌsaɪənˈtɪfɪk) adj. 科學的　　proof[3] (pruf) n. 證明；證據

effect[2] (əˈfɛkt) n. 效果；影響

46. (**A**) 史迪芬‧平克對音樂的看法如何？

　　(A) 它不如比語言重要。　　　　(B) 它可以讓我們心情好。

　　(C) 研究它對大腦的影響並不容易。

　　(D) 醫生應該更廣泛運用它。

　　* widely[1]〔'waɪdlɪ〕*adv.* 廣大地；廣泛地

47. (**B**) 當人們聽到一首無歌詞的鋼琴奏鳴曲時，下列何者較不可能被激發？

　　(A) 前額葉及顳葉。　　　　　　(B) 布洛卡區及韋尼克區。

　　(C) 視覺皮層。　　　　　　　　(D) 內側前額葉皮層。

　　* sonata〔sə'natə〕*n.* 奏鳴曲　　　stir[3]〔stɝ〕*v.* 激起 < *up* >

48. (**B**) 下列何者敘述爲非？

　　(A) 當人們聽到音樂時，大腦中不同區域會被激發。

　　(B) 無論是何種音樂，大部分人精神都容易被振奮起來，心跳加速。

　　(C) 人們長久以來相信，音樂對人類有益，有些研究已證實這一點。

　　(D) 除了規律的治療外，憂鬱症病患可以聽音樂讓自己更快樂。

　　* spirit[2]〔'spɪrɪt〕*n.* 精神　　　***tend to V*** 易於；傾向於
　　　lift[1]〔lɪft〕*v.* 提振；振奮　　beat[1]〔bit〕*v.* (心臟) 跳動
　　　beneficial[5]〔,bɛnə'fɪʃəl〕*adj.* 有益的　　research[4]〔rɪ'sɝtʃ〕*v. n.* 研究
　　　prove[1]〔pruv〕*v.* 證明；證實　　regular[2]〔'rɛgjələ〕*adj.* 規律的
　　　treatment[5]〔'tritmənt〕*n.* 治療　　depression[4]〔dɪ'prɛʃən〕*n.* 憂鬱症

第 49 至 52 題爲題組

　　柔珠的負面影響力，長久以來一直被環保人士強調著，而禁止使用柔珠的
活動也已取得勝利：到了 2017 年，在美國販賣任何含有塑膠柔珠成分的個人衛
生用品，將是違法的。

　　* negative[2]〔'nɛgətɪv〕*adj.* 負面的　　impact[4]〔'ɪmpækt〕*n.* 影響
　　　microbead〔'maɪkro,bid〕*n.* 塑膠微粒；柔珠
　　　highlight[6]〔'haɪ,laɪt〕*v.* 強調 (= *emphasize*[3])
　　　environmentalist[3]〔ɪn,vaɪrən'mɛntḷɪst〕*n.* 環保人士
　　　campaign[4]〔kæm'pen〕*n.* 活動　　ban[5]〔bæn〕*n.* 禁令　*v.* 禁止
　　　illegal[2]〔ɪ'ligḷ〕*adj.* 非法的　　personal[2]〔'pɝsṇḷ〕*adj.* 個人的
　　　product[3]〔'prɑdəkt〕*n.* 產品　　contain[2]〔kən'ten〕*v.* 包含
　　　plastic[3]〔'plæstɪk〕*adj.* 塑膠的

每當有人使用含有柔珠的洗面皂、沐浴乳、牙膏或一些抗老化妝品，這些很小的塑膠微粒，就會透過排水系統進入到湖泊、河流與海洋中。柔珠太小，無法被汙水處理系統過濾掉。它們會吸附有毒的化學物質，單一顆柔珠可能比周遭水域毒上百萬倍。更糟的是，它們不易分解，所以對環境會造成威脅。

* drain[3]〔dren〕*n.* 排水系統；下水道　　*face soap* 洗面皂
body wash 沐浴乳　　toothpaste〔'tuθ,pest〕*n.* 牙膏
defy〔dɪ'faɪ〕*v.* 違抗；反抗　　*age-defying* 抗老的
cosmetics[6]〔kaz'mɛtɪks〕*n.* 化妝品　　*too ~ to V* 太~而不…
filter[5]〔'fɪltɚ〕*v.* 過濾；濾除 < *out* >
wastewater〔'west,watɚ〕*n.* 廢水；污水
treatment[5]〔'tritmənt〕*n.* 處理　　absorb[4]〔əb'sɔrb〕*v.* 吸收
toxic[5]〔'taksɪk〕*adj.* 有毒的 (= *poisonous*[4])
chemical[2]〔'kɛmɪkḷ〕*n.* 化學物質　　single[2]〔'sɪŋgḷ〕*adj.* 單一的
up to 高達；多達　　*what's worse* 更糟的是
degrade[6]〔dɪ'gred〕*v.* 分解 (= *decompose*[4] = *break down*)
pose[2]〔poz〕*v.* 引起；造成 (= *cause*[1])　　threat[3]〔θrɛt〕*n.* 威脅
pose a threat to 對~造成威脅　　environment[2]〔ɪn'vaɪrənmənt〕*n.* 環境

推行柔珠的限制使用似乎很合理，因為禁止使用這些極小的塑膠微粒，有助於清潔水道，防止水中生物吃到它們。然而也有些人問到，這樣的杯葛是否有任何好處。密西根大學的科學家們，曾經檢視來自休倫湖與伊利湖中的 145 條魚，這兩座湖都因為含有高含量柔珠而惡名昭彰。有趣的是，把每條魚的腸子切開來看，沒有發現任何柔珠。

* reasonable[3]〔'riznəbḷ〕*adj.* 合理的　　promote[3]〔prə'mot〕*v.* 促進；提倡
restriction[4]〔rɪ'strɪkʃən〕*n.* 限制　　prohibit[6]〔pro'hɪbɪt〕*v.* 禁止
tiny[1]〔'taɪnɪ〕*adj.* 微小的　　particle[5]〔'partɪkḷ〕*n.* 分子；微粒
clean up 清理乾淨；淨化　　waterway〔'watɚ,we〕*n.* 水路；排水道
Michigan〔'mɪʃəgən〕*n.* 密西根州【美國中北部一州，位於五大湖區】
marine[5]〔mə'rin〕*adj.* 海洋的　　consume[4]〔kən'sjum〕*v.* 吃喝
boycott[6]〔'bɔɪ,kat〕*n.* 杯葛　　*do good* 有益 (= *benefit*[3])
examine[1]〔ɪg'zæmɪn〕*v.* 檢查；檢視 (= *study*[1])
Lake Huron〔'hjurən〕*n.* 休倫湖【美國五大湖 (the Great Lakes) 中第二大湖】　　Lake Erie〔'ɪrɪ〕*n.* 伊利湖【美國五大湖之一】
notorious[6]〔no'torɪəs〕*adj.* 惡名昭彰的
level[1]〔'lɛvḷ〕*n.* 水平；程度；含量
interestingly[1]〔'ɪnt(ə)rɪstɪŋlɪ〕*adv.* 有趣的是　　gut[5]〔gʌt〕*n.* 腸子

人類會吃下過量毒素，因爲人類所捕食的魚類體內含有柔珠，這樣的論點可能會有爭議。此外，在環保人士的反柔珠活動中，他們所顯示的統計數字，主要是來自於水面的拖網，但大部分魚類並不會在此覓食。跟我們的洗面乳殘餘物相比，魚還是對海藻、浮游生物或其它魚類更有興趣，它們好吃多了。

* argument^2〔'ɑrgjəmənt〕*n.* 論點；主張（= *claim*^{2}）
  human^1〔'hjumən〕*n.* 人類　　excessive^6〔ɪk'sɛsɪv〕*adj.* 過度的
  toxin〔'tɑksɪn〕*n.* 毒素　　species^4〔'spiʃɪz〕*n.* 物種
  harvest^3〔'hɑrvɪst〕*v.* 收穫；採收
  controversial^6〔,kɑntrə'vɝʃəl〕*adj.* 有爭議性的
  in addition 此外　　statistics^5〔stə'tɪstɪks〕*n.* 統計數字
  manifest^5〔'mænə,fɛst〕*v.* 顯示；明示（= *display*^{2} = *show*^{1}）
  derive^6〔də'raɪv〕*v.* 源於 < *from* >　　trawl〔trɔl〕*n.* 拖網
  surface^2〔'sɝfɪs〕*n.* 表面　　feed^1〔fid〕*v.* 吃東西（= *eat*^{1}）
  compared with 和~比較　　leftovers〔'lɛft,ovɚz〕*n.* 剩餘物
  face wash 洗面乳　　algae〔'ældʒi〕*n. pl.* 海藻【單數爲 alga〔'ælgə〕】
  zooplankton〔,zoə'plæŋktən〕*n.* 浮游動物【plankton 浮游生物】
  far^1〔fɑr〕*adv.* …得多【修飾比較級】　　tasty^2〔'testɪ〕*adj.* 美味的

　　不可否認，柔珠已經造成許多負面的副作用。然而，它的害處有多大，以及它是否眞如環保人士所宣稱的那樣邪惡，仍然在討論中。

* There is no denying that + 子句 無法否認（= *It is impossible to deny*
  that + 子句）　　bring about 導致；帶來（= *lead to* = *result in*）
  side effect 副作用　　harmful^3〔'hɑrmfəl〕*adj.* 有害的
  evil^3〔'ivl〕*adj.* 邪惡的　　claim^2〔klem〕*v.* 宣稱
  debate^2〔dɪ'bet〕*n.* 辯論；討論　　under debate 辯論中；討論中

49. (**B**) 本文的目的爲何？
  (A) 介紹塑膠柔珠。　　　　　(B) 提供另一種對柔珠的觀點。
  (C) 解釋爲何使用柔珠的原因。　(D) 說明柔珠禁令爲何失敗。
  * purpose^4〔'pɝpəs〕*n.* 目的　　offer^2〔'ɔfɚ〕*v.* 提供
  perspective^6〔pɚ'spɛktɪv〕*n.* 看法；正確的眼光
  explain^2〔ɪk'splen〕*v.* 解釋；說明　　fail^2〔fel〕*v.* 失敗

50. (**A**) 根據文章，柔珠爲何有毒？
  (A) 它們容易與有毒的物質黏在一起。

(B) 它們在水中無法分解。　　　　(C) 它們浮在水面上。

(D) 它們在廢水中可以分解。

* poisonous[4] (ˈpɔɪznəs) adj. 有毒的　　substance[3] (ˈsʌbstəns) n. 物質
attach[4] (əˈtætʃ) v. 附著 < to >　　float[3] (flot) v. 漂浮；飄浮
degradable[6] (dɪˈgredəbl̩) adj. 可分解的

51. (**C**) 作者爲何提到休倫湖與伊利湖中的魚的檢驗？

(A) 魚類實際上吃下去的柔珠比他們聲稱的要多。

(B) 這兩座湖裡的魚吃到很多柔珠。

(C) <u>用來反對柔珠的統計數字不夠客觀。</u>

(D) 檢驗的結果導致了 2017 年的柔珠禁令。

* author[3] (ˈɔθɚ) n. 作者　　mention (ˈmɛnʃən) v. 提到
examination[1] (ɪgˌzæməˈneʃən) n. 檢查；檢驗
actually[3] (ˈæktʃʊəlɪ) adv. 實際上　　***large numbers of*** 很多
against[1] (əˈgɛnst) prep. 反對　　objective[4] (əbˈdʒɛktɪv) adj. 客觀的
finding[1] (ˈfaɪndɪŋ) n. 調查結果　　***give rise to*** 導致

52. (**D**) 作者對於環保人士提倡禁止使用柔珠這件事的態度爲何？

(A) 支持的。　　　　　　　(B) 中立的。

(C) 反對。　　　　　　　　(D) <u>懷疑的。</u>

* attitude[3] (ˈætəˌtjud) n. 態度　　advocacy (ˈædvəkəsɪ) n. 支持；提倡
supportive[2] (səˈportɪv) adj. 支持的
neutral[6] (ˈnjutrəl) adj. 中立的　　doubtful[3] (ˈdautfəl) adj. 懷疑的

<u>第 53 至 56 題爲題組</u>

自從 1990 年代以來，許多日本企業一直在經歷痛苦的過渡期。爲了要趕上全球的競爭力與生產力，公司行業開始雇用非正式的派遣員工，他們的薪資通常都低於全職的正式員工。

* enterprise[5] (ˈɛntɚˌpraɪz) n. 企業　　***go through*** 經歷 (= experience[2])
painful[2] (ˈpenfəl) adj. 痛苦的　　transition[6] (trænˈzɪʃən) n. 過渡期
keep up with 趕得上　　global[3] (ˈglobl̩) adj. 全球的
competitiveness[4] (kəmˈpɛtətɪvnɪs) n. 競爭力
productivity[6] (ˌprodʌkˈtɪvətɪ) n. 生產力　　employ[3] (ɪmˈplɔɪ) v. 雇用
irregular[2] (ɪˈrɛgjələ˞) adj. 不規律的；非正規的
typically[3] (ˈtɪpɪkl̩ɪ) adv. 通常 (= usually[2])

full-time *adj.* 全職的（↔ *part-time* *adj.* 兼職的）
employee³〔͵ɛmplɔɪˊi〕*n.* 員工

這些低薪的派遣員工人數穩定攀升，在 1990 年時，他們占勞動人口的百分之 20，在 2011 年，變成百分之 35，到現在的百分之 40，這意味著他們正在取代日本企業界中的正式員工。然而，他們大多數人所賺的錢，還不到政府的貧窮線水準，而他們每個月的收入，甚至還低於承租一間公寓的租金。

* **low-paid** *adj.* 低薪的　　disposable⁶〔dɪˊspozəbḷ〕*adj.* 用完即可丟棄的
steadily³〔ˊstɛdəlɪ〕*adv.* 穩定地；不斷地（= *gradually*³）
account for 佔（比例、數量等）
workforce〔ˊwɝk͵fors〕*n.* 勞動力；勞動人口
suggest³〔sə(g)ˊdʒɛst〕*v.* 顯示　　replace³〔rɪˊples〕*v.* 取代
staff³〔stæf〕*n.* 全體職員
majority³〔məˊdʒɔrətɪ〕*n.* 大多數（↔ *minority*³ *n.* 少數）
poverty³〔ˊpɑvɚtɪ〕*n.* 貧窮　　level¹〔ˊlɛvḷ〕*n.* 水準；程度
average³〔ˊæv(ə)rɪdʒ〕*adj.* 平均的　　monthly⁴〔ˊmʌnθlɪ〕*adj.* 每月的
income²〔ˊɪn͵kʌm〕*n.* 收入　　charge²〔tʃɑrdʒ〕*n.* 費用
rent³〔rɛnt〕*v.* 租用

這樣的不平衡，進一步導致網咖難民的增加，這些人向網咖店租個人的小包廂，把這個空間當成宿舍。這種新型態的網咖自 2000 年代中期起快速崛起，它們提供淋浴設備與洗衣服務，特別受到有過夜客人的歡迎。

* Internet⁴〔ˊɪntɚ͵nɛt〕*n.* 網際網路　　*Internet café* 網路咖啡廳；網咖
imbalance³〔ɪmˊbæləns〕*n.* 不平衡　　further²〔ˊfɝðɚ〕*adv.* 進一步地
contribute⁴〔kənˊtrɪbjut〕*v.* 促成 < *to* >（= *cause*¹）
refugee⁴〔͵rɛfjʊˊdʒi〕*n.* 難民　　private²〔ˊpraɪvɪt〕*adj.* 私人的
booth⁵〔buθ〕*n.* 隔間　　*treat A as B* 把 A 當作 B
dormitory⁴ˑ⁵〔ˊdɔrmə͵torɪ〕*n.* 宿舍（= *dorm*）
spring up 突然出現（= *appear*¹ = *emerge*⁴）
equip⁴〔ɪˊkwɪp〕*v.* 有～裝備 < *with* >　　shower²〔ˊʃaʊɚ〕*n.* 淋浴設備
laundry³〔ˊlɔndrɪ〕*n.* 洗衣服　　service¹〔ˊsɝvɪs〕*n.* 服務
overnight⁴〔ˊovɚˊnaɪt〕*adj.* 過夜的

根據一份調查，這些長期使用者，大多是失業或低薪的派遣人員。越來越多單身的派遣人員租不起一間公寓，他們不得不找較便宜的選擇。住在網咖裡，他們不必擔心水電瓦斯費，還可以享受飲料無限暢飲、毛毯、靠墊與網路服務。

網咖的環境乾淨，個人的包廂也夠大，足以容納一個成人不需彎著膝蓋睡覺，與放置私人物品——一雙鞋、兩件襯衫、一套灰西裝，一個後背包與公事包。

* survey[3] 〔'sɝve〕 *n.* 調查　　***long-term*** *adj.* 長期的
unemployed[3] 〔ˌʌnɪm'plɔɪd〕 *adj.* 失業的
unable[1] 〔ʌn'ebḷ〕 *adj.* 不能～的 <*to V*>
single[2] 〔'sɪŋgḷ〕 *adj.* 單身的　　option[6] 〔'ɑpʃən〕 *n.* 選擇
have no option/choice/alternative but to V 除了～之外別無選擇
bill[2] 〔bɪl〕 *n.* 帳單　　utilities[6] 〔ju'tɪlətɪz〕 *n. pl.* 公共事業【水電瓦斯等】
unlimited[2] 〔ʌn'lɪmɪtɪd〕 *adj.* 無限的　　blanket[3] 〔'blæŋkɪt〕 *n.* 毛毯
cushion[4] 〔'kuʃən〕 *n.* 墊子　　bend[2] 〔bɛnd〕 *v.* 彎曲
knee[1] 〔ni〕 *n.* 膝蓋　　personal[2] 〔'pɝsṇl〕 *adj.* 個人的
belongings[5] 〔bə'lɔŋɪŋz〕 *n. pl.* 財物
dress shirt 男用襯衫【通常指搭配西裝穿的】
suit[2] 〔sut〕 *n.* 西裝　　backpack[4] 〔'bæk͵pæk〕 *n.* 背包
briefcase[5] 〔'brif͵kes〕 *n.* 公事包

53. (**A**) 這兩段的關係為何？

(A) 第一段描述的現象導致第二段的現象。
(B) 第一段描述的現象起因於第二段的現象。
(C) 第二段描述的現象是第一段現象的例子。
(D) 第二段描述的現象是第一段現象的解決方案。

> result in　導致；造成
> = lead to
> = bring about
> = give rise to
> = cause[1]

* relation[2] 〔rɪ'leʃən〕 *n.* 關係；關聯
phenomenon[4] 〔fə'namə͵nan〕 *n.* 現象
describe[2] 〔dɪ'skraɪb〕 *v.* 描述　　***result in*** 導致；造成
result from 起因於　　solution[2] 〔sə'luʃən〕 *n.* 解決之道

54. (**C**) 為何越來越多日本人選擇住在網咖裡？

(A) 繁榮的景氣導致高房價。
(B) 網咖提供宿舍給他們的員工。
(C) 網咖隔間的租金遠低於公寓。
(D) 網咖的隔間大，住起來舒適。

> thriving[6] *adj.* 繁榮的
> = flourishing[5]
> = prosperous[4]

* ***a growing number of*** 越來越多的　　thriving[6] 〔'θraɪvɪŋ〕 *adj.* 繁榮的
economy[4] 〔ɪ'kanəmɪ〕 *n.* 經濟　　***lead to*** 導致；造成
provide[2] 〔prə'vaɪd〕 *v.* 提供　　***provide sth. for sb.*** 提供某人某物
rent[3] 〔rɛnt〕 *n.* 租金　　comfortably[2] 〔'kʌmfɚtəblɪ〕 *adv.* 舒適地

55. (**B**) 根據文章，下列何者並未被提及？

(A) 日本企業雇用臨時派遣員工，以降低人力成本。

(B) <u>每晚有很多人排隊等候進入網咖。</u>

(C) 日本的網咖提供基本日常必需品給消費者。

(D) 網咖難民主要是由失業或低薪的人組成。

* ***based on*** 根據　　passage³〔'pæsɪdʒ〕*n.* 段落；文章
hire²〔haɪr〕*v.* 雇用　　reduce³〔rɪ'djus〕*v.* 減少
manpower〔'mæn,paʊɚ〕*n.* 人力　　***line up*** 排隊
entrance²〔'ɛntrəns〕*n.* 入口；進入　　basic¹〔'besɪk〕*adj.* 基本的
daily²〔'delɪ〕*adj.* 每天的　　necessity³〔nə'sɛsətɪ〕*n.* 必需品
consumer⁴〔kən'sumɚ〕*n.* 消費者　　***be made up of*** 由～組成

56. (**D**) 由這兩段敘述，可推論出什麼？

(A) 到日本的觀光客，住宿將會選擇網咖勝過旅館。

(B) 非正式員工已經威脅到企業的永續性。

(C) 政府已經為網咖難民想出新的政策。

(D) <u>日本經濟狀況每況愈下已經很久了。</u>

* infer³〔ɪn'fɝ〕*v.* 推論　　***prefer A to B*** 喜歡 A 勝過 B
accommodation⁶〔ə,kɑmə'deʃən〕*n.* 住宿設備
threaten³〔'θrɛtn̩〕*v.* 威脅
sustainability〔sə,stenə'bɪlətɪ〕*n.* 支撐能力；永續性
come up with 想出　　policy²〔'pɑləsɪ〕*n.* 政策
economic⁴〔,ikə'nɑmɪk〕*adj.* 經濟的
situation³〔,sɪtʃʊ'eʃən〕*n.* 狀況
downhill〔'daʊn'hɪl〕*adv.* 向下；往下坡

> Despite（儘管）是介系詞，要接名詞做受詞。如果要接子句，要用 Though/Although（雖然），或是 Despite the fact that ＋ 子句。

第貳部分：非選擇題

一、中翻英：

1. 儘管颱風要來了，有些固執的人卻忽視來自政府的警告，仍堅持去登山。

Despite the approaching typhoon,

Despite the fact that ⎫
Though/Although ⎭ the typhoon is ⎰ coming,
⎱ approaching, ⎫⎭ some

$$
\text{stubborn people} \left\{ \begin{array}{l} \text{ignore} \\ \text{pay no attention to} \\ \text{disregard} \end{array} \right\} \text{(the) warning(s) from the}
$$

$$
\text{government and still insist on} \left\{ \begin{array}{l} \text{climbing the mountains.} \\ \text{hiking in the mountains.} \\ \text{going mountain climbing.} \end{array} \right.
$$

2. 萬一他們在山中發生意外，糟糕的氣候狀況將使救援變得更加困難。

$$
\left\{ \begin{array}{l} \text{If they should have an accident in the mountains,} \\ \text{Should they have an accident in the mountains,} \\ \text{If an accident should happen (to them) in the mountains,} \\ \text{Should an accident happen (to them) in the mountains,} \end{array} \right\}
$$

the <u>awful/terrible</u> weather conditions <u>will/would</u> make

$$
\left\{ \begin{array}{l} \text{it } \underline{\text{more difficult/harder}} \text{ to } \underline{\text{rescue/save}} \text{ them.} \\ \text{the rescue } \underline{\text{more difficult/harder}}. \end{array} \right.
$$

> 1. should 做「萬一」解，用於與未來事實相反的假設語氣，
>   可以把 If 省略，Should 置於句首。
>
> 2. 中文說「某人發生意外」，英文要說：sb. had an accident
>   或 an accident happened to sb.，happen 是不及物動詞，
>   要用事物做主詞，只能用主動。

二、英文作文：

【作文範例 1】

The Importance of Time Management

Dear Mr. Chen,

I am so sorry to write this letter to you, and I am sure it is one that you would rather not receive. I have to tell you that I have not completed my assignment, which is due today. I am sure you have heard many excuses from students before, and mine is nothing special. *The truth is that* I simply did not manage my time well. I chose to do other, simpler, assignments first and kept putting yours off because I had a whole month to do it. *Now*, faced with what is too large a task for one day, I realize my mistake.

I can only say that I will learn from this experience. I will complete the assignment as soon as possible, and I hope that you will accept it. I will, of course, accept any penalty you decide to give it. *In the future*, I will keep better track of my assignments and not put things off. I plan to set aside the same amount of time for homework each day. When I have completed the next day's assignments, I will devote the remaining time to the long-term ones. I hope you can accept my apology and my late assignment.

Your student,
George

中文翻譯

時間管理的重要性

親愛的陳老師：

　　我很抱歉要寫這封信給您，我很確信您寧可不要收。我必須告訴您，今天到期的這份作業我還沒有完成。您之前肯定聽過許多學生的藉口，而我的沒什麼特別，事實就是，我沒有把時間掌握好。我選擇先做其他比較簡單的作業，而一直拖延您這份作業，因為我有一整個月可以寫。現在，面對一天根本寫不完的作業，我了解到自己的錯誤了。

　　我只能說我會從這次經驗中學習。我會儘快完成作業，希望你會接受。當然，我也會接受您決定給我的任何處罰。在未來，我會更加注意作業的進度，不會拖延。我計畫每天保留同樣的時間寫功課，當我完成隔天的功課時，剩下的時間就可以用來寫長期的作業。我希望您能接受我的道歉和遲到的作業。

學生喬治

> management[3] 〔'mænɪdʒmənt〕 *n.* 管理
> ***would rather (not) V*** 寧願（不）⋯　　complete[2] 〔kəm'plit〕 *v.* 完成
> assignment[4] 〔ə'saɪnmənt〕 *n.* 作業　　due[3] 〔dju〕 *adj.* 到期的
> ***put off*** 拖延；延遲　　　penalty[4] 〔'pɛnḷtɪ〕 *n.* 處罰
> ***keep track of*** 追蹤；隨時注意　　***set aside*** 保留
> devote[4] 〔dɪ'vot〕 *v.* 投入　　remaining[3] 〔rɪ'menɪŋ〕 *adj.* 剩餘的
> apology[4] 〔ə'pɑlədʒɪ〕 *n.* 道歉

【作文範例 2】

Please Believe Me

Dear Mr. Chen,

　　I am one of your students, Mary Lee. I am writing to you about the assignment that is due today. ***Unfortunately***, I will not be able to submit it on time. Please don't think that it is because I am a lazy student. ***In fact***, I have worked very hard on it for the last four weeks. ***The problem is that*** I used my family's computer, and it crashed this morning. ***As of now***, my assignment is locked inside of it.

My parents have taken the computer to a repair shop, and we hope that they can retrieve the documents on the hard drive. *If not*, I promise that I will write it all again and hand it in as soon as possible. I know it is my fault for not backing up my work, and I have learned my lesson from this experience. I know that you have probably heard many excuses from many students over the years, some of which may have been a lie. I hope you will believe me and give me another chance.

Sincerely,

Mary Lee

中文翻譯

請相信我

親愛的陳老師：

　　我是您的學生李瑪莉。我寫這封信給您，是關於今天到期的這份作業。不幸的是，我無法準時交作業，請不要以為我是個懶惰的學生。事實上，過去的四週以來，我一直很認真在寫這份作業，問題是，我用的是家裡的電腦，而電腦今天早上當機了。截至目前，我的作業還被鎖在電腦裡面。

　　我爸媽已經把電腦送到維修店裡了，我們希望他們可以把硬碟裡面的文件資料找回來。如果不行的話，我保證我會再重寫一次，儘快交給您。我知道沒有備份資料是我的錯，我也從這次經驗中學到教訓了。我知道您這些年來，可能已經聽過許多學生的許多藉口，其中有一些可能都是謊話。我希望您能相信我，再給我一次機會。

李瑪莉敬上

unfortunately[4]〔ʌnˋfɔrtʃənɪtlɪ〕*adv.* 不幸的是
submit[5]〔səbˋmɪt〕*v.* 繳交　　crash[3]〔kræʃ〕*v.* 當機
as of now 截至目前　　retrieve[6]〔rɪˋtriv〕*v.* 取回；收回
document[5]〔ˋdɑkjəmənt〕*n.* 文件　　*hard drive* 硬碟
promise[2]〔ˋprɑmɪs〕*v.* 保證　　*hand in* 繳交
fault[2]〔fɔlt〕*n.* 過錯　　*back up* 支持；做備份

大學入學學科能力測驗英文科
模擬試題⑤

第壹部分：單選題（占 72 分）

一、詞彙題（占 15 分）

說明： 第 1 題至第 15 題，每題有 4 個選項，其中只有一個是正確或最適當的
選項，請畫記在答案卡之「選擇題答案區」。各題答對者，得 1 分；
答錯、未作答或畫記多於一個選項者，該題以零分計算。

1. Writing has never been easy for me; I can't _____ my thoughts
   very well to a blank sheet of paper that is staring at me.
   (A) translate　　(B) collect　　(C) transfer　　(D) explain

2. In English spelling rules, there always seems to be a(n) _____ to
   which the rule does not apply.
   (A) decision　　(B) opposition　　(C) extension　　(D) exception

3. Peter was not upset when he was laid off because he had been told,
   when hired, that it was only a _____ job.
   (A) secondary　　　　　　(B) conservative
   (C) temporary　　　　　　(D) contemporary

4. Betty should have been here two hours ago. _____, she is not
   coming.
   (A) Apparently　(B) Influentially　(C) Automatically　(D) Narrowly

5. Whenever Lindsay steps into a department store, she has the
   _____ to buy new clothes and shoes.
   (A) access　　(B) impulse　　(C) source　　(D) clue

6. Being the only child in her family, Dolly often feels lonely and talks
   to her _____ friend as if he really existed.
   (A) creative　　(B) intelligent　　(C) intimate　　(D) imaginary

7. The evidence was so strong against the defendant that it didn't seem possible that he could prove his _____.
   (A) confidence　　　　　　(B) innocence
   (C) connection　　　　　　(D) investigation

8. We had a wonderful time last night. We did not _____ the performance to be as excellent as it was.
   (A) respect　　(B) inspect　　(C) accept　　(D) expect

9. People usually _____ their views because their ways of seeing things change as they get older.
   (A) modify　　(B) clarify　　(C) purify　　(D) notify

10. Jessica's parents are very _____ people and give her a lot of freedom.
    (A) frugal　　(B) sociable　　(C) liberal　　(D) hostile

11. Beyoncé is a very popular singer. Whenever she has a concert, there are no _____ seats left at all.
    (A) valid　　(B) vacant　　(C) vivid　　(D) vital

12. English is more _____ used in international intercourse than any other language today.
    (A) relatively　　(B) profoundly　　(C) widely　　(D) repeatedly

13. He _____ all the "No Smoking" signs and lit up a cigarette.
    (A) ignored　　(B) abolished　　(C) announced　　(D) observed

14. You face a terrible _____ because either choice you make will have unfortunate consequences.
    (A) punishment　　(B) coincidence　　(C) dilemma　　(D) strategy

15. Allen is a reserved man. I have _____ seen him display any sign of emotion.
    (A) merely　　(B) frequently　　(C) roughly　　(D) rarely

二、綜合測驗（占 15 分）

說明：　第 16 題至第 30 題，每題一個空格，請依文意選出最適當的一個選項，
　　　　請畫記在答案卡之「選擇題答案區」。各題答對者，得 1 分；答錯、未
　　　　作答或畫記多於一個選項者，該題以零分計算。

第 16 至 20 題為題組

　　A Wall Street tycoon fell in love with a Broadway chorus girl and
for several months was with the shapely miss every day, ___16___ her to
lunch at fashionable restaurants and to midnight suppers after the theater.
The couple was seen everywhere together. Finally, this big businessman
decided he wanted to ___17___ the actress his wife. Being as cautious
about marriage as he was about business (he had not gained his fortune
by chance), he saw no problem with hiring a private detective to pry into
his girlfriend's past and thus prevent himself ___18___ making a hasty
decision that he might regret later. The detective did a thorough job of
investigating. At last he turned in his report.

　　"Miss Laura has a clean reputation. The woman's past is completely
___19___, and her associates have always been people of high rank.
There is no trace of scandal whatsoever in her background. ___20___
there is anything at all suspicious, it is this: recently Miss Laura has
been seen in the company of a businessman of questionable reputation."

16. (A) and takes　　(B) taking　　(C) took　　(D) takes
17. (A) marry　　(B) have　　(C) become　　(D) make
18. (A) against　　(B) off　　(C) from　　(D) on
19. (A) mysterious　　(B) tragic　　(C) spotless　　(D) meaningless
20. (A) Whether　　(B) When　　(C) Although　　(D) If

第 21 至 25 題為題組

　　According to some legends, Cloud Gate is the name of the oldest
known dance in China. In 1973, choreographer Lin Hwai-min ___21___

this classical name for his dance company: Cloud Gate Dance Theatre of Taiwan. Cloud Gate's rich repertoire has its roots in Asian myths and folklore, ___22___ it brings these age-old stories a new perspective. The company ___23___ a group of dancers whose training includes Chi Kung, meditation, martial arts, Chinese Opera movement, modern dance, and ballet. Cloud Gate enjoys high acclaim and popularity overseas as well as at home. ___24___ its importance locally and internationally, on August 21, 2003, Taiwan's government proclaimed the day "Cloud Gate Day" and named the street on ___25___ the company's office lies "Cloud Gate Lane." This was the first time in Taiwan's history a day and place were named after a living artist or an active artistic organization.

21. (A) called   (B) invented   (C) adopted   (D) created
22. (A) since   (B) but   (C) or   (D) as
23. (A) takes over   (B) turns into   (C) consists of   (D) brings up
24. (A) In contrast to   (B) In relation to
     (C) In exchange of   (D) In recognition of
25. (A) which   (B) what   (C) that   (D) where

第 26 至 30 題為題組

    Our winter holidays are filled with traditions: the giving of gifts, the lights decorating our houses, and wonderful stories such as *A Christmas Carol*. Charles Dickens' Christmas tale is a staple of American culture and the Goodman Theater's production of this much-loved story is one of Chicago's most ___26___ holiday traditions. In every Christmas season, generations of ___27___, from knee high to four score, return to the Goodman every year to see this timeless classic ___28___ to life. The Goodman has been staging *A Christmas Carol* for 27 years and succeeds every year in ___29___ new life into the 160 year-old story. Each year the director, actors, and designers approach this familiar story as if they were telling it for the first time. ___30___ makes us come back to see the same story told every winter? Perhaps it helps us remember what the Christmas holidays are about when we hear Tiny Tim's "God bless us, everyone" year after year.

26. (A) contrasted   (B) sheltered   (C) resolved   (D) treasured
27. (A) sculptures   (B) miniatures   (C) theatergoers   (D) mammals
28. (A) led   (B) taken   (C) driven   (D) brought
29. (A) breathing   (B) advertising   (C) innovating   (D) substituting
30. (A) Which   (B) How   (C) When   (D) What

三、文意選填（占 10 分）

說明： 第 31 題至第 40 題，每題一個空格，請依文意在文章後所提供的 (A) 到 (J) 選項中分別選出最適當者，並將其英文字母代號畫記在答案卡之「選擇題答案區」。各題答對者，得 1 分；答錯、未作答或畫記多於一個選項者，該題以零分計算。

第 31 至 40 題為題組

Nathaniel Hawthorne (1804-1864), one of America's all-time major authors, had many disappointments in his literary career. Being of a melancholy ___31___, he was apt to become gloomy about his future as a writer. Pessimism was his bitterest enemy.

Three different times in his life Hawthorne was ___32___ from his government job and had to take to writing as a livelihood. At such times he became moody and could see nothing ___33___ the dark side of life. Had it not been for his understanding wife, Sophia, he might very possibly have abandoned literature altogether.

On one especially ___34___ occasion, Hawthorne returned home with the announcement that he had lost his government position. "What will we do, Sophia?" he ___35___ in dismay. "This is the end."

American literature is indebted to Sophia for ___36___ happened next. Instead of ___37___ her husband for losing his job, she went to the cupboard, took down pen, ink, and paper and placed them on the table. Then, touching her husband affectionately, she smiled and said, "Just think of it! Now you'll be completely ___38___ to write the book you've had in mind and couldn't find time for."

Sophia's positive attitude ___39___ Hawthorne to muster up enough courage to sit down at the table and begin to work. The result was *The Scarlet Letter*, Hawthorne's ___40___ novel and one of the most valuable contributions to American literature.

(A) what   (B) but   (C) sighed   (D) nature

(E) free   (F) finest   (G) discouraging   (H) caused

(I) dismissed   (J) scolding

四、閱讀測驗（占 32 分）

說明： 第 41 題至第 56 題，每題請分別根據各篇文章之文意選出最適當的一個
選項，請畫記在答案卡之「選擇題答案區」。各題答對者，得 2 分；答
錯、未作答或畫記多於一個選項者，該題以零分計算。

第 41 至 44 題爲題組

There are many misconceptions about alcoholism in the United States. For example, many people think that alcoholics are careless, pleasure-seeking people who have moral problems that make them easier prey for liquor. Actually, alcoholics often feel guilty about their drinking and are very self-conscious around other people. Alcoholics quite often have low self esteem and are sensitive about what people may think of them. Another common myth is that the alcoholics are always drunk, but it is not true. In fact, there are three types of alcoholics. **Episodic** drinkers, for instance, drink only now and then, but each of their drinking episodes ends in overindulgence. Habitual excess drinkers are also only occasionally drunk, but their episodes are much more frequent than those of the episodic drinker. The addict is a person who must drink continually simply in order to function. It is the addict who needs medical assistance to withdraw from the support of alcohol.

41. What may be the best title for this passage?
    (A) Alcoholism in America (B) Types of Alcoholics
    (C) Alcoholism: Fact and Myth (D) Alcoholism: Cause and Cure

42. According to the passage, which of the following statements is NOT true?
    (A) Misunderstandings about alcoholism are common.
    (B) Alcoholics are not always drunk.
    (C) Habitual drinkers drink more frequently than episodic drinkers.
    (D) Episodic drinkers never overindulge.

43. The passage suggests that _____.
    (A) alcoholics are basically immoral
    (B) most alcoholics are emotionally disturbed people
    (C) more habitual drinkers become addicts than episodic drinkers
    (D) alcoholics are careless people who feel guiltless about their drinking

44. The word **episodic** in this passage means _____.
    (A) regular (B) constant
    (C) uncontrollable (D) occasional

第 45 至 48 題為題組

There's always been a nature vs. nurture debate regarding individuals' athletic success: is it more decided by hard work or natural ability (*or a combination of both*)? Especially prevalent is the question: are black people somehow hard-wired to do better in sports?

A study led by Duke professor Andre Bejan looked into two of the most oft-cited examples of the argument —whites' relative dominance in swimming vs. blacks' dominance in running. What it found was that natural gifts *do* make quite a difference—but maybe not how you'd expect.

The study's findings were based on the centers of gravity found in West African runners' vs. European swimmers' bodies – or, in other words, where their belly buttons are. The runners had higher centers of gravity (i.e. longer legs), while the swimmers' were lower (i.e. longer torsos).

This **matters** because, for the runners, longer legs are equal to longer strides. For swimmers, it's about, as Bejan put it, "surfing the wave created by the swimmer." A longer torso is equivalent to a longer wave. Remember Michael Phelps? He is an athlete with the ideal swimming body type.

The study's findings are intriguing—even if they just confirm what many have long suspected, it's nice to have hard evidence backing the argument that human biology—of all races—does indeed affect athletic performance.

45. This passage is most likely taken from _____.
    (A) an economic journal
    (B) a piece of sports news
    (C) a travel brochure
    (D) a magazine on international trade

46. According to the passage, athletic success is determined by athletes' _____.
    (A) race   (B) geographical origin
    (C) hard work   (D) body type

47. According to the study mentioned in the passage, it can be inferred that Michael Phelps _____.

(A) has lower center of gravity   (B) has higher center of gravity

(C) has a short body   (D) has longer legs

48. The word **matters** in the fourth paragraph means _____.

(A) to surprise and upset someone

(B) to have an important effect on something

(C) to make someone who is anxious feel calmer

(D) to be the most noticeable feature of something

第 49 至 52 題為題組

    Glaciers are formed by fallen snow that gets compressed into solid ice over a period of time. This snow keeps on freezing and thawing (depending on the climate and temperature) and finally gets converted into ice. Glaciers are also known as "rivers of ice" because they are not stationary but moving constantly like the water of a river; only much more slowly, from a few millimeters a day to a few meters a day.

    It is normal for glaciers to melt. Glaciers either break off into smaller icebergs and melt directly into the sea, or melt on land and form rivers that will empty into the sea. However, glacier ice is melting much faster today than expected. This has serious effects on the earth, mostly negative.

    Ice glaciers are able to deflect almost 80% of the sun's heat, absorbing approximately 20% of it. These figures are reversed when sunlight falls on earth. So, the loss of glacier will in turn help in increasing global temperatures. In addition, the loss of glacier ice will result in a fresh water shortage because living creatures on earth depend on the melting water from glaciers for their fresh water supply through lakes and rivers. At the same time, if ice glaciers at high altitudes melt rapidly, it will lead to a sudden increase in water input to rivers, causing floods all along the rivers. Besides, the melting water will cause a rising sea level. The effects of this are of unimaginable magnitude. Coastal regions across the globe will have to relocate because of flooding, soil erosion, and contamination of underground fresh water with salt water. These will be felt first in Americas (north, central, and south) and most of Asia.

The effects of melting ice glaciers are currently affecting the entire planet. We cannot stop the glaciers from melting faster than they should do, but we can help reduce global warming. It will help to make earth a less hazardous place to live in.

49. Which of the following is not mentioned in the passage?
    (A) How glaciers are formed.
    (B) The effects of melting ice glaciers.
    (C) How slowly glaciers move.
    (D) How to reduce the emission of carbon dioxide.

50. When sunlight falls on earth, how much of the heat will be deflected back?
    (A) 20%.　　(B) 40%.　　(C) 60%.　　(D) 80%.

51. Which of the following effects of melting glaciers is **NOT** mentioned in the passage?
    (A) The rise of sea levels.　　(B) Fresh water shortages.
    (C) The disappearance of many animal species.
    (D) Excessive flooding.

52. Which of the following is **NOT** true?
    (A) Glaciers are not immovable.
    (B) The effects of melting glaciers are mostly negative.
    (C) The earth has yet to be influenced by the effects of melting glaciers.
    (D) Melting glaciers will make the coastal areas unsuitable places to live in.

第 53 至 56 題為題組

Coco Chanel (19 August 1883 – 10 January 1971) was born as Gabrielle Bonheur Chanel in France. Her mother died when she was only 12, and her father left the family. As a result, she had to live in an orphanage. It was then she learned how to sew clothes. When she was 18, she left the orphanage to make her own way in the world with her needle.

Chanel took up a job as a café singer during the years between 1905 and 1908. It was then that she started to use the name "Coco." First a mistress of a wealthy French industrialist heir then of a rich English military officer, Chanel drew on the resources of these patrons in setting up a millinery shop in Paris in 1910. The two men also helped her find customers, and her simple hats for women became popular among elite circles.

Soon Coco Chanel was expanding to fashion design. By the 1920s, her designer wear had become a rage. Chanel revolutionized fashion with her innovative designs. Before that time, clothes for women were fussy, with big, long skirts, lots of fabric and corsets and padding. The clothes were difficult to put on and restricted the wearer. Chanel's hassle-free and comfortable designs, short skirts and pants, and a casual look were in sharp contrast to the fashions popular in the previous decades. The new look appeared for the first time in women's fashion history. In fact, Chanel was inspired to create this look by the clothes men wore. She wanted to give women the same freedom of movement in their clothes that men had, and Chanel herself sometimes dressed in mannish clothes.

Chanel's fashions had a staying power, and didn't change much from year to year—even generation to generation. Most importantly, she freed women from old-style fashion. Her extraordinary influence was such that she was the only person in the field to be named in *Time 100: The Most Important People of the Century* in the 20th century.

53. Chanel learned the skills that helped her create her fashion empire when _____.
    (A) she sang at cafés
    (B) she was a mistress of a rich French industrialist heir
    (C) she was a mistress of a wealthy English military officer
    (D) she lived in an orphanage

54. Which of the following about Chanel is correct?
    (A) Her parents named her "Coco" after her grandmother.
    (B) Her rich lovers supported her at the beginning of her career.
    (C) She sold women's clothes and perfume in her first shop.
    (D) She is the only woman named by *Time* as one of the most important people in the 20th century.

55. Florence Nightingale (1820-1910), the celebrated English nurse, was **least** likely to wear _____.
    (A) long, big skirts
    (B) a corset
    (C) a short skirt with a casual look
    (D) clothes with lots of fabric and padding

56. Coco Chanel had a great influence on fashion because _____.
    (A) she liberated women's fashion
    (B) she rose from a humble beginning to be an innovative fashion designer
    (C) she was the first woman who wore mannish clothes in public
    (D) she helped create the modern fashion industry

第貳部分：非選擇題（占 28 分）

說明： 本部分共有二題，請依各題指示作答，答案必須寫在「答案卷」上，
並標明大題號（一、二）。作答務必使用筆尖較粗之黑色墨水的筆書
寫，且不得使用鉛筆。

一、中譯英（占 8 分）

說明： 1. 請將以下中文句子譯成正確、通順、達意的英文，並將答案寫在
「答案卷」上。

2. 請依序作答，並標明子題號。每題 4 分，共 8 分。

1. 我們不可能準確地預測地震何時會發生。

2. 但是我們可以事先採取預防措施將損害減到最低。

二、英文作文（占 20 分）

說明： 1. 依提示在「答案卷」上寫一篇英文作文。

2. 文長至少 120 個單詞（words）。

提示： 請仔細觀察以下三幅連環圖片的內容，並想像第四幅圖片可能的發
展，寫出一個涵蓋連環圖片內容並有完整結局的故事。

大學入學學科能力測驗英文科
模擬試題 ⑤ 詳解

第壹部分：單選題

一、詞彙題：

1. (**C**) 寫作對我來說從來就不是件容易的事；我無法將我的想法好好地<u>轉移</u>到一張緊盯著我的空白紙上。

　　(A) translate[4] 〔 træns'let , 'trænslet 〕 v. 翻譯
　　(B) collect[2] 〔 kə'lɛkt 〕 v. 收集
　　(C) **transfer**[4] 〔 træns'fɝ , 'trænsfɝ 〕 v., n. 轉移；轉學（車）；調職
　　(D) explain[2] 〔 ɪk'splen 〕 v. 解釋
　　* thought[1] 〔 θɔt 〕 n. 想法　　blank[2] 〔 blæŋk 〕 adj. 空白的
　　　sheet[1] 〔 ʃit 〕 n. 一張（紙）　　**a sheet of paper** 一張紙
　　　stare[3] 〔 stɛr 〕 v. 凝視；注視 < at >

2. (**D**) 在英文的拼字規則裡，似乎總有規則無法適用的<u>例外</u>。

　　(A) decision[2] 〔 dɪ'sɪʒən 〕 n. 決定
　　(B) opposition[6] 〔 ,ɑpə'zɪʃən 〕 n. 反對（ = *objection*[4] ）
　　(C) extension[5] 〔 ɪk'stɛnʃən 〕 n. 延伸；（電話）分機
　　(D) **exception**[4] 〔 ɪk'sɛpʃən 〕 n. 例外
　　　except[1] 〔 ɪk'sɛpt 〕 v. 除外　　*prep.* 除了～之外
　　* rule[1] 〔 rul 〕 n. 規則；規定　　apply[2] 〔 ə'plaɪ 〕 v. 應用；適用

3. (**C**) 彼得被解雇時並不難過，因為他當初被雇用時就已被告知，這只是個<u>暫時的</u>工作。

　　(A) secondary[3] 〔 'sɛkənd,ɛrɪ 〕 adj. 次要的；中等的
　　(B) conservative[4] 〔 kən'sɝvətɪv 〕 adj. 保守的
　　(C) **temporary**[3] 〔 'tɛmpə,rɛrɪ 〕 adj. 暫時的；短暫的（ = *brief*[2] ）
　　(D) contemporary[5] 〔 kən'tɛmpə,rɛrɪ 〕 adj. 當代的；同時代的
　　* upset[3] 〔 ʌp'sɛt 〕 adj. 心煩的；不高興的　　*lay off* 解雇
　　　hire[2] 〔 haɪr 〕 v. 雇用

4. (**A**) 貝蒂兩個小時前就應該在這裡的。<u>顯然</u>，她不來了。

    (A) **_apparently_**[3] 〔 ə'pærəntlɪ , ə'pɛrəntlɪ 〕 *adv.* 明顯地 (= *obviously*[3])

    (B) influentially[4] 〔ˌɪnflʊ'ɛnʃəlɪ 〕 *adv.* 有影響力地

    (C) automatically[3] 〔ˌɔtə'mætɪkḷɪ 〕 *adv.* 自動地

    (D) narrowly[2] 〔'nærolɪ 〕 *adv.* 狹窄地；勉強地

        例：narrowly escape death 倖免於難；九死一生

5. (**B**) 每當琳西踏入百貨公司，她就有想要買新衣服及鞋子的<u>衝動</u>。

    (A) access[4] 〔'æksɛs 〕 *n.* 使用權；能取得；能進入 < *to* >

    (B) **_impulse_**[5] 〔'ɪmpʌls 〕 *n.* 衝動

        on impulse 衝動之下；衝動地   impulse buying 衝動性購買

        impulsive[5] 〔 ɪm'pʌlsɪv 〕 *adj.* 衝動的

    (C) source[2] 〔 sors 〕 *n.* 來源；起源   (D) clue[3] 〔 klu 〕 *n.* 線索

6. (**D**) 因為朵莉是家中的獨生女，她常常覺得寂寞，而和她<u>想像中的</u>朋友講話，彷彿他真的存在。

    (A) creative[3] 〔 krɪ'etɪv 〕 *adj.* 有創意的

    (B) intelligent[4] 〔 ɪn'tɛlədʒənt 〕 *adj.* 聰明的

    (C) intimate[4] 〔'ɪntəmɪt 〕 *adj.* 親密的 (= *close*)

    (D) **_imaginary_**[4] 〔 ɪ'mædʒəˌnɛrɪ 〕 *adj.* 想像中的；虛構的

        imaginable[4] 〔 ɪ'mædʒɪnəbḷ 〕 *adj.* 可想像的；可能的

        imaginative[4] 〔 ɪ'mædʒəˌnetɪv 〕 *adj.* 關於想像的；想像力豐富的

    * lonely[2] 〔'lonlɪ 〕 *adj.* 寂寞的；孤獨的   *as if* 彷彿；好像

    exist[2] 〔 ɪg'zɪst 〕 *v.* 存在

7. (**B**) 對被告不利的證據確鑿，以致於他似乎不可能證明自己的<u>清白</u>。

    (A) confidence[4] 〔'kɑnfədəns 〕 *n.* 信心

    (B) **_innocence_**[4] 〔'ɪnəsṇs 〕 *n.* 無罪；清白

        innocent[3] *adj.* 無罪的；無辜的 (= *not guilty*)；天真無邪的

    (C) connection[3] 〔 kə'nɛkʃən 〕 *n.* 連結；關係

    (D) investigation[4] 〔 ɪnˌvɛstə'geʃən 〕 *n.* 調查

    * evidence[4] 〔'ɛvədəns 〕 *n.* 證據

    against[1] 〔 ə'gɛnst 〕 *prep.* 反對；反抗；不利於

    defendant[4] 〔 dɪ'fɛndənt 〕 *n.* 被告   prove[1] 〔 pruv 〕 *v.* 證明

8. (**D**) 我們昨晚非常愉快。我們沒有<u>預料</u>到表演會如此精彩。

(A) respect² ﹝rɪ'spɛkt﹞ *v., n.* 尊敬

(B) inspect³ ﹝ɪn'spɛkt﹞ *v.* 檢查　　inspection⁴ ﹝ɪn'spɛkʃən﹞ *n.* 檢查

(C) accept² ﹝ək'sɛpt﹞ *v.* 接受；答應

(D) ***expect²*** ﹝ɪk'spɛkt﹞ *v.* 預期；期待

expectation³ ﹝͵ɛkspɛk'teʃən﹞ *n.* 期待；期望

* wonderful² ﹝'wʌndəfəl﹞ *adj.* 很棒的

performance³ ﹝pə'fɔrməns﹞ *n.* 表演；演出

excellent² ﹝'ɛksḷənt﹞ *adj.* 極好的；優秀的

9. (**A**) 人們經常會<u>修改</u>他們的看法，因為隨著年齡的增長，他們看事情的方法也會改變。

(A) ***modify⁵*** ﹝'madə͵faɪ﹞ *v.* 修改；調整 (= *change²* = *alter⁵*)

(B) clarify⁴ ﹝'klærə͵faɪ﹞ *v.* 澄清；清楚說明 (= *make clear*)

(C) purify⁶ ﹝'pjʊrə͵faɪ﹞ *v.* 淨化 (= *make pure*)

(D) notify⁵ ﹝'notə͵faɪ﹞ *v.* 通知 (= *inform³*)

notify/inform sb. of sth. 通知某人某事

* view¹ ﹝vju﹞ *n.* 看法；觀點 (= *viewpoint* = *point of view*)

10. (**C**) 潔西卡的父母是非常<u>開明的</u>人，給她很多自由。

(A) frugal ﹝'frugḷ﹞ *adj.* 節儉的 (= *thrifty⁶*)

(B) sociable⁶ ﹝'soʃəbḷ﹞ *adj.* 好交際的

(C) ***liberal³*** ﹝'lɪbərəl﹞ *adj.* 開明的；慷慨的

(D) hostile⁵ ﹝'hastḷ﹞ *adj.* 有敵意的；不利的

* freedom² ﹝'fridəm﹞ *n.* 自由

11. (**B**) 碧昂絲是個很受歡迎的歌手，她每次演唱會都座無<u>虛</u>席。

(A) valid⁶ ﹝'vælɪd﹞ *adj.* 有效的

(B) ***vacant³*** ﹝'vekənt﹞ *adj.* 空的　　***vacant seat*** 空位

vacancy⁵ ﹝'vekənsɪ﹞ *n.* 空；空位；空缺

(C) vivid³ ﹝'vɪvɪd﹞ *adj.* 栩栩如生的；生動的；鮮明的

(D) vital⁴ ﹝'vaɪtḷ﹞ *adj.* 生命的；極重要的

* popular²'³ ﹝'papjələ﹞ *adj.* 流行的；受歡迎的

concert³ ﹝'kansɝt﹞ *n.* 演唱會；音樂會　　seat¹ ﹝sit﹞ *n.* 座位

12. (**C**) 英文在現今的國際往來中，比其他任何語言更<u>廣泛</u>被使用。

    (A) relatively^4 (ˋrɛlətɪvlɪ) *adv.* 相對地；相當地

    (B) profoundly^6 (prəˋfaʊndlɪ) *adv.* 深切地

    (C) ***widely***^{1} (ˋwaɪdlɪ) *adv.* 廣泛地 (= *broadly*^{2})

    (D) repeatedly^2 (rɪˋpitɪdlɪ) *adv.* 重覆地 (= *again and again*)

    * international^2 (ˌɪntəˋnæʃənḷ) *adj.* 國際的

      intercourse (ˋɪntəˌkors) *n.* 交際；交通；交往

13. (**A**) 他<u>忽視</u>所有「禁止吸煙」的告示，點了一根煙。

    (A) ***ignore***^{2} (ɪgˋnor) *v.* 忽視 (= *pay no attention to*)

    (B) abolish^5 (əˋbalɪʃ) *v.* 廢除；廢止 (= *do away with* = *end*^{1})

    (C) announce^3 (əˋnaʊns) *v.* 宣布 (= *declare*^{4})

    (D) observe^3 (əbˋzɝv) *v.* 觀察；遵守；慶祝

    * sign^2 (saɪn) *n.* 告示   ***light up*** 點燃；點火

      cigarette^3 (ˋsɪgəˌrɛt) *n.* 香煙

14. (**C**) 你面臨一個可怕的<u>困境</u>，因為兩個選擇中你選任一個，都會有不幸的後果。

    (A) punishment^2 (ˋpʌnɪʃmənt) *n.* 處罰   punish^2 *v.* 處罰

    (B) coincidence^6 (koˋɪnsədəns) *n.* 巧合

    (C) ***dilemma***^{6} (dɪˋlɛmə) *n.* 困境；兩難

    (D) strategy^3 (ˋstrætədʒɪ) *n.* 策略 (= *plan*^{1} = *scheme*^{5})

    * terrible^2 (ˋtɛrəbḷ) *adj.* 可怕的   either^1 (ˋiðə) *adj.* (兩者中) 任一的

      unfortunate^4 (ʌnˋfɔrtʃənɪt) *adj.* 不幸的 (= *unlucky*^{1})

      consequence^4 (ˋkɑnsəˌkwɛns) *n.* 後果；結果 (= *result*^{2} = *outcome*^{4})

15. (**D**) 艾倫是個拘謹的人。我<u>很少</u>看過他顯露出自己的感情。

    (A) merely^4 (ˋmɪrlɪ) *adv.* 僅；只 (= *just*^{1} = *only*^{1} = *simply*^{2})

    (B) frequently^3 (ˋfrikwəntlɪ) *adv.* 經常地

    (C) roughly^4 (ˋrʌflɪ) *adv.* 大約 (= *approximately*^{6} = *about*^{1})

    (D) ***rarely***^{2} (ˋrɛrlɪ) *adv.* 很少 (= *seldom*^{3})

    * reserved^3 (rɪˋzɝvd) *adj.* 拘謹的；冷淡的

      display^2 (dɪˋsple) *v.* 顯露；表現 (= *show*^{1})

      emotion^2 (ɪˋmoʃən) *n.* 感情；情緒 (= *feeling*^{1} = *passion*^{3})

二、綜合測驗：

第 16 至 20 題為題組

　　一位華爾街大亨，愛上了一個百老匯合唱團裡的女孩，幾個月以來，每天都和這位身材曼妙的小姐在一起，<u>帶著她去高級餐廳吃午餐、在劇院表演結束</u>
　　　　　　　　　　　　　　　　　　　　　　　　　　16
後帶她去吃消夜。這對情侶到處都出雙入對。最後，這位大亨決定要<u>讓</u>這位女演員<u>成為</u>他的妻子。
　　17

> * **Wall Street** 華爾街【紐約股票交易所所在，美國金融界中心】
> tycoon〔taɪ′kun〕*n.*（實業界的）鉅子；大亨
> **fall in love with** *sb.* 愛上某人
> Broadway〔′brɔd,we〕*n.* 百老匯【紐約重要南北向道路，此路兩旁
> 　分布著為數眾多的劇院，是美國戲劇和音樂劇的重要發揚地，因此
> 　成為了音樂劇的代名詞】　　chorus⁴〔′korəs〕*n.* 合唱團
> shapely¹〔′ʃeplɪ〕*adj.* 好看的；姿態優美的　　miss²〔mɪs〕*n.* 小姐
> fashionable³〔′fæʃənəbḷ〕*adj.* 時尚的；上流社會的
> midnight〔′mɪd,naɪt〕*adj.* 午夜的　　supper¹〔′sʌpɚ〕*n.* 晚餐
> theater²〔′θiətɚ〕*n.* 劇場；戲劇　　couple²〔′kʌpḷ〕*n.* 一對男女
> actress¹〔′æktrɪs〕*n.* 女演員

16. (**B**) 空格動詞與前句之間需要連接詞，且動詞應用過去式，(A) and takes
　　　 時態錯誤，應改成 and took，如將連接詞省略，則動詞改為現在分
　　　 詞，故本題選 (B) *taking*。

17. (**D**) 空格動詞後 the actress 為受詞，而 his wife 應為受詞補語，故本題
　　　 選 (D) *make*，make 為使役動詞，接受詞後，可接名詞作受詞補語，
　　　 做「使…成為～」解。(B) 和 (C) 用法錯誤。(A) 為完全及物動詞，直
　　　 接用 marry the actress「和女演員結婚」，不需接受詞補語。

　　他對婚姻就如同對做生意一樣謹慎小心（他的財富可不是意外得到的），他覺得沒問題請了私家偵探，去打聽他女友的過去，以避免自己<u>作出</u>一個日後會後
　　　　　　　　　　　　　　　　　　　　　　　　　　　　　　　　18
悔的草率決定。這名偵探很仔細地調查，最後交出了他的報告。

> * cautious⁵〔′kɔʃəs〕*adj.* 小心的；謹慎的
> marriage²〔′mærɪdʒ〕*n.* 婚姻；結婚　　gain²〔gen〕*v.* 得到；獲得
> fortune³〔′fɔrtʃən〕*n.* 財富；運氣　　**by chance** 偶然地

see no problem with 覺得做某事沒問題；覺得某事可以做
hire[2] 〔 haɪr 〕 *v.* 雇用　　private[2] 〔 'praɪvɪt 〕 *adj.* 私人的；個人的
detective[4] 〔 dɪ'tɛktɪv 〕 *n.* 偵探；警探
pry 〔 praɪ 〕 *v.* 打聽；探問 < *into* >　　past[1] 〔 pæst 〕 *n.* 過去
prevent[3] 〔 prɪ'vɛnt 〕 *v.* 阻止；預防　　hasty[3] 〔 'hestɪ 〕 *adj.* 倉促的；輕率的
decision[2] 〔 dɪ'sɪʒən 〕 *n.* 決定　　regret[3] 〔 rɪ'grɛt 〕 *v., n.* 後悔；悔恨
thorough[4] 〔 'θɜo 〕 *adj.* 完全的；徹底的
investigate[3] 〔 ɪn'vɛstə,get 〕 *v.* 調查
at last 最後；終於　　*turn in* 繳交

18. (**C**) *prevent ~ from Ving / N* 避免、預防~做某事

「蘿拉小姐名聲很好。這位女士的過去完全<u>純潔無瑕</u>，而她來往的人都是
　　　　　　　　　　　　　　　　　　　　　19
上流階層的人。她的背景裡，沒有絲毫的醜聞或諸如此類的東西。<u>如果</u>有任何
　　　　　　　　　　　　　　　　　　　　　　　　　　　　　　　20
可疑的事，就是這個：最近蘿拉小姐一直被看到，和一個名聲有問題的人在一
起。」

　　* reputation[4] 〔 ,rɛpjə'teʃən 〕 *n.* 名聲；名譽
　　completely[2] 〔 kəm'plitlɪ 〕 *adv.* 完全地；完美地
　　associate[4] 〔 ə'soʃɪɪt 〕 *n.* 同伴；同事　　rank[3] 〔 ræŋk 〕 *n.* 階級；地位
　　trace[3] 〔 tres 〕 *n.* 痕跡；足跡　　scandal[5] 〔 'skændl̩ 〕 *n.* 醜聞
　　whatsoever[6] 〔 ,hwɑtso'ɛvɚ 〕 *pron.* 不論；任何東西 (= *whatever*[2] = *at all*)
　　【加強否定的語氣】　background[3] 〔 'bæk,graund 〕 *n.* 背景
　　suspicious[4] 〔 sə'spɪʃəs 〕 *adj.* 多疑的；可疑的
　　recently[2] 〔 'risn̩tlɪ 〕 *adv.* 最近；近來
　　company[2] 〔 'kʌmpənɪ 〕 *n.* 交往；交際
　　in the company of sb. 和某人在一起 (= *with sb.*)
　　questionable[1] 〔 'kwɛstʃənəbl̩ 〕 *adj.* 有問題的；不可靠的

19. (**C**) (A) mysterious[4] 〔 mɪs'tɪrɪəs 〕 *adj.* 神秘的
　　　　　(B) tragic[4] 〔 'trædʒɪk 〕 *adj.* 悲慘的
　　　　　(C) *spotless*[2] 〔 'spɑtlɪs 〕 *adj.* 純潔無瑕疵的
　　　　　(D) meaningless[2] 〔 'minɪŋlɪs 〕 *adj.* 無意義的

> spotless[2] *adj.* 無瑕的
> = flawless[5]
> = perfect[2]

20. (**D**) 依句意，選 (D) *If*「如果」。而 (A) whether「是否」，(B) when
　　　　「當…」，(C) although「雖然」，句意不合。

第 21 至 25 題為題組

　　根據一些傳說，「雲門」是中國已知最古老的舞蹈的名字。1973 年，編舞者林懷民採用這個經典的名字，作為他的舞團名稱：「台灣雲門舞集」。雲門
　　　　　 21
豐富的舞碼，根源於亞洲的神話故事及民間傳說，但是它賦予這些年代久遠的
　　　　　　　　　　　　　　　　　　　　　　 22
故事一個新的觀點。

Cloud Gate Dance Theatre

　　* legend[4] ('lɛdʒənd) *n.* 傳說
　　　 known[1] (non) *adj.* 已知的
　　　 choreographer (ˌkorɪ'ɔgrəfə) *n.* 編舞者；指導者
　　　 classical[3] ('klæsɪkl̩) *adj.* 古典的；經典的
　　　 repertoire ('rɛpəˌtwar) *n.* 戲目；演奏曲目　　 root[1] (rut) *n.* 根源；基礎
　　　 have its roots in 源自　　 myth[5] (mɪθ) *n.* 神話
　　　 folklore[5] ('fokˌlor) *n.* 民間傳說　　 *age-old* *adj.* 古老的；久遠的
　　　 perspective[6] (pə'spɛktɪv) *n.* 洞察力；看法

21. (**C**) (A) call[1] (kɔl) *v.* 稱呼　　　　　 (B) invent[2] (ɪn'vɛnt) *v.* 發明
　　　　　　 (C) *adopt*[3] (ə'dapt) *v.* 採用　　　 (D) create[2] (krɪ'et) *v.* 創造

22. (**B**) 依句意，前後兩句話句意有轉折，選 (B) *but*。

雲門是由一群受過氣功、冥想、武術、京劇動作、現代舞和芭蕾訓練的舞者所
組成。雲門在國內外都享有高度的讚賞，而且非常受歡迎。
 23

　　* training[1] ('trenɪŋ) *n.* 訓練　　 meditation[6] (ˌmɛdə'teʃən) *n.* 冥想；沈思
　　　 martial[5] ('marʃəl) *adj.* 戰爭的；軍事的　　 *martial art* 武術
　　　 opera[4] ('apərə) *n.* 歌劇　　 *Chinese Opera* 京劇
　　　 movement[1] ('muvmənt) *n.* 動作　　 modern[2] ('madən) *adj.* 現代的
　　　 ballet[4] (bæ'le) *n.* 芭蕾舞　　 acclaim (ə'klem) *n.* 讚賞；喝采
　　　 popularity[4] (ˌpapjə'lærətɪ) *n.* 受歡迎；流行
　　　 overseas[2] ('ovə'siz) *adv.* 在海外 (= *abroad*[2])
　　　 as well as 以及　　 *at home* 在國內

23. (**C**) (A) take over　接管
　　　　　　 (B) turn into　轉變
　　　　　　 (C) *consist of*　由…組成
　　　　　　 (D) bring up　養育 (= *raise*[1] = *rear*[5])

> consist of　由～組成；包含
> = be composed of
> = be made up of
> = include[2]
> = contain[2]

為表彰雲門海內外的成就，在 2003 年 8 月 21 日，台灣政府宣告當天為「雲門
日」，並且將雲門所在的<u>巷子</u>命名為「雲門巷」。這在台灣的歷史上是第一次，
 24
有一個日子及地點，以現存的藝術家或是活躍的藝術組織來命名。
 25

> * locally^2 (ˈlokəlɪ) *adv.* 地方上地
> internationally^2 (ˌɪntəˈnæʃənḷɪ) *adv.* 國際性地；國際上地
> proclaim (proˈklem) *v.* 宣告；宣布　　lie^1 (laɪ) *v.* 在於；座落於
> lane^2 (len) *n.* 巷子　　***be named after*** 以⋯命名
> living^1 (ˈlɪvɪŋ) *adj.* 活的；現存的　　artist^2 (ˈɑrtɪst) *n.* 藝術家
> active^2 (ˈæktɪv) *adj.* 活躍的　　artistic^4 (ɑrˈtɪstɪk) *adj.* 藝術的
> organization^2 (ˌɔrgənəˈzeʃən) *n.* 組織；團體

24. (**D**) (A) in contrast with　與⋯成對比　　(B) in relation to　和⋯有關
　　　　　　(C) in exchange of　以交換⋯　　　(D) ***in recognition of***　以表彰⋯

25. (**A**) on...lies 為形容詞子句，修飾先行詞 the street，空格為關代，代替
　　　　　 the street，而介系詞後關代不可用 that，只能用 ***which***，選 (A)。

第 26 至 30 題為題組

　　我們的冬季假期充滿了傳統：送禮物、裝飾房屋的
燈泡，還有像「小氣財神」那樣的精彩故事。狄更斯的
這個聖誕故事是美國文化的精髓，而古得曼劇院演出的
這齣備受喜愛的戲劇，是芝加哥最<u>珍貴的</u>耶誕傳統之一。
　　　　　　　　　　　　　　　　 26

> * tradition^2 (trəˈdɪʃən) *n.* 傳統　　light^1 (laɪt) *n.* 燈；燈光
> decorate^2 (ˈdɛkəˌret) *v.* 裝飾　　carol^6 (ˈkærəl) *n.* 頌歌
> tale^1 (tel) *n.* 故事　　staple^6 (ˈstepḷ) *n.* 主要產品
> culture^2 (ˈkʌltʃə) *n.* 文化　　theater^2 (ˈθiətə) *n.* 劇院
> production^4 (prəˈdʌkʃən) *n.* 製作；演出；演出作品
> ***much-loved*** *adj.* 備受喜愛的

26. (**D**) (A) contrasted^4 (kənˈtræstɪd) *adj.* 對比的
　　　　　 (B) sheltered^4 (ˈʃɛltəd) *adj.* 受保護的
　　　　　 (C) resolved^4 (rɪˈzɑlvd) *adj.* 決定的
　　　　　 (D) ***treasured***^{2} (ˈtrɛʒəd) *adj.* 珍貴的

> treasured^2 *adj.* 珍貴的
> = prized^2
> = cherished^4
> = valued^2
> = valuable^3
> = precious^3

在每年的耶誕季節，<u>喜歡看戲的幾代人</u>——從小孩到老人，每年都會回到古得
　　　　　　　　　　 27

曼劇院，觀賞這齣永恆的經典劇<u>被賦予</u>生命。古得曼已經連續 27 年，將「小氣
　　　　　　　　　　　　　　 28

財神」搬上舞台，每年都成功地為這個有 160 年歷史的故事<u>注入新生命</u>。
　　　　　　　　　　　　　　　　　　　　　　　　　　　　 29

    * generation[4] 〔͵dʒɛnə'reʃən〕 *n.* 世代
    knee high 和膝蓋一樣高的；及膝的；此指「小孩」
    score[2] 〔skor〕 *n.* 二十　　***four score*** 八十；此指「老人」
    timeless[1] 〔'taɪmlɪs〕 *adj.* 永恆的　　classic[2] 〔'klæsɪk〕 *n.* 經典作品
    stage[2] 〔stedʒ〕 *v.* 上演

27. (**C**) (A) sculpture[4] 〔'skʌlptʃɚ〕 *n.* 雕刻
    (B) miniature[6] 〔'mɪnɪətʃɚ〕 *n.* 縮小物
    (C) ***theatergoer*** 〔'θiətɚ'goɚ〕 *n.* 戲迷；喜歡看戲的人
    (D) mammal[5] 〔'mæml̩〕 *n.* 哺乳類動物

28. (**D**) ***bring~to life*** 使~復活；賦予~生命，依句意，觀賞這齣戲
    「被賦予」生命，為被動，用過去分詞，選 (D) ***brought***。

29. (**A**) (A) ***breathe***[3] 〔brið〕 *v.* 呼吸
    breathe new life into~ 為~注入新生命；賦予新的活力
    (B) advertise[3] 〔'ædvɚ͵taɪz〕 *v.* 登廣告
    (C) innovate[6] 〔'ɪnə͵vet〕 *v.* 革新
    (D) substitute[5] 〔'sʌbstə͵tjut〕 *v.* 用…代替

每年導演、演員和舞台設計者，詮釋這個大家都熟悉的故事，都好像他們是第
一次在訴說這個故事。<u>是什麼原因</u>讓我們每年冬天都回來看同樣的戲呢？或許
　　　　　　　　　　　 30
是當我們年復一年，聽到小提姆說：「上帝祝福我們每一個人」時，就幫助我
們記起了聖誕節的精神。

    * director[2] 〔də'rɛktɚ〕 *n.* 導演　　actor[1] 〔'æktɚ〕 *n.* 演員
    designer[3] 〔dɪ'zaɪnɚ〕 *n.* 設計者　　approach[3] 〔ə'protʃ〕 *v.* 接近；處理
    familiar[3] 〔fə'mɪljɚ〕 *adj.* 熟悉的　　***as if*** 好像；彷彿
    for the first time 第一次　　perhaps[1] 〔pɚ'hæps〕 *adv.* 或許；也許
    bless[3] 〔blɛs〕 *v.* 賜福　　***year after year*** 年復一年

30. (**D**) 依句意，是「什麼原因」使我們回來，選 (D) ***What***。

三、文意選填：

第 31 至 40 題爲題組

　　納撒尼爾‧霍桑（1804-1864），是美國史上空前的重要作家之一，他的文學生涯經歷過許多的挫敗。因爲他 [31.] **(D)** 天性憂鬱，很容易對他未來的作家之路感到鬱悶。悲觀是他最大的敵人。

> * **all-time** *adj.* 空前的；前所未有的　　　major[3] 〔 'medʒɚ 〕 *adj.* 主要的
> author[3] 〔 'ɔθɚ 〕 *n.* 作者　　disappointment[3] 〔 ,dɪsə'pɔɪntmənt 〕 *n.* 失望
> literary[4] 〔 'lɪtə,rɛrɪ 〕 *adj.* 文學的　　career[4] 〔 kə'rɪr 〕 *n.* 生涯
> melancholy[6] 〔 'mɛlən,kɑlɪ 〕 *adj.* 憂鬱的　　nature[1] 〔 'netʃɚ 〕 *n.* 自然；天性
> apt[5] 〔 æpt 〕 *adj.* 易於…的；有…傾向的
> gloomy[6] 〔 'glumɪ 〕 *adj.* 黯淡的；悲傷的　　future[2] 〔 'fjutʃɚ 〕 *n.* 未來
> pessimism[5] 〔 'pɛsə,mɪzəm 〕 *n.* 悲觀（主義）
> bitter[2] 〔 'bɪtɚ 〕 *adj.* 嚴厲的；冷酷的　　enemy[2] 〔 'ɛnəmɪ 〕 *n.* 敵人

　　在他生命中有三個不同的時候，他從政府公職 [32.] **(I)** 被解雇，而必須以寫作謀生。在這些時候他變得悶悶不樂，[33.] **(B)** 只看到生命中的黑暗面。若非他善解人意的妻子蘇菲亞，他很可能早就完全放棄文學了。

> * **dismiss**[4] 〔 dɪs'mɪs 〕 *v.* 解雇　　***take to*** 開始做
> livelihood 〔 'laɪvlɪ,hʊd 〕 *n.* 生活；生計
> moody[3] 〔 'mudɪ 〕 *adj.* 悶悶不樂的；陰鬱的　　***nothing but*** 只有
> ***the dark side of life*** 生命中的黑暗面
> ***Had it not been for~*** 如果沒有~【源自 If it had not been for~，連接詞
> 　If 省略，而把 had 置於句首，爲與過去事實相反的假設語氣】
> understanding[1] 〔 ,ʌndɚ'stændɪŋ 〕 *adj.* 體諒的
> abandon[4] 〔 ə'bændən 〕 *v.* 放棄；拋棄　　literature[4] 〔 'lɪtərətʃɚ 〕 *n.* 文學
> altogether[2] 〔 ,ɔltə'gɛðɚ 〕 *adv.* 全部地；全然

　　在一次特別 [34.] **(G)** 令人氣餒的時候，霍桑回家宣告他丟了政府的職位，「蘇菲亞，我們該怎麼辦？」他沮喪地 [35.] **(C)** 嘆氣說：「我們完了！」

> * **especially**[2] 〔 ə'spɛʃəlɪ 〕 *adv.* 尤其；特別地
> discouraging[4] 〔 dɪs'kɝɪdʒɪŋ 〕 *adj.* 令人氣餒的
> occasion[3] 〔 ə'keʒən 〕 *n.* 場合；時機；時候
> announcement[3] 〔 ə'naʊnsmənt 〕 *n.* 宣布
> position[1] 〔 pə'zɪʃən 〕 *n.* 位置；職位　　sigh[3] 〔 saɪ 〕 *v.* 嘆氣
> dismay[6] 〔 dɪs'me 〕 *n.* 驚慌；沮喪；氣餒

美國文學要好好感謝蘇菲亞，因爲接下來發生 36. **(A)** 的事情。蘇菲亞沒有 37. **(J)** 責罵她的丈夫丟了工作，而是去櫥櫃裡拿出筆、墨水和紙，放在桌上。然後她深情地輕撫她先生，微笑地說：「你想想，現在你完全 38. **(E)** 有空，可以把你以前一直想著，卻沒時間寫的那本書寫出來了。」

> * indebted²〔ɪnˈdɛtɪd〕*adj.* 感激的；受到恩惠的 < *to* >
> ***be indebted to sb. for sth.*** 因爲某事感激某人　　***instead of*** 沒有～
> scold⁴〔skold〕*v.* 責罵　　cupboard³〔ˈkʌbəd〕*n.* 碗櫥
> affectionately⁶〔əˈfɛkʃənɪtlɪ〕*adv.* 深愛地；深情地
> ***think of*** 想想；思考　　completely²〔kəmˈplitlɪ〕*adv.* 完全地
> free¹〔fri〕*adj.* 自由的；有空的　　***have sth. in mind*** 心中想著某事

蘇菲亞正面的態度，39. **(H)** 使得霍桑鼓起足夠的勇氣，坐在書桌前開始寫作。結果就寫出了「紅字」這本書——霍桑 40. **(F)** 最傑出的小說，也是美國文學上最有價值的貢獻之一。

> * positive²〔ˈpɑzətɪv〕*adj.* 正面的；樂觀的　　attitude³〔ˈætə͵tud〕*n.* 態度
> ***cause~to V*** 致使～做某事　　muster〔ˈmʌstə〕*v.* 鼓起；提起 < *up* >
> courage²〔ˈkɝɪdʒ〕*n.* 勇氣　　result²〔rɪˈzʌlt〕*n.* 結果
> scarlet〔ˈskɑrlɪt〕*adj.* 深紅色的　　novel²〔ˈnɑvḷ〕*n.* 小說
> valuable³〔ˈvæljəbḷ〕*adj.* 有價值的；珍貴的
> contribution⁴〔͵kɑntrəˈbjuʃən〕*n.* 貢獻
>
> > contribute⁴ *v.* 貢獻
> > distribute⁴ *v.* 分配
> > attribute *v.* 歸因於
> > tribute⁵ *n.* 敬意；貢物

四、閱讀測驗：

第 41 至 44 題爲題組

在美國，一般人對於酗酒有許多誤解。例如，很多人認爲酗酒者是粗心大意的尋歡之人，他們常有道德的問題，使他們更加容易成爲酒精的受害者。事實上，酗酒者對於自己的豪飲常有罪惡感，和別人在一起時，會非常不自在。酗酒者通常很自卑，而且關於別人對自己的看法很敏感。

> * misconception⁶〔͵mɪskənˈsɛpʃən〕*n.* 誤會；誤解 (= *misunderstanding*⁴)
> alcoholism⁶〔ˈælkə͵hɔl͵ɪzəm〕*n.* 酗酒；酒精中毒
> ***for example*** 例如　　alcoholic⁶〔͵ælkəˈhɔlɪk〕*n.* 酒精中毒者
> careless¹〔ˈkɛrlɪs〕*adj.* 粗心大意的　　***pleasure-seeking*** *adj.* 尋求歡樂的
> moral³〔ˈmɔrəl〕*adj.* 道德的　　prey²〔pre〕*n.* 獵物；犧牲者
> liquor⁴〔ˈlɪkə〕*n.* 酒類 (= *alcohol*⁴)　　actually³〔ˈæktʃʊəlɪ〕*adv.* 事實上
> guilty⁴〔ˈgɪltɪ〕*adj.* 有罪的；有罪惡感的；良心不安的

self-conscious〔ˈsɛlfˈkɑnʃəs〕*adj.* 自我意識的；自覺的；害羞的
esteem[5]〔əˈstim〕*n.* 尊重；尊敬　　*self esteem* 自尊心（＝*self-respect*）
sensitive[3]〔ˈsɛnsətɪv〕*adj.* 敏感的

另一個常見的迷思是，酗酒的人總是爛醉如泥，但事實並非如此。實際上，酗酒者有三種。例如，偶發性酗酒者只是偶爾喝酒，但他們每一次喝酒，到後來都會過度放縱。習慣性飲酒過量者也是偶爾才會喝醉，但他們喝醉的次數，比偶發性酗酒者更頻繁。酒精上癮者必須持續喝酒，僅僅為了讓身體正常運作。這種上癮者需要醫療協助，以消除對酒精的依賴。

* common[1]〔ˈkɑmən〕*adj.* 常見的　　myth[5]〔mɪθ〕*n.* 神話故事；迷思
drunk[3]〔drʌŋk〕*adj.* 喝醉的　　type[2]〔taɪp〕*n.* 種類；型式
episodic[6]〔ˌɛpəˈsɑdɪk〕*adj.* 插曲般的；短暫的；分成片斷的
for instance 例如（＝*for example*）
now and then 有時；偶爾（＝*occasionally*[4]）
episode[6]〔ˈɛpəˌsod〕*n.* 插曲；一集；一段　　*end in* 以～收場
overindulgence[5]〔ˈovɚɪnˈdʌldʒəns〕*n.* 過度放縱；過度沈迷
habitual[4]〔həˈbɪtʃuəl〕*adj.* 習慣性的；慣常的（＝*customary*[6]＝*regular*[2]）
excess[5]〔ɪkˈsɛs〕*adj.* 超過的；多餘的
occasionally[4]〔əˈkeʒənl̩ɪ〕*adv.* 有時；偶爾
frequent[3]〔ˈfrikwənt〕*adj.* 經常的　　addict[5]〔ˈædɪkt〕*n.* 上癮者；熱中者
continually[4]〔kənˈtɪnjuəlɪ〕*adv.* 不斷地；持續地
simply[2]〔ˈsɪmplɪ〕*adv.* 僅僅
function[2]〔ˈfʌŋkʃən〕*v.* 發揮功能；正常運作
medical[3]〔ˈmɛdɪkl̩〕*adj.* 醫學的；醫療的
assistance[4]〔əˈsɪstəns〕*n.* 幫助；援助
withdraw[4]〔wɪðˈdrɔ〕*v.* 取回；退出
support[2]〔səˈport〕*n.* 支持；支撐　　alcohol[4]〔ˈælkəˌhɔl〕*n.* 酒精；酒

```
with + draw
  |      |
back + pull
```

41. (**C**) 本文最好的標題可能為何？

(A) 美國的酗酒問題　　　　　　(B) 酗酒者的種類
(C) 酗酒的事實與迷思　　　　　(D) 酗酒的起因與治療

* title[2]〔ˈtaɪtl̩〕*n.* 標題　　cure[2]〔kjur〕*n.* 治療

42. (**D**) 根據本文，下列那一個敘述為非？

(A) 對酗酒的誤解很常見。

(B) 酗酒者並非總是醉醺醺的。

(C) 習慣性酗酒者比偶發性酗酒者更常喝酒。

(D) 偶發性酗酒者從來不會過於放縱自己。

* misunderstanding[4]〔ˌmɪsʌndɚˈstændɪŋ〕*n.* 誤解；誤會
　frequently[3]〔ˈfrikwəntlɪ〕*adv.* 經常地
　overindulge[5]〔ˌovɚɪnˈdʌldʒ〕*v.* 過度放縱；過度沈迷

43. (**B**) 本文暗示 ＿＿＿＿＿＿ 。

(A) 酗酒者基本上都是不道德的

(B) 大部份的酗酒者都有情緒不穩的問題

(C) 較多的慣性酗酒者比偶發性酗酒者更容易成爲酒精上癮者

(D) 酗酒者都粗心大意，對於他們的豪飲無罪惡感

* suggest[3]〔sə(g)ˈdʒɛst〕*v.* 建議；暗示
　basically[1]〔ˈbesɪklɪ〕*adv.* 基本地；基本上
　immoral[3]〔ɪˈmɔrəl〕*adj.* 不道德的
　emotionally[4]〔ɪˈmoʃənlɪ〕*adv.* 易受感動地
　disturbed[4]〔dɪˈstɝbd〕*adj.* 擾亂的；（情緒）有障礙的
　guiltless[4]〔ˈgɪltləs〕*adj.* 無罪的；清白的

44. (**D**) "**episodic**" 這個字在本文指的是 ＿＿＿＿＿＿ 。

(A) 規律的；經常的　　　　　(B) 持續的

(C) 無法控制的　　　　　　　(D) 偶爾的

* regular[2]〔ˈrɛgjəlɚ〕*adj.* 規律的；經常的
　constant[3]〔ˈkɑnstənt〕*adj.* 持續不斷的
　uncontrollable[2]〔ˌʌnkənˈtroləbḷ〕*adj.* 不能控制的
　occasional[4]〔əˈkeʒənḷ〕*adj.* 偶爾的

第 45 至 48 題爲題組

　　關於個人的運動成就，一直以來都在辯論，是先天的本質或後天的培育：究竟是取決於努力，亦或是先天的能力，（又或是兩者的結合呢？）特別普遍的是這個問題：黑人是否天生運動表現較佳？

* nature[1]〔ˈnetʃɚ〕*n.* 本性；天性
　vs.〔ˈvɝsəs〕*prep.* 對抗；對比（= *versus*[5]）
　nurture[6]〔ˈnɝtʃɚ〕*n.* 養育；培育　　debate[2]〔dɪˈbet〕*n.* 辯論
　regarding[4]〔rɪˈgɑrdɪŋ〕*prep.* 關於（= *concerning*[4] = *about*[1]）
　individual[3]〔ˌɪndəˈvɪdʒuəl〕*n.* 個人

athletic[4] 〔 æθ'lɛtɪk 〕 *adj.* 競賽的；體育的　　success[2] 〔 sək'sɛs 〕 *n.* 成功
natural[2] 〔'nætʃərəl 〕 *adj.* 自然的　　ability[2] 〔 ə'bɪlətɪ 〕 *n.* 能力；潛力
combination[4] 〔͵kɑmbə'neʃən 〕 *n.* 結合
especially[2] 〔 ə'spɛʃəlɪ 〕 *adv.* 特別地（ = *particularly*[2] ）
prevalent 〔'prɛvələnt 〕 *adj.* 流行的；盛行的
somehow[3] 〔'sʌm͵haʊ 〕 *adv.* 不知如何地；不知怎麼地
hard-wired 〔'hɑrd͵waɪrd 〕 *adj.* 固線的；本能的

　　一個由杜克大學阿德里安・北簡教授帶領的研究，探討二個最常被引用的爭論的例子——白人在游泳方面相對的優勢，相對於黑人在跑步方面的優勢。研究發現天賦的確有影響，但也許並不是你所預期的那樣。

　* professor[4] 〔 prə'fɛsɚ 〕 *n.* 教授　　***look into*** 調查（ = *investigate*[3] ）
　　oft-cited 〔'ɔft'saɪtɪd 〕 *adj.* 常常被引用的【 oft = often；cite[5] *v.* 引用】
　　argument[2] 〔'ɑrgjəmənt 〕 *n.* 爭論；辯論　　relative[4] 〔'rɛlətɪv 〕 *adj.* 相對的
　　dominance[4] 〔'dɑmənəns 〕 *n.* 優勢；支配　　gift[1] 〔 gɪft 〕 *n.* 禮物；天賦
　　make a difference 有差別；有影響　　expect[2] 〔 ɪk'spɛkt 〕 *v.* 預期；期待

　　這項研究是根據西非跑者及歐洲游泳者，他們身體重心的位置來作調查，也就是他們肚臍所在的位置。跑者身體重心較高（換言之，腿較長），而游泳者身體重心較低（換言之，軀幹較長）。

　* findings 〔'faɪndɪŋz 〕 *n. pl.* 研究結果；
　　　調查結果　　***be based on*** 根據
　　center[1] 〔'sɛntɚ 〕 *n.* 中心；中心點
　　gravity[5] 〔'grævətɪ 〕 *n.* 重力
　　in other words 換言之；換句話說（ = *that is* ）
　　belly[3] 〔'bɛlɪ 〕 *n.* 腹部　　button[2] 〔'bʌtn̩ 〕 *n.* 鈕釦
　　belly button 肚臍（ = *navel*[6] ）　　torso 〔'tɔrso 〕 *n.* 軀幹

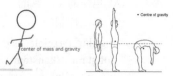

　　這個發現很重要，因為對跑者而言，腿較長等同於跨步較大。對游泳者而言，如北簡教授所說，游泳者就好像是在自己創造的浪上衝浪。軀幹較長就等於波浪較長。記得麥可・菲爾普斯嗎？他就是一個有理想游泳體型的運動員。

　* matter[1] 〔'mætɚ 〕 *v.* 重要（ = *be important* ）
　　be equal to 相等；等同於　　stride[5] 〔 straɪd 〕 *n.* 步幅；闊步
　　put[1] 〔 pʊt 〕 *v.* 說　　surf[4] 〔 sɜf 〕 *v.* 衝（浪）
　　wave[2] 〔 wev 〕 *n.* 波；波浪
　　equivalent[6] 〔 ɪ'kwɪvələnt 〕 *adj.* 同等的；相等的（ = *equal*[1] ）< to >

create² 〔krɪˈet〕 v. 創造
Michael Phelps 麥可・菲爾普斯【美國游泳選手，擁有 28 枚奧運獎牌，

為史上獲得最多奧運獎牌的運動員。同時也擁有
史上最多奧運金牌 (23 面)、最多奧運個人項目
金牌 (13 面)、最多奧運個人項目獎牌 (16 面)
的紀錄。菲爾普斯能創下如此輝煌的戰績，必須
歸功於他異於常人的身體。他身高 193 公分，手
長腿短，兩臂水平伸展達到 201 公分，能較早碰

觸到終點；但腿長僅有 81 公分；足部寬大，就像一對蹼，能快速打水。
這讓他整體看來像一隻細長的魚，而擁有「飛魚」的稱號】
athlete³ 〔ˈæθlɪt〕 n. 運動員　　ideal¹ 〔aɪˈdiəl〕 adj. 理想的

　　這項研究的調查結果很有趣，即使只是證實了，很多人長久以來猜想的事
情。有可靠的證據來支持這個論點挺好的，也就是，人類的身體構造——所有
人種都是——的確會影響運動員的表現。

　　* intriguing 〔ɪnˈtrigɪŋ〕 adj. 有趣的；激起好奇心的 (= *interesting*¹)
　　even if 即使　　confirm² 〔kənˈfɝm〕 v. 證實；確認
　　suspect³ 〔səˈspɛkt〕 v. 懷疑；猜想　　hard¹ 〔hɑrd〕 adj. 可靠的
　　evidence⁴ 〔ˈɛvədəns〕 n. 證據　　back¹ 〔bæk〕 v. 支持
　　human¹ 〔ˈhjumən〕 adj. 人類的；人的
　　biology⁴ 〔baɪˈɑlədʒɪ〕 n. 生物學；身體構造　　race¹ 〔res〕 n. 種族
　　indeed³ 〔ɪnˈdid〕 adv. 的確　　affect³ 〔əˈfɛkt〕 v. 影響
　　performance³ 〔pɚˈfɔrməns〕 n. 執行；表現

45. (**B**) 本文最可能出自 ＿＿＿＿＿＿ 。

　　(A) 經濟期刊　　　　　　　(B) 運動新聞
　　(C) 旅遊小冊子　　　　　　(D) 國際貿易雜誌
　　* economic⁴ 〔ˌikəˈnɑmɪk〕 adj. 經濟的　　journal³ 〔ˈdʒɝnḷ〕 n. 期刊
　　brochure⁶ 〔broˈʃʊr〕 n. 小冊子　　trade² 〔tred〕 n. 貿易

46. (**D**) 根據本文，運動員的成就取決於運動員的 ＿＿＿＿＿＿ 。

　　(A) 人種　　　　　　　　　(B) 地理的起源
　　(C) 努力　　　　　　　　　(D) 身體的體型
　　* determine³ 〔dɪˈtɝmɪn〕 v. 決定
　　geographical⁵ 〔ˌdʒiəˈgræfɪkḷ〕 adj. 地理的
　　origin³ 〔ˈɔrədʒɪn〕 n. 起源

47. (**A**) 根據文中提到的研究可以推論出，麥可‧菲爾普斯 _____。

    (A) 身體重心較低   (B) 身體重心較高

    (C) 軀幹較短   (D) 腿較長

    * mention³〔ˈmɛnʃən〕v. 提到   infer³〔ɪnˈfɝ〕v. 推論

48. (**B**) 本文第四段 "**matters**" 這個字意思是 _____。

    (A) 令某人驚訝且不悅   (B) 對某事有重要的影響

    (C) 使焦慮的人變得較鎮靜   (D) 成為某物最顯著的特徵

    * upset³〔ʌpˈsɛt〕adj. 不高興的   effect²〔ɪˈfɛkt〕n. 影響；效果

    anxious⁴〔ˈæŋkʃəs〕adj. 焦慮的   calm²〔kɑm〕adj. 鎮定的

    noticeable⁵〔ˈnotɪsbḷ〕adj. 引人注目的；顯著的

    feature³〔ˈfitʃɚ〕n. 特徵；特色

第 49 至 52 題為題組

    冰河是長時間由降雪壓縮成堅固的冰而形成的。雪會持續地結冰溶解（取決於氣候和溫度），而最後轉變為冰。冰河也被稱為「冰的河流」，因為它們不是靜止不動的，而是不斷地移動，就像河流的河水一樣；只是慢很多，從一天幾公釐到一天幾公尺。

    * glacier⁵〔ˈgleʃɚ〕n. 冰河   form²〔fɔrm〕v. 形成

    compress〔kəmˈprɛs〕v. 壓縮   solid³〔ˈsɑlɪd〕adj. 固體的；堅固的

    period²〔ˈpɪrɪəd〕n. 期間   ***keep on*** 持續   freeze³〔friz〕v. 結冰

    thaw〔θɔ〕v. 溶化；融解   ***depend on*** 視～而定；取決於

    climate²〔ˈklaɪmɪt〕n. 氣候   temperature²〔ˈtɛmp(ə)rətʃɚ〕n. 溫度

    convert⁵〔kənˈvɝt〕v. 轉變   ***be known as*** 被稱為

    not A but B 不是 A 而是 B   stationary⁶〔ˈsteʃənˌɛrɪ〕adj. 靜止的

    constantly³〔ˈkɑnstəntlɪ〕adv. 不斷地；一直

    millimeter〔ˈmɪləˌmitɚ〕n. 公釐；毫米   meter²〔ˈmitɚ〕n. 公尺；米

    冰河融化是正常的。冰河不是斷開變成較小的冰山，直接融入海洋，就是在陸地上融化，形成河流再注入海洋。然而現今冰河融化的速度，比預期的快很多。這對地球有嚴重的影響，多半都是負面的影響。

    * normal³〔ˈnɔrmḷ〕adj. 正常的   melt³〔mɛlt〕v. 溶化；融解

    either A or B 不是 A 就是 B   ***break off*** 折斷；斷裂

    iceberg⁴〔ˈaɪsˌbɝg〕n. 冰山   directly¹〔dəˈrɛktlɪ〕adv. 直接地

    empty³〔ˈɛmptɪ〕v. 注入 < *into* >   serious²〔ˈsɪrɪəs〕adj. 嚴重的

effect[2] 〔 ə'fɛkt 〕 *n.* 影響　　mostly[4] 〔'mostlɪ 〕 *adv.* 多半地
negative[2] 〔'nɛgətɪv 〕 *adj.* 否定的；負面的

　　冰河能夠折射百分之 80 的太陽熱能，吸收大約百分之 20 的熱能。當太陽
照射在陸地上時，這些數據會逆轉。因此，流失冰河接下來就是全球溫度上升。
此外，冰河的流失也會導致淡水短缺，因爲地球上的生物所仰賴的淡水，是來
自冰河融化的水，透過湖泊及河流來供應的。

　　* deflect 〔 dɪ'flɛkt 〕 *v.* 使轉向；使偏離　　heat[1] 〔 hit 〕 *n.* 熱
absorb[4] 〔 əb'sɔrb 〕 *v.* 吸收　　approximately[6] 〔 ə'prɑksəmɪtlɪ 〕 *adv.* 大約
figure[2] 〔'fɪgɚ 〕 *n.* 數字　　reverse[5] 〔 rɪ'vɝs 〕 *v.* 顛倒；逆轉
in turn 依序地；因此　　global[3] 〔'globl̩ 〕 *adj.* 全球的
in addition 此外　　***result in*** 導致；造成　　***fresh water*** 淡水
shortage[5] 〔'ʃɔrtɪdʒ 〕 *n.* 不足；缺乏　　living[1] 〔'lɪvɪŋ 〕 *adj.* 活的
creature[3] 〔'kritʃɚ 〕 *n.* 生物　　***living creature*** 生物　　***depend on*** 依賴
supply[2] 〔 sə'plaɪ 〕 *n.* 供給；供應　　through[2] 〔 θru 〕 *prep.* 透過

同時，如果高海拔的冰河快速融化，將會導致河流的水量突然增加，而造成河
流沿岸河水氾濫。此外，冰河融化的水會造成海平面上升。這個影響是難以想
像的大。全球的沿海地區都將因爲河水氾濫、土壤侵蝕、地下淡水遭鹹水污染
而必須遷離。這些影響首當其衝的就是美洲（北美洲、中美洲、南美洲），及
亞洲大部份地區。

　　* altitude[5] 〔'æltə,tud 〕 *n.* 海拔；高度
rapidly[2] 〔'ræpɪdlɪ 〕 *adv.* 迅速地；急促地
lead to 導致；造成　　sudden[2] 〔'sʌdn̩ 〕 *adj.* 突然的
input[4] 〔'ɪn,put 〕 *n.* 輸入　　flood[2] 〔 flʌd 〕 *n.* 洪水；氾濫
along[1] 〔 ə'lɔŋ 〕 *prep.* 沿著　　rising[1] 〔'raɪzɪŋ 〕 *adj.* 上升的
level[1] 〔'lɛvl̩ 〕 *n.* 水平；水平面　　***sea level*** 海平面
unimaginable[4] 〔,ʌnɪ'mædʒɪnəbl̩ 〕 *adj.* 無法想像的；想像不到的
magnitude[6] 〔'mægnə,tjud 〕 *n.* 巨大；重大 (= *importance[2]*)
of magnitude 重大的；重要的 (= *of importance = important[1]*)
【 of＋抽象名詞＝形容詞 】
coastal[1] 〔'kostl̩ 〕 *adj.* 沿海的；沿岸的
region[2] 〔'ridʒən 〕 *n.* 區域；地區　　***across the globe*** 全球
relocate[2] 〔 rɪ'loket 〕 *v.* 重新安置；使遷移 (= *change place = move[1]*)
soil[1] 〔 sɔɪl 〕 *n.* 土；土壤　　erosion 〔 ɪ'roʒən 〕 *n.* 侵蝕
contamination[5] 〔 kən,tæmə'neʃən 〕 *n.* 污染 (= *pollution[4]*)

> underground〔ˋʌndəˋgraʊnd〕 *adj.* 地下的
> central[2]〔ˋsɛntrəl〕 *adj.* 中心的；中央的

　　冰河融化的結果現在正影響著全球。我們無法阻止冰河融化速度快過於應有的速度，但我們可以幫忙減少全球暖化。這將有助於使地球變成一個較不危險的居住地。

> * currently[3]〔ˋkɝəntlɪ〕 *adv.* 目前；現在　　affect[3]〔əˋfɛkt〕 *v.* 影響
> entire[2]〔ɪnˋtaɪr〕 *adj.* 全體的；全部的　　planet[2]〔ˋplænɪt〕 *n.* 行星；地球
> reduce[3]〔rɪˋdjus〕 *v.* 減少　　***global warming*** 全球暖化
> hazardous[6]〔ˋhæzədəs〕 *adj.* 危險的（＝ ***dangerous***[2]）

49. (**D**) 下列何者沒有在文中被提及？

    (A) 冰河如何形成。   (B) 冰河融化的影響。

    (C) 冰河如何緩慢地移動。   (D) <u>如何減少二氧化碳的排放量。</u>

> * emission〔ɪˋmɪʃən〕 *n.* 放射；排放　　carbon[5]〔ˋkarbən〕 *n.* 碳
> dioxide〔daɪˋɑksaɪd〕 *n.* 二氧化物　　***carbon dioxide*** 二氧化碳

50. (**A**) 當太陽照射在地球上時，有多少的熱能會被折射？

    (A) <u>20%。</u>   (B) 40%。

    (C) 60%。   (D) 80%。

51. (**C**) 下列哪一項冰河融解的影響未在文中被提及？

    (A) 海平面的上升。   (B) 淡水的短缺。

    (C) <u>許多動物物種的消失。</u>   (D) 過度的水災。

> * disappearance[2]〔͵dɪsəˋpɪrəns〕 *n.* 消失
> species[4]〔ˋspiʃɪz〕 *n.* 物種　　excessive[6]〔ɪkˋsɛsɪv〕 *adj.* 過度的

52. (**C**) 下列哪一項敘述為非？

    (A) 冰河不是固定不動的。

    (B) 冰河融化的影響大部份是負面的。

    (C) <u>地球尚未受到冰河融化的影響。</u>

    (D) 融化的冰河將使得沿海區域成為一個不適合居住的區域。

> * immovable[2]〔ɪˋmuvəbḷ〕 *adj.* 固定的；不動的
> ***have yet to V*** 尚未　　influence[2]〔ˋɪnfluəns〕 *v.* 影響
> area[1]〔ˋɛrɪə, ˋerɪə〕 *n.* 地區　　unsuitable[3]〔ʌnˋsutəbḷ〕 *adj.* 不適合的

第 53 至 56 題為題組

　　可可・香奈兒（1883 年 8 月 19 日～1971 年 1 月 10 日），出生於法國，取名為「加布列艾拉・波樂兒・香奈兒」。她的母親在她 12 歲時就過世了，而她的父親拋棄了家庭，因此她不得不住在孤兒院。就是在那段時間裡，她學會了如何縫製衣服。當她 18 歲時，她離開了孤兒院，用她的縫衣針在大千世界裡闖出一片天。

* ***as a result*** 因此；所以
  orphanage⁵〔'ɔrfənɪdʒ〕*n.* 孤兒院
  sew³〔so〕*v.* 縫製
  【三態變化：sew-sewed-sewed/sewn】
  clothes²〔kloz〕*n. pl.* 衣服
  make *one's* ***own way*** 發跡；成功
  needle²〔'nidl̩〕*n.* 針

　　在 1905 到 1908 年間，香奈兒找了一份工作，在咖啡館裡唱歌。就是在那時，她開始使用「可可」這個名字。她一剛開始是個有錢法國企業繼承人的情婦，之後又成為一個富有英國軍官的情婦。香奈兒利用這些贊助人的資源，於 1910 年在巴黎開設了一家女帽店。這兩位男士也幫助她尋找客源，而她為女士們設計的簡單樣式的帽子，在上流社會裡開始流行起來。

* ***take up*** 開始（= *begin* = *start*）　　mistress⁵〔'mɪstrɪs〕*n.* 情婦
  industrialist³〔ɪn'dʌstrɪəlɪst〕*adj.* 企業家的；實業家的
  heir⁵〔ɛr〕*n.* 繼承人　　military²〔'mɪlə,tɛrɪ〕*adj.* 軍隊的；軍事的
  officer¹〔'ɔfəsə〕*n.* 軍官　　***draw on*** 使用；利用（= *use*¹ = *employ*³）
  resource³〔rɪ'sors〕*n.* 資源　　patron⁵〔'petrən〕*n.* 贊助人
  set up 設立；創立　　millinery〔'mɪlə,nɛrɪ〕*n.* 女帽類
  elite⁶〔ɪ'lit〕*n.* 菁英　　circle²〔'sɝkl̩〕*n.* 圓圈；…圈；…界

　　很快地，可可・香奈兒擴展事業到服裝設計。到了 1920 年代，她設計感十足的服裝已風靡一時。香奈兒用她創新的設計，徹底改變女性的服飾。在那之前，女人的衣服過度的裝飾，裙子又大又長，布料厚重，還有束腹及很多襯墊。這樣的衣服很難穿上，而且限制穿衣者的行動。

Clothes of the Victorian Era

* expand⁴〔ɪk'spænd〕*v.* 擴大；擴展
  fashion³〔'fæʃən〕*n.* 時尚；時髦
  design²〔dɪ'zaɪn〕*v., n.* 設計

designer[3]〔dɪˈzaɪnɚ〕n. 設計師　　adj. 很有設計感的；時髦的
wear[1]〔wɛr〕n. 服裝　　rage[4]〔redʒ〕n. 渴望；熱望；極爲流行（之物）
revolutionize[4]〔͵rɛvəˈluʃən͵aɪz〕v. 徹底改革；革命化
innovative[6]〔ˈɪnə͵vetɪv〕adj. 革新的；創新的
fussy[5]〔ˈfʌsɪ〕adj. 過於裝飾的　　fabric[5]〔ˈfæbrɪk〕n. 織物；織品
corset〔ˈkɔrsɪt〕n. 束腹；整型內衣
padding〔ˈpædɪŋ〕n. 襯墊　　***put on*** 穿上；戴上
restrict[3]〔rɪˈstrɪkt〕v. 限制　　wearer[1]〔ˈwɛrɚ〕n. 穿戴者

香奈兒不麻煩又舒適的設計，以及短裙、褲子及休閒樣式的服裝，和之前數十年來所流行的服飾，形成鮮明的對比。這樣新式的設計樣式，在女性的服裝史上是第一次出現。事實上，香奈兒創造出這樣新樣式的服飾，靈感是來自男士服裝。她想要給女人在衣著方面，像男人一樣的行動自由，而香奈兒自己有時穿著男性樣式的服裝。

　　* hassle-free〔ˈhæsl͵fri〕adj. 不費力的【hassle　n. 費力】
casual[3]〔ˈkæʒuəl〕adj. 輕便的；非正式的　　look[1]〔luk〕n. 外表；樣子
sharp[1]〔ʃɑrp〕adj. 鮮明的；清晰的
contrast[4]〔ˈkɑntræst〕n. 對比；對照　　***in contrast to*** 與…成對比
previous[3]〔ˈprivɪəs〕adj. 以前的；先前的
decade[3]〔ˈdɛked〕n. 十年　　appear[1]〔əˈpɪr〕v. 出現（= *show up*）
for the first time 第一次　　inspire[4]〔ɪnˈspaɪr〕v. 鼓舞；給予靈感
create[2]〔krɪˈet〕v. 創造　　freedom[2]〔ˈfridəm〕n. 自由
movement[1]〔ˈmuvmənt〕n. 活動　　dress[2]〔drɛs〕v. 穿著；穿衣
mannish〔ˈmænɪʃ〕adj. 像男人的；男性化的；男性樣式的

　　香奈兒所設計的服飾有種持久性，而且經歷數年——甚至好幾個世代——都沒有太大的改變。最重要的是，她將女性從舊式的服裝解放出來。她非凡的影響是如此的大，以至於她是唯一一個在時裝界，被「時代雜誌」命名爲「二十世紀最重要的百位人物」之一。【第三個句子中，Her extraordinary influence was ***such*** that…，such 爲主詞補語，相當於 so great】

　　* ***staying power*** 持久力　　generation[4]〔͵dʒɛnəˈreʃən〕n. 世代
free[1]〔fri〕v. 使自由；解放；釋放　　old-style〔ˈold͵staɪl〕adj. 舊式的
extraordinary[4]〔ɪkˈstrɔrdn͵ɛrɪ〕adj. 非凡的；非比尋常的
influence[2]〔ˈɪnfluəns〕n. 影響　　field[2]〔fild〕n. 領域；範圍
century[2]〔ˈsɛntʃərɪ〕n. 世紀

53. (**D**) 香奈兒學到幫她創立時裝帝國的技能，是當她 ＿＿＿＿＿＿。

(A) 在咖啡館裡唱歌時

(B) 是有錢法國企業繼承人的情婦時

(C) 是富有英國軍官的情婦時

(D) <u>住在孤兒院時</u>

* skill[1] 〔 skɪl 〕 *n.* 技能；技巧　　empire[4] 〔ˋɛmpaɪr 〕 *n.* 帝國

54. (**B**) 下列何者關於香奈兒是對的？

(A) 她的父母以她祖母的名字，給她取名為「可可」。

(B) <u>她有錢的情人在她事業的初期支持她。</u>

(C) 她開的第一家店裡賣衣服和香水。

(D) 她是「時代雜誌」命名的「二十世紀最重要的百位人物」中 唯一的女性。

* ***name A after B*** 以 B 為 A 命名　　lover[2] 〔ˋlʌvɚ 〕 *n.* 愛人；情人
support[2] 〔 səˋport 〕 *v.* 支持；支撐　　career[4] 〔 kəˋrɪr 〕 *n.* 事業
perfume[4] 〔ˋpɝfjum 〕 *n.* 香水

55. (**C**) 著名的英國護士，佛羅倫斯・南丁格爾（1820-1910），最不可能
穿著 ＿＿＿＿＿＿。

(A) 又大又長的裙子

(B) 束腹

(C) <u>有著休閒樣式的短裙</u>

(D) 有很多布料和襯墊的衣服

* celebrated[3] 〔ˋsɛləˏbretɪd 〕 *adj.* 有名的；著名的
least[1] 〔 list 〕 *adv.* 最不；最沒有　　***be likely to V*** 可能

56. (**A**) 可可香奈兒對時裝界有極重要的影響，因為 ＿＿＿＿＿＿。

(A) <u>她解放了女性的服飾</u>

(B) 她出身卑微，但躍升為一個創新的時裝設計師

(C) 她是第一個在公開場合穿男性服飾的女性

(D) 她幫助創立了現代的時裝業

* liberate[6] 〔ˋlɪbəˏret 〕 *v.* 解放　　rise[1] 〔 raɪz 〕 *v.* 升起；躍升
humble[2] 〔ˋhʌmbḷ 〕 *adj.* 卑微的　　modern[2] 〔ˋmɑdən 〕 *adj.* 現代的
industry[2] 〔ˋɪndəstrɪ 〕 *n.* 產業

第貳部分：非選擇題

一、中翻英：

1. 我們不可能準確地預測地震何時會發生。

   It is impossible for us to <u>predict/foresee/forecast</u> <u>exactly/precisely/</u>
   <u>accurately</u> when an earthquake will <u>occur/happen/hit/strike</u>.

2. 但是我們可以事先採取預防措施將損害減到最低。

   However, we can take $\left\{ \begin{array}{l} \text{precautions} \\ \text{preventive measures} \end{array} \right\}$ $\left\{ \begin{array}{l} \text{in advance} \\ \text{beforehand} \end{array} \right\}$ to

   $\left\{ \begin{array}{l} \text{minimize the damage.} \\ \underline{\text{reduce/decrease/lessen}}\text{ the damage} \left\{ \begin{array}{l} \text{to a minimum.} \\ \text{as much as possible.} \end{array} \right. \end{array} \right.$

二、英文作文：

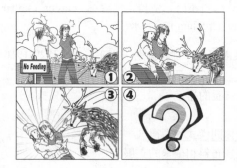

【作文範例 1】

Don't Feed the Wildlife!

One day George and his friend Penny went to a popular national park.
Many people liked it because there was a lot of wildlife to see. There were
deer, beavers, and even bears. To protect the animals from all these
visitors, the park had strict rules about touching or feeding the animals. It
was absolutely not allowed.

George and his friend soon came across a large stag with a beautiful
set of antlers. George took many pictures of it, but he thought it was too

far away for a really good photo. He took out lunchbox and offered it to
the animal, but it would not come closer. The stag did not want to go near
people, but *finally* the food was too tempting. It suddenly lunged at
George and Penny, knocking them to the ground. The stag grabbed the
lunchbox and ran away and George's camera was broken. He really
regretted breaking the park rules.

中文翻譯

不要餵食野生動物！

　　有一天，喬治和他的朋友潘妮，去一座很受歡迎的國家公園。許多人都很
喜歡那裡，因為有很多野生動物可看。那裡有鹿、海狸，甚至還有熊。為了保
護動物遠離所有遊客，關於觸摸或餵食動物，公園方面有嚴格的規定，絕對不
允許。

　　喬治和朋友很快遇到一隻大公鹿，有一對很漂亮的角。喬治拍了很多張照
片，但是他覺得公鹿離太遠了，無法拍到一張真正好看的。他拿出午餐盒，想
要吸引公鹿，但牠就是不靠近。公鹿不願意接近人類，但到最後，食物太誘人
了。牠突然朝著喬治和潘妮衝過來，把他們撞倒在地上。公鹿咬住餐盒就跑掉，
喬治的相機也摔壞了。他真後悔違反了公園的規定。

deer[1] ﹝ dɪr ﹞ *n.* 鹿　　beaver ﹝ ˈbivɚ ﹞ *n.* 海狸
strict[2] ﹝ strɪkt ﹞ *adj.* 嚴格的　　absolutely[4] ﹝ ˈæbsəˌlutlɪ ﹞ *adv.* 絕對地
allow[1] ﹝ əˈlaʊ ﹞ *v.* 允許　　*come across* 遇到　　stag ﹝ stæg ﹞ *n.* 公鹿
set[1] ﹝ sɛt ﹞ *n.* 一組　　antler ﹝ ˈæntlɚ ﹞ *n.* 鹿角【有分叉】
close[1] ﹝ klos ﹞ *adj.* 靠近的
tempting[5] ﹝ ˈtɛmptɪŋ ﹞ *adj.* 誘人的
suddenly[2] ﹝ ˈsʌdn̩lɪ ﹞ *adv.* 突然地
lunge ﹝ lʌndʒ ﹞ *v.* 衝；突進
knock to the ground 撞倒在地
grab[3] ﹝ græb ﹞ *v.* 抓住　　regret[3] ﹝ rɪˈgrɛt ﹞ *v.* 後悔

【作文範例 2】

A Tasty Lunch

Ben and Nancy were visiting a well-known deer park. In this park, the

visitors could get quite close to the animals. There were hundreds of them!
The deer were also used to people, so they were not afraid. ***However***, the
park had some rules for the visitors. Many of the deer had large, sharp
antlers, which could be dangerous. ***Therefore***, visitors were warned not
to get too close, and giving them food was strictly forbidden.

Ben and Nancy were taking pictures of the deer and enjoying their
visit. Nancy really wanted to pet one of the deer, but they would not come
close enough. To solve the problem, Ben took out his lunch and held it
toward one of the deer. He did not intend to give it to the deer, so he did
not think he was breaking the rule. He just wanted to encourage the deer to
move close enough for Nancy to pet it. ***To their surprise***, the deer charged
at them, knocked them over, and then ran away with Ben's lunch!

中文翻譯

美味的午餐

班和南西正在參觀一個很有名的鹿園。在園區裡，遊客可以靠動物相當近，
那裡有好幾百隻鹿！那裡的鹿也很習慣人類，所以牠們都不害怕。然而，園區
有一些針對遊客的規定。許多鹿都有很大、很尖銳的角，可能會有危險。因此，
遊客們被警告不要太接近，而餵食動物是嚴格禁止的。

班和南西在拍鹿群的照片，他們這趟行程很愉快。南西很想要摸摸鹿，但
是他們不夠靠近。為了解決這個問題，班拿出他的午餐，朝著其中一隻鹿伸過
去，他並沒有打算把食物給鹿，所以他不認為自己有違反規定。他只是想鼓勵
那隻鹿靠得夠近，讓南西可以摸到牠。令他們驚訝的是，那隻鹿朝著他們衝過
去，把他們撞倒，然後帶著班的午餐跑掉！

be used to N/V-ing 習慣於 　　sharp[1] 〔ʃɑrp〕*adj.* 尖銳的
forbid[4] 〔fəˋbɪd〕*v.* 禁止 　　pet[1] 〔pɛt〕*v.* 撫摸
intend[4] 〔ɪnˋtɛnd〕*v.* 打算 　　***break the rule*** 違反規定
encourage[2] 〔ɪnˋkɝɪdʒ〕*v.* 鼓勵
charge[2] 〔tʃɑrdʒ〕*v.* 突擊；進攻；衝去
knock over 撞倒

大學入學學科能力測驗英文科
模擬試題⑥

第壹部分：單選題（占72分）

一、詞彙題（占15分）

說明： 第1題至第15題，每題有4個選項，其中只有一個是正確或最適當的選項，請畫記在答案卡之「選擇題答案區」。各題答對者，得1分；答錯、未作答或畫記多於一個選項者，該題以零分計算。

1. As a newcomer, Peter was not _____ with the neighborhood and needed someone to show him around.
   (A) skillful　　(B) direct　　(C) familiar　　(D) patient

2. Because Joanna _____ to provide all the information on time, the company couldn't accept her application for the job.
   (A) served　　(B) failed　　(C) seemed　　(D) tended

3. It is _____ for older children to feel insecure and jealous when there is a newborn baby in the family.
   (A) unique　　(B) private　　(C) humorous　　(D) natural

4. As the saying goes, "Beauty is only skin-deep," so we should judge people by their character, not by their _____
   (A) appearance　　(B) entrance　　(C) performance　　(D) tolerance

5. In the 1960s, coal was _____ with cheap and plentiful oil, and new production methods were introduced.
   (A) replaced　　(B) inspired　　(C) recorded　　(D) prevented

6. Paul the Octopus became internationally famous for correctly _____ the winners of seven matches at the 2010 FIFA World Cup.
   (A) complaining　　(B) predicting　　(C) measuring　　(D) struggling

7. When reading nursery rhymes, songs or poems written for children, we often recall _____ memories of a carefree childhood.
   (A) horrible　　(B) loyal　　(C) pleasant　　(D) violent

8. Some animals stand for particular ideas or meanings; doves, for example, are usually thought of as a _____ of peace.
   (A) purpose　　(B) custom　　(C) leisure　　(D) symbol

9. Jay Chou's latest album is _____ online now; after paying a fee, you can download his songs at home without going out to a music store.
   (A) available　　　　　　(B) miserable
   (C) reasonable　　　　　(D) probable

10. Chen Shu-chu, a vegetable vendor in Taitung, was listed as one of the 100 most influential people in 2010 by Time Magazine for her generous donations to charitable _____.
    (A) attractions　　　　　(B) organizations
    (C) inventions　　　　　(D) communications

11. In many Third World countries, it is very common to see people still living under _____ poor conditions, without water and food to support themselves.
    (A) suddenly　　(B) extremely　　(C) silently　　(D) mentally

12. Few people in the class were willing to be friends with Steven, who would use _____ language whenever he was in a bad mood.
    (A) necessary　　　　　(B) confident
    (C) offensive　　　　　(D) divided

13. Robert had a great sense of _____ when he successfully completed the difficult task on his own.
    (A) fulfillment　　　　　(B) treatment
    (C) investment　　　　　(D) disappointment

14. Shanghai drew large numbers of visitors when it hosted the 2010 World Expo, an event showcasing various technologies and _____ from around the world.

(A) victories   (B) reactions   (C) cultures   (D) sources

15. In early August of 2009, Typhoon Morakot wiped out Xiaolin Village, but _____, those villagers trapped in the mountains were rescued in the end.

(A) generally   (B) originally   (C) frequently   (D) fortunately

二、綜合測驗（占 15 分）

說明： 第 16 題至第 30 題，每題一個空格，請依文意選出最適當的一個選項，請畫記在答案卡之「選擇題答案區」。各題答對者，得 1 分；答錯、未作答或畫記多於一個選項者，該題以零分計算。

第 16 至 20 題為題組

    First played in 1981, paintball is a fairly new but very popular sport. It is a game in which players compete, in teams or individually, to eliminate opponents. The game is named so ___16___ players, often wearing protective masks, use guns to shoot paint bullets at one another in indoor or outdoor fields. Once hit by bullets, players with colorful marks have to quit the game. Rules for paintball vary, but may ___17___ defending or attacking a particular area, or seizing flags or objects hidden in the field.

    In fact, paintball is an effective activity to ___18___ teamwork as well as an exciting sport. The fast pace and competition in the game require players to work together to ___19___ winning strategies. In the process, they come to bond as a team and appreciate the importance of cooperation. Obviously, paintball is ___20___ to the workplace, where people also communicate and cooperate to achieve the same aim.

16. (A) although   (B) since   (C) while   (D) if

17. (A) include   (B) compare   (C) deliver   (D) respect
18. (A) prefer   (B) pretend   (C) promote   (D) protect
19. (A) give up on   (B) end up in   (C) look up to   (D) come up with
20. (A) famous   (B) opposite   (C) common   (D) similar

第 21 至 25 題為題組

    Google Maps, introduced in 2005 by the Internet company Google, is an interactive web mapping service that shows you any part of the world the way it is. People   21   rely on paper maps to find their way around, but now Google Maps has made that much easier.   22   its help, you can quickly find important landmarks like hotels or stations, efficiently make travel plans, and accurately measure distances between two locations. Moreover, because Google Maps offers images taken from satellites, it   23   you to experience a three-dimensional view of city streets.

    Although Google Maps brings us much   24 , it also causes worries. Various countries have complained that terrorists may use its satellite images to plan attacks. Some people have expressed concern about their own privacy. They think photos   25   on Google Maps are so graphic that their personal lives may be invaded. In response to these complaints, Google has made some major changes, but the public still thinks that the effort is a little too late and not enough.

21. (A) led to   (B) refused to   (C) used to   (D) afforded to
22. (A) In   (B) For   (C) With   (D) To
23. (A) makes   (B) lets   (C) has   (D) allows
24. (A) convenience   (B) disaster   (C) tradition   (D) pressure
25. (A) show   (B) showed   (C) shown   (D) showing

第 26 至 30 題為題組

    Sea turtles have existed on earth for over 150 million years. What's so special about sea turtles is their mating behavior and __26__ characteristics, as well as their 80-year-long lifespan. Male sea turtles spend their life mostly under the water. __27__, females, after mating at sea, need to go ashore on a sandy beach, dig holes to make nests, lay eggs inside, and cover them with sand. __28__ looking slow on land with their bony shells, sea turtles can swim fast in the ocean with powerful paddle-like flippers.

Regrettably, these ancient creatures are endangered. For one thing, sea turtles' nesting areas are threatened by commercial activities ashore; the noise and trash made by visitors on the beach may cause female turtles to return to the sea __29__ coming onshore to lay eggs. For another, sea turtles are illegally hunted for their meat and shells. People even collect their eggs for food. Indeed, human __30__ and hunting have resulted in a sharp decrease in the sea turtle population.

26. (A) creative   (B) physical   (C) tragic   (D) religious
27. (A) However   (B) Then   (C) Besides   (D) Otherwise
28. (A) Except   (B) Through   (C) Despite   (D) Without
29. (A) in addition to   (B) because of   (C) according to   (D) instead of
30. (A) development   (B) encouragement
     (C) government   (D) advertisement

三、文意選填（占 10 分）

說明： 第 31 題至第 40 題，每題一個空格，請依文意在文章後所提供的 (A) 到 (J) 選項中分別選出最適當者，並將其英文字母代號畫記在答案卡之「選擇題答案區」。各題答對者，得 1 分；答錯、未作答或畫記多於一個選項者，該題以零分計算。

第 31 至 40 題為題組

Nothing beats a good piece of creamy and smooth chocolate. Due to its mood-enhancing qualities, chocolate has been __31__ with

Valentine's Day as a gift for lovers. While chocolate is normally eaten for pleasure, some kinds of chocolate have been proven to offer potential heath __32__. Dark chocolate, for instance, is rich in antioxidants found to __33__ blood pressure. Accordingly, it has been suggested that eating dark chocolate on a __34__ basis can help protect us from heart disease. Though chocolate has positive effects on our circulatory system, we should pay __35__ to its high-calorie content. That is, we may be at high risk of weight gain when such energy-rich food as chocolate is __36__ in great quantities. What's worse, chocolate has been found to __37__ caffeine, an addictive substance. You are very __38__ to eat chocolate so often that it becomes your daily sweet. Once you stop eating chocolate, you may experience negative __39__ like frustration and depression.

Given all the facts about chocolate, we now understand that it is perfectly __40__ to have an occasional treat of chocolate, which makes us feel good and even does us some good. However, we should remember to do it in moderation.

(A) regular	(B) acceptable	(C) connected	(D) contain
(E) consumed	(F) emotions	(G) lower	(H) likely
(I) benefits	(J) attention		

四、閱讀測驗（占 32 分）

說明： 第 41 題至第 56 題，每題請分別根據各篇文章之文意選出最適當的一個
選項，請畫記在答案卡之「選擇題答案區」。各題答對者，得 2 分；答
錯、未作答或畫記多於一個選項者，該題以零分計算。

第 41 至 44 題為題組

In a classroom in any country, instructors teach more than art, history or language. They also teach culture, for each educational system is a mirror that reflects the ideas and beliefs of the society.

In Western societies such as the United States or Canada, which are known for their national, religious, and ethnic diversities, people highly value individualism and independent thinking. Teachers commonly stress those qualities that make each student special and unique. Rather than memorizing information, students tend to work individually, find answers on their own, and express their ideas freely in class discussions. The Western educational system helps students form their values and opinions at an early age and **take the initiative**—to take action without anyone telling them what to do. However, one drawback to the system is that students may not acquire as many basic rules and facts as those in other countries do.

By contrast, in Asian societies like China, Japan or Korea, which are typically characterized by the same language, history and culture, people place lots of importance on group goals and traditions. Teachers adopt a very formal teaching method in which they lecture and students listen with little interaction. Students work together, help each other with assignments, and recite rules or information they have memorized beforehand. Although the Asian educational system is often criticized for its heavy use of rote memorization, it indeed prepares students for a society that values discipline and self-control. That is, Asian students not only learn much more math and science than Western students, but they also learn the important social skill of collaboration.

41. What is the main idea of the passage?
    (A) Each educational system generally has its own advantages.
    (B) There is no such thing as a drawback-free educational system.
    (C) The Western and Asian educational systems have much in common.
    (D) Cultural differences give rise to different educational systems.

42. According to the passage, which of the following statements is true?
    (A) Western students appreciate independence.
    (B) Western students tend to engage in teamwork.
    (C) Asian students enjoy solving problems by themselves.
    (D) Asian students learn fewer basic facts in science.

43. What does the phrase **"take the initiative"** in the second paragraph most likely mean?
    (A) To be unique.　　　　　(B) To be dependent.
    (C) To be active.　　　　　(D) To be individual.

44. It can be inferred from the passage that an Asian studying in the U.S. might have greater difficulty _____.
    (A) sharing thoughts publicly　　(B) working with peers
    (C) learning by heart　　　　　(D) behaving properly

第 45 至 48 題為題組

　　Habits are behaviors that people repeat again and again, often unconsciously—for example, the writer who scratches his nose while working or the student who taps her foot during an exam. According to psychologists, the formation of such habits usually indicates that people are experiencing a problem or some sort of stress, and these habits just serve to relieve the tension that they are under.

　　Many psychologists suggest that people will maintain a habit only if they can benefit from it. In other words, as soon as that habitual behavior becomes worrisome or even annoying, they may do their best to eliminate it. Kicking a habit, nevertheless, is not easy, for it takes considerable determination and willpower. Luckily, help is at hand. There are ways to do away with your bad habits.

　　To begin with, find out what causes a habit and make an effort to avoid repeating it under the same conditions. Second, try to relax and

take a deep breath to help yourself reduce stress. Third, imagine
constantly how good you will feel after getting rid of a pesky habit, so
as to be more motivated in the process. What's more, reward yourself
for every small improvement. For instance, when trying to break the
habit of **procrastination**, you can treat yourself to a movie or concert
if you find yourself getting things done on time more and more often.
Aside from giving yourself rewards, practice self-control as well.
Whenever you feel like performing your habitual behavior, try to resist
the urge for a while rather than give in to it immediately. Every time
you fight against it, you will become more confident of breaking the
habit. Finally, remember not to get discouraged when you find yourself
occasionally falling back into your bad habit. Rather, keep your faith,
try to focus on your steady progress, and start all over again.

45. What is the main purpose of the passage?
    (A) To discuss how people may develop certain habits.
    (B) To explain why people may have trouble kicking habits.
    (C) To suggest what people can do to break habits.
    (D) To indicate when people can benefit from habits.

46. According to the passage, which of the following statements is
    NOT true?
    (A) When engaging in a habitual behavior, one is often unaware of
        doing so.
    (B) Habits can be good for us sometimes because they can help us
        relax.
    (C) One will continue to perform a habit until it becomes unpleasant.
    (D) Five useful tips are given by the author for getting rid of habits.

47. Which of the following is **NOT** recommended in the passage as a
    way to kick habits?
    (A) Visualize how pleased you may feel with the elimination of a

habit.

(B) Determine causes, ignore setbacks, and concentrate on improvements.

(C) Encourage yourself with "prizes" when your effort pays off.

(D) Surrender to the temptation to repeat a habit and then resist it.

48. What does the word "**procrastination**" in the third paragraph probably mean?

(A) The behavior of planning one task at a time.

(B) The behavior of completing a task on time.

(C) The behavior of doing a task at a later time.

(D) The behavior of finishing a task ahead of time.

第 49 至 52 題爲題組

All people need to eat every day and may eat a variety of foods, for example, rice, fruits, vegetables, and meat. Yet, are you aware that sometimes you may expose yourself to health hazards by unknowingly eating spoiled or contaminated food?

According to statistics by health officials, each year millions of people suffer from or even die of foodborne illnesses. Meat, in particular, can be potentially hazardous to one's health. Compared with fruits and vegetables, whose spoilage is easy to observe by simply looking at them, meat has hardly any obvious signs for people to determine whether it has been contaminated. Though in many countries strict governmental regulations have been imposed on meat producers, some experts estimate that in the U.S., for instance, more than half the meat products sold still contain harmful bacteria.

For the last three decades, much research has been conducted on possible solutions that will eliminate those harmful bacteria before meat is sent to markets. One feasible way to do so is through irradiation, a process in which food is treated with radiation to kill bacteria, without affecting the food itself. Free of spoilage-causing elements, irradiated meat can last longer and taste better for a period of time. It might even be cheaper because the cost of spoilage would be greatly reduced.

With all the advantages of irradiated food, people still have some concern over its safety. That is why now irradiation is still used on a relatively small scale. However, food safety experts agree that if consumers were convinced to buy irradiated products and irradiation was implemented on a wider scale, the number of illnesses or deaths from eating contaminated food would definitely decline significantly.

49. In which of the following would the information mentioned in the passage **LEAST** likely be seen?
   (A) A science magazine.　　(B) A food recipe.
   (C) A medical journal.　　(D) A health guide.

50. According to the passage, which of the following statements is true?
   (A) Some people still doubt that irradiated food does no harm to them.
   (B) Irradiation can be used to freeze harmful bacteria contained in food.
   (C) It is as easy to take notice of contaminated meat as it is of spoiled fruits.
   (D) There has been a regulation in many countries banning the sale of meat.

51. According to the passage, the advantages of irradiated meat may include all of the following **EXCEPT**
   (A) longer preservation.
   (B) more sales.
   (C) better flavor.

(D) fewer cases of illnesses.

52. What is the author's attitude toward the application of irradiation in the prevention of food contamination?
    (A) Uncertain.   (B) Worried.
    (C) Hopeful.   (D) Indifferent.

第 53 至 56 題為題組

Have you ever heard of a time capsule? A time capsule is a tube-shaped container filled with articles from a particular time that is buried underground and opened by people living in the future to understand what life was like back then.

The history of time capsules can be traced back to ancient Babylon, when people would put objects under stones set at the bottom of a building. In 1938, the term "time capsule" was used for the first time by the Westinghouse Electric & Manufacturing Company, which buried one in the ground at the site of the 1939 New York World's Fair in celebration of its opening. The contents of the capsule were carefully chosen, with specialists participating in the selection, to represent life in the 1930s. Among the items placed were newspapers, newsletters, magazines; and common articles, such as a telephone, a can opener, and a lump of coal. After that, time capsules began to gain popularity and by the 1950s, they were being buried all over the United States.

In 1987, a businessman in California, Alvin Willis, Jr., added a new twist by turning time capsules into a means of preserving personal belongings and family histories. The idea first struck Willis when he was looking for a time capsule to put in a new addition to his home. He was surprised to discover that no one was making time capsules. Thinking that there might be other people like him, who wanted to pass family mementos on to future generations, he soon started up a business of selling time capsules and became very successful in a short time. To make time capsules meaningful to historians, Willis even suggested that they should also have owners' personal thoughts and feelings about current events. Although Willis expected buyers to bury time capsules somewhere, most of **them** ended up being displayed on shelves and coffee tables as great conversation pieces.

53. What is the best title for the passage?
    (A) The Historical Development of Time Capsules
    (B) Typical Items to Put in Time Capsules
    (C) Different Uses of Time Capsules
    (D) Suitable Sites to Bury Time Capsules

54. Why did Willis want to look for a time capsule in the first place?
    (A) To leave mementos to historians.
    (B) To leave something as a reminder.
    (C) To display a conversation piece.
    (D) To start up a business.

55. Which of the following descriptions of time capsules is accurate?
    (A) The first time capsule was created by Westinghouse.
    (B) In 1939, time capsules included items typical of the life then.
    (C) Time capsules were not popular with people until the 1950s.
    (D) In 1987, time capsules were officially named so by Willis in his business.

56. What does the pronoun "**them**" in the last paragraph refer to?
    (A) Time capsules.　　　　　　(B) Buyers.
    (C) Current events.　　　　　　(D) Historians.

第貳部分：非選擇題（占 28 分）

說明： 本部分共有二題，請依各題指示作答，答案必須寫在「答案卷」上，

並標明大題號（一、二）。作答務必使用筆尖較粗之黑色墨水的筆書寫，且不得使用鉛筆。

一、中譯英（占8分）

說明：1. 請將以下中文句子譯成正確、通順、達意的英文，並將答案寫在「答案卷」上。

2. 請依序作答，並標明子題號。每題4分，共8分。

1. 人們直到失去他們的健康才開始了解到健康有多麼寶貴。（It is...that...）
2. 因此，爲了維持健康，不論我們多忙，我們應該盡可能時常運動。

二、英文作文（占20分）

說明：1. 依提示在「答案卷」上寫一篇英文作文。

2. 文長至少 120 個單詞（words）。

提示：請仔細觀察以下三幅連環圖片的內容，並想像第四幅圖片可能的發展，寫出一個涵蓋連環圖片內容並有完整結局的故事。

大學入學學科能力測驗英文科
模擬試題⑥詳解

第壹部分：單選題

一、詞彙題：

1. (**C**) 彼得因為剛搬來，對這附近不熟，需要有人帶他到處看看。

    (A) skillful² ('skɪlfəl) adj. 技術純熟的 (= skilled²)

    (B) direct¹ (də'rɛkt) adj. 直接的　v. 指導；當導演

    (C) **familiar**³ (fə'mɪljə) adj. 熟悉的 < with >

    (D) patient² ('peʃənt) adj. 有耐心的　n. 病人　　patience³ n. 耐心

    * newcomer ('nju,kʌmə) n. 新來的人

    neighborhood³ ('nebə,hud) n. 鄰近地區；附近

    around¹ (ə'raund) adv. 到處；在周圍

2. (**B**) 因為瓊安娜<u>未能</u>準時提供所有資訊，所以公司無法接受她的工作申請。

    (A) serve¹ (sɝv) v. 服務；上（菜）；供應

    (B) **fail**² (fel) v. 失敗；未能做到 < to V >　　failure² ('feljə) n. 失敗

    (C) seem¹ (sim) v. 似乎；好像 (= appear¹)

    (D) tend³ (tɛnd) v. 傾向 < to V >　　tendency⁴ ('tɛndənsɪ) n. 傾向

    * provide² (prə'vaɪd) v. 提供 (= offer²)

    information⁴ (,ɪnfə'meʃən) n. 資訊　　**on time** 準時

    accept² (ək'sɛpt) v. 接受　　application⁴ (,æplə'keʃən) n. 申請

3. (**D**) 對年長孩子而言，當家裡有新生兒時，他們會感到不安、嫉妒是<u>自然</u>的。

    (A) unique⁴ (ju'nik) adj. 獨特的

    (B) private² ('praɪvɪt) adj. 私人的；私立的　　privacy⁴ n. 隱私

    (C) humorous³ ('hjumərəs) adj. 幽默的　　humor² n. 幽默

    (D) **natural**² ('nætʃərəl) adj. 自然的　　nature¹ ('netʃə) n. 自然

    * insecure⁵ (,ɪnsɪ'kjur) adj. 不安全的　　jealous³ ('dʒɛləs) adj. 嫉妒的

    newborn ('nju,bɔrn) adj. 新生的

4. (**A**) 正如諺語所說：「美麗是膚淺的」，所以我們應該以品格而非<u>外表</u>去
評斷人。

(A) ***appearance***^{2} (ə'pɪrəns) *n.* 外表 (= *looks*^{1}) ; 出現

(B) entrance^2 ('ɛntrəns) *n.* 入口　　enter^1 ('ɛntə) *v.* 進入

(C) performance^3 (pə'fɔrməns) *n.* 表演；表現

(D) tolerance^4 ('talərəns) *n.* 容忍

* saying^1 ('seɪŋ) *n.* 諺語 (= *proverb*^{4})　　skin^1 (skɪn) *n.* 皮膚
deep^1 (dip) *adj.* 深的　***skin-deep*** 膚淺的 (= *shallow*^{3})
judge^2 (dʒʌdʒ) *v.* 判斷　　character^2 ('kærɪktə) *n.* 品格

5. (**A**) 在 1960 年代，煤炭被便宜又充足的石油<u>取代</u>，而新的生產方法也被
引進。

(A) ***replace***^{3} (rɪ'ples) *v.* 取代 (= *take the place of*)

(B) inspire^4 (ɪn'spaɪr) *v.* 鼓舞；激勵；啓發；給予靈感

(C) record^2 (rɪ'kɔrd) *v.* 記錄　　('rɛkəd) *n.* 記錄；唱片

(D) prevent^3 (prɪ'vɛnt) *v.* 預防　　prevention^4 (prɪ'vɛnʃən) *n.* 預防

* coal^2 (kol) *n.* 煤　　plentiful^4 ('plɛntɪfəl) *adj.* 充足的
oil^1 (ɔɪl) *n.* 石油　　production^4 (prə'dʌkʃən) *n.* 生產
method^2 ('mɛθəd) *n.* 方法　　introduce^2 (,ɪntrə'djus) *v.* 引進

6. (**B**) 章魚哥保羅因爲準確<u>預測</u> 2010 年世足賽中，七場比賽的輸贏而變得
國際知名。

(A) complain^2 (kəm'plen) *v.* 抱怨　　complaint^3 *n.* 抱怨

(B) ***predict***^{4} (prɪ'dɪkt) *v.* 預測 (= *forecast*^{4})　　prediction^6 *n.* 預測

(C) measure^{2,4} ('mɛʒə) *v.* 測量　　measurement^2 *n.* 測量

(D) struggle^2 ('strʌgl̩) *v., n.* 掙扎；奮鬥；努力

* octopus^5 ('aktəpəs) *n.* 章魚
internationally^2 (,ɪntə'næʃənl̩ɪ) *adv.* 國際性地；國際上地
correctly^1 (kə'rɛktlɪ) *adv.* 正確地　　winner^2 ('wɪnə) *n.* 贏家
match^{2,1} (mætʃ) *n.* 比賽

7. (**C**) 當閱讀童謠，也就是專爲兒童寫的歌或詩時，我們時常會想起在童年
時期無憂無慮的<u>愉快</u>回憶。

(A) horrible^3 ('harəbl̩) *adj.* 可怕的 (= *dreadful*^{5} = *terrible*^{2})

(B) loyal[4] 〔ˈlɔɪəl〕 *adj.* 忠心的 (= *faithful*[4])　　loyalty[4] *n.* 忠心

(C) ***pleasant***[2] 〔ˈplɛznt〕 *adj.* 令人愉快的 (= *enjoyable*[3])

(D) violent[3] 〔ˈvaɪələnt〕 *adj.* 暴力的　　violence[3] *n.* 暴力

* nursery[4] 〔ˈnɝsərɪ〕 *n.* 育嬰室；托兒所
rhyme[4] 〔raɪm〕 *n.* 押韻；韻文　　***nursery rhyme*** 童謠
poem[2] 〔ˈpo‧ɪm〕 *n.* 詩　　recall[4] 〔rɪˈkɔl〕 *v.* 回想；想起
memory[2] 〔ˈmɛmərɪ〕 *n.* 記憶；回憶
carefree[5] 〔ˈkɛrˌfri〕 *adj.* 無憂無慮的
childhood[3] 〔ˈtʃaɪldˌhʊd〕 *n.* 童年

8. (**D**) 有些動物代表特定的概念或意義。例如，白鴿通常被認為是和平的
象徵。

(A) purpose[1] 〔ˈpɝpəs〕 *n.* 目的

(B) custom[2] 〔ˈkʌstəm〕 *n.* 習俗　　customs[5] *n.* 海關

(C) leisure[3] 〔ˈliʒɚ〕 *n.* 休閒　　leisure activity 休閒活動

(D) ***symbol***[2] 〔ˈsɪmbl̩〕 *n.* 象徵
be a symbol of 象徵 (= *symbolize*[6] = *be symbolic of*)

* ***stand for*** 代表　　particular[2] 〔pəˈtɪkjəlɚ〕 *adj.* 特定的
meaning[2] 〔ˈminɪŋ〕 *n.* 意義　　dove[1] 〔dʌv〕 *n.* 白鴿
be thought of as 被認為是；被視為

9. (**A**) 周杰倫的最新專輯現在在網路上就可獲得了。你付費後，就可以在家
下載他的歌曲，而不用去唱片行。

(A) ***available***[3] 〔əˈveləbl̩〕 *adj.* 可獲得的 (= *accessible*[6])

(B) miserable[4] 〔ˈmɪzərəbl̩〕 *adj.* 悲慘的

(C) reasonable[3] 〔ˈriznəbl̩〕 *adj.* 合理的；明理的

(D) probable[3] 〔ˈprɑbəbl̩〕 *adj.* 可能的

* latest[2] 〔ˈletɪst〕 *adj.* 最新的　　album[2] 〔ˈælbəm〕 *n.* 專輯
fee[2] 〔fi〕 *n.* 費用　　download[4] 〔ˈdaʊnˌlod〕 *v.* 下載

10. (**B**) 台東榮販陳樹菊因為慷慨捐款給慈善機構，而被「時代雜誌」列為
2010 年百大最具影響力人士之一。

(A) attraction[4] 〔əˈtrækʃən〕 *n.* 吸引　　attract[3] *v.* 吸引

(B) ***organization***[2] 〔ˌɔrgənəˈzeʃən〕 *n.* 組織

(C) invention[4] 〔ɪnˈvɛnʃən〕 *n.* 發明 (物)　　invent[2] *v.* 發明

(D) communication[4] 〔kə͵mjunə'keʃən 〕 n. 通訊；溝通

* **vendor**[6] 〔'vɛndɚ 〕 n. 小販　　list[1] 〔lɪst 〕 v. 列入
influential[4] 〔͵ɪnflʊ'ɛnʃəl 〕 adj. 有影響力的
generous[2] 〔'dʒɛnərəs 〕 adj. 慷慨的　　donation[6] 〔do'neʃən 〕 n. 捐贈
charitable[6] 〔'tʃærətəbḷ 〕 adj. 慈善的

11. (**B**) 在許多第三世界國家，看到人們仍然生活在<u>極度</u>貧窮的環境下，沒有
水及食物來支撐自己，是很常見的事。

(A) suddenly[2] 〔'sʌdṇlɪ 〕 adv. 突然地（ = *all of a sudden* ）

(B) ***extremely***[3] 〔ɪk'strimlɪ 〕 adv. 極度地；非常地（ = *very*[1,4] ）

(C) silently[2] 〔'saɪləntlɪ 〕 adv. 寂靜地；沈默地

(D) mentally[3] 〔'mɛntḷɪ 〕 adv. 心理上地

* condition[3] 〔kən'dɪʃən 〕 n. 情況　　support[2] 〔sə'port 〕 v. 支持；養活

12. (**C**) 班上很少人願意和史提夫做朋友，因爲每當他心情不好，他就會使用
<u>沒禮貌的</u>言語。

(A) necessary[2] 〔'nɛsə͵sɛrɪ 〕 adj. 必須的

(B) confident[3] 〔'kɑnfədənt 〕 adj. 有信心的

(C) ***offensive***[4] 〔ə'fɛnsɪv 〕 adj. 冒犯的；無禮的（ = *rude*[2] ）

(D) divided[2] 〔dɪ'vaɪdɪd 〕 adj. 分離的；分歧的

* willing[2] 〔'wɪlɪŋ 〕 adj. 願意的　　mood[3] 〔mud 〕 n. 心情
　be in a bad mood 心情不好

13. (**A**) 當羅伯特成功獨力完成這項艱難任務時，他有很大的<u>滿足感</u>。

(A) ***fulfillment***[4] 〔fʊl'fɪlmənt 〕 n. 實現；滿足（ = *satisfaction*[4] ）
　sense of fulfillment 滿足感

(B) treatment[5] 〔'tritmənt 〕 n. 對待；治療；處理

(C) investment[4] 〔ɪn'vɛstmənt 〕 n. 投資　　invest[4] v. 投資

(D) disappointment[3] 〔͵dɪsə'pɔɪntmənt 〕 n. 失望

* sense[1] 〔sɛns 〕 n. 感覺　　complete[2] 〔kəm'plit 〕 v. 完成（ = *finish*[1] ）
task[2] 〔tæsk 〕 n. 任務　　***on one's own*** 獨力地（ = *by oneself* ）

14. (**C**) 上海主辦 2010 年世博會時，展現了來自全世界各種的科技及<u>文化</u>，
吸引了非常多的遊客。

(A) victory[2] (ˈvɪktrɪ) *n.* 勝利　　victor[6] *n.* 勝利者

(B) reaction[3] (rɪˈækʃən) *n.* 反應　　react[3] *v.* 反應 < *to* >

(C) ***culture***[2] (ˈkʌltʃɚ) *n.* 文化　　cultural[3] *adj.* 文化的

(D) source[2] (sors) *n.* 來源 (= *origin*[3])

* draw[1] (drɔ) *v.* 吸引 (= *attract*[3])　　***large numbers of*** 很多
  host[2,4] (host) *v.* 主辦
  Expo (ˈɛkspo) *n.* 展覽會 (= *exposition*[1] (ˌɛkspəˈzɪʃən))
  event[2] (ɪˈvɛnt) *n.* 事件；活動
  showcase[1] (ˈʃoˌkes) *v.* 陳列；展示 (= *show*[1])
  various[3] (ˈvɛrɪəs) *adj.* 各種的 (= *a variety of*)
  technology[3] (tɛkˈnɑlədʒɪ) *n.* 科技

15. (**D**) 2009 年 8 月初，莫拉克颱風摧毀了小林村，但<u>幸好</u>，那些受困山區
　　的村民最後被救出來。

(A) generally[1,2] (ˈdʒɛnərəlɪ) *adv.* 一般地 (= *in general*)

(B) originally[3] (əˈrɪdʒənlɪ) *adv.* 起初 (= *at first* = *in the beginning*)

(C) frequently[3] (ˈfrikwəntlɪ) *adv.* 頻繁地 (= *very often*)

(D) ***fortunately***[4] (ˈfɔrtʃənɪtlɪ) *adv.* 幸運地 (= *luckily*[1])
　　fortune[3] *n.* 運氣；財富

* wipe[3] (waɪp) *v.* 擦拭　　***wipe out*** 摧毀 (= *destroy*[3])
  village[2] (ˈvɪlɪdʒ) *n.* 村莊　　villager[2] (ˈvɪlɪdʒɚ) *n.* 村民
  trap[2] (træp) *v.* 困住　　rescue[4] (ˈrɛskju) *v.* 解救

二、綜合測驗：

<u>第 16 至 20 題為題組</u>

　　漆彈興起於 1981 年，是一個相當新穎，但非常受歡迎的運動。在遊戲中，
玩家可以組隊或以個人形式比賽，來淘汰對手。此遊戲如此命名，是<u>因為玩家</u>
　　　　　　　　　　　　　　　　　　　　　　　　　　　　　　　16
要戴著防護面罩，在室內或戶外場地裡，使用槍來對彼此發射油漆子彈。一旦
被漆彈擊中，身上有彩色標記的玩家就必須退出遊戲。漆彈的規則各有不同，
但可能都<u>包括</u>有防守或攻擊某一特定區域，或奪取旗幟或藏在場地裡的物品。
　　17

* paintball[1] (ˈpentˌbɔl) *n.* 漆彈　　fairly[3] (ˈfɛrlɪ) *adv.* 相當地
  compete[3] (kəmˈpit) *v.* 競爭；比賽

individually³〔ˌɪndəˈvɪdʒʊəlɪ〕adv. 個人地
eliminate⁴〔ɪˈlɪməˌnet〕v. 除去　　opponent⁵〔əˈponənt〕n. 對手
protective³〔prəˈtɛktɪv〕adj. 保護的　　mask²〔mæsk〕n. 面罩
gun¹〔gʌn〕n. 槍　　shoot²〔ʃut〕v. 射擊　　paint¹〔pent〕n. 油漆
bullet³〔ˈbʊlɪt〕n. 子彈　　*one another* 彼此
indoor³〔ˈɪnˌdor〕adj. 室內的　　outdoor³〔ˈaʊtˌdor〕adj. 戶外的
field²〔fild〕n. 場地　　once¹〔wʌns〕conj. 一旦
colorful²〔ˈkʌləfəl〕adj. 彩色的　　mark²〔mɑrk〕n. 記號；痕跡
quit²〔kwɪt〕v. 放棄；離開　　vary³〔ˈvɛrɪ〕v. 變化；不同
defend⁴〔dɪˈfɛnd〕v. 保衛；防守　　attack²〔əˈtæk〕v., n. 攻擊
particular²〔pəˈtɪkjələ〕adj. 特定的　　area¹〔ˈɛrɪə〕n. 區域
seize³〔siz〕v. 抓住；搶奪　　flag²〔flæg〕n. 旗子
object²〔ˈɑbdʒɪkt〕n. 物體

16. (**B**) 依句意，選 (B) *since*「因為」。而 (A) although「雖然」，
　　　　 (C) while「當…時候」，(D) if「假如」，皆不合句意。

17. (**A**) (A) *include*²〔ɪnˈklud〕v. 包括　　(B) compare²〔kəmˈpɛr〕v. 比較
　　　　 (C) deliver²〔dɪˈlɪvə〕v. 遞送　　(D) respect²〔rɪˈspɛkt〕v. 尊敬

　　事實上，漆彈是一個有效促進團體合作的活動，也是一項刺激的運動。遊
　　　　　　　　　　　　　　18
戲中的快速步調及競爭，需要玩家互相合作想出致勝策略。在過程中，他們逐
　　　　　　　　　　　　　　　　　　　　19
漸團結成一隊，並了解到合作的重要性。很顯然，漆彈與職場很類似，因為在
　　　　　　　　　　　　　　　　　　　　　　　　　20
當中人們也要溝通及合作，才能達成同樣的目標。

　　* effective²〔əˈfɛktɪv〕adj. 有效的　　activity³〔ækˈtɪvətɪ〕n. 活動
teamwork²〔ˈtimˌwɝk〕n. 團隊合作　　*as well as* 以及
pace⁴〔pes〕n. 步調　　competition⁴〔ˌkɑmpəˈtɪʃən〕n. 競爭；比賽
require²〔rɪˈkwaɪr〕v. 需要　　strategy³〔ˈstrætədʒɪ〕n. 戰略；策略
process³〔ˈprɑsɛs〕n. 過程　　bond⁴〔bɑnd〕v. 結合
appreciate³〔əˈpriʃɪˌet〕v. 欣賞；重視
cooperation⁴〔koˌɑpəˈreʃən〕n. 合作
obviously³〔ˈɑbvɪəslɪ〕adv. 明顯地
workplace¹〔ˈwɝkˌples〕n. 工作場所；職場
communicate³〔kəˈmjunəˌket〕v. 溝通　　cooperate⁴〔koˈɑpəˌret〕v. 合作
achieve³〔əˈtʃiv〕v. 達到　　aim²〔em〕n. 目標

18. (**C**)　(A) prefer² (prɪ'fɝ) v. 偏愛　　　(B) pretend³ (prɪ'tɛnd) v. 假裝
　　　　　(C) **promote**³ (prə'mot) v. 促進　(D) protect² (prə'tɛkt) v. 保護

19. (**D**)　(A) give up on　放棄　　　　　(B) end up in　以…作結果
　　　　　(C) look up to　尊敬　　　　　(D) **come up with**　想出

20. (**D**)　(A) famous² ('feməs) adj. 有名的
　　　　　(B) opposite³ ('ɑpəzɪt) adj. 相反的
　　　　　(C) common¹ ('kɑmən) adj. 普遍的；常見的
　　　　　(D) **similar**² ('sɪmələ) adj. 類似的 < *to* >

第 21 至 25 題為題組

　　Google 地圖在 2005 年由網路公司 Google 引進，是一個互動式的網路地圖服務，可以讓你看到世界上任何地方的真實樣貌。人們<u>過去要依賴</u>紙本地圖
　　　　　　　　　　　　　　　　　　　　　　　　　　　21
來找路，但現在 Google 地圖已使得這件事變得簡單許多。

　　　* introduce² (,ɪntrə'djus) v. 介紹；引進
　　　interactive⁴ (,ɪntə'æktɪv) adj. 互動的　　web³ (wɛb) n. 網；網路
　　　map¹ (mæp) v. 繪製地圖　　service¹ ('sɝvɪs) n. 服務
　　　rely³ (rɪ'laɪ) v. 依賴 < *on* >　　**find** *one's* **way**　找到路

21. (**C**)　依句意，表示「過去的狀態或習慣」，要用 **used to** + 原形動詞，
　　　　　選 (C) **used to**。(A) led to　導致，(B) refused to　拒絕，
　　　　　(D) afforded to　負擔得起，均不合。

<u>有了</u>它的幫忙，你可以快速找到重要地標，像是旅館或車站，有效率地擬定旅
　22
遊計畫，以及精確地測量兩個地點之間的距離。此外，由於 Google 地圖提供
的是從衛星所拍攝的影像，所以它<u>可以讓你體驗</u>到都市街道的 3D 立體景象。
　　　　　　　　　　　　　　　　　23

　　　* landmark⁴ ('lænd,mɑrk) n. 地標　　efficiently³ (ɪ'fɪʃəntlɪ) adv. 有效率地
　　　accurately³ ('ækjərɪtlɪ) adv. 正確地　　measure²,⁴ ('mɛʒə) v. 測量
　　　distance² ('dɪstəns) n. 距離　　location⁴ (lo'keʃən) n. 地點
　　　moreover⁴ (mor'ovə) adv. 此外　　image³ ('ɪmɪdʒ) n. 影像
　　　satellite⁴ ('sætḷ,aɪt) n. 衛星　　experience² (ɪk'spɪrɪəns) v. 體驗
　　　dimensional⁶ (də'mɛnʃənḷ) adj. …度空間的

22. (**C**) 依句意,「有了」它的幫助,介系詞用 *With*,選 (C)。

23. (**D**) 由於空格後接受詞 you 後,再接不定詞可知,空格為一般動詞用法,而 (A)、(B)、(C) 均為使役動詞,接受詞後要接原形動詞,文法不合,故選 (D) *allows*,allow「允許;使能夠」,為一般動詞,接受詞之後,要接不定詞做受詞補語。

雖然 Google 地圖帶給我們許多<u>便利</u>,但是也引起憂慮。許多國家都抱怨
　　　　　　　　　　　　　　24
說,恐怖分子可能會利用地圖的衛星影像來策劃攻擊。也有些人表達對自己隱
私的擔憂。他們認為在 Google 地圖上所<u>顯示</u>的照片太過寫實,可能會致使他
　　　　　　　　　　　　　　　　　　　25
們的隱私被侵犯。為了回應這些抱怨,Google 已做出一些重大改變,但大眾仍
然覺得,Google 的努力有點太晚了,而且也不夠。

　　* various[3] (ˈvɛrɪəs) *adj.* 各種的;多數的　　complain[2] (kəmˈplen) *v.* 抱怨
　　terrorist[4] (ˈtɛrərɪst) *n.* 恐怖分子　　express[2] (ɪkˈsprɛs) *v.* 表達
　　concern[3] (kənˈsɝn) *n.* 關切　　privacy[4] (ˈpraɪvəsɪ) *n.* 隱私
　　graphic[6] (ˈgræfɪk) *adj.* 栩栩如生的　　personal[2] (ˈpɝsn̩l̩) *adj.* 個人的
　　invade[4] (ɪnˈved) *v.* 侵犯　　response[3] (rɪˈspɑns) *n.* 反應;回應
　　in response to~ 對~做出回應;因應
　　complaint[3] (kəmˈplent) *n.* 抱怨
　　major[3] (ˈmedʒɚ) *adj.* 主要的;重大的　　effort[2] (ˈɛfɚt) *n.* 努力

24. (**A**) (A) *convenience*[4] (kənˈvinjəns) *n.* 便利
　　　　(B) disaster[4] (dɪzˈæstɚ) *n.* 災難
　　　　(C) tradition[2] (trəˈdɪʃən) *n.* 傳統
　　　　(D) pressure[3] (ˈprɛʃɚ) *n.* 壓力

25. (**C**) 此處原來應是…photos which are shown on Google Maps are…,which are…Maps 是形容詞子句,修飾先行詞 photos,省略關代和 be 動詞 which are,而成為分詞片語,選 (C) *shown*。

<u>第 26 至 30 題為題組</u>

　　海龜存在於地球上,已經超過一億五千萬年。海龜的特別之處,就是牠們的交配行為、<u>身體</u>特徵,以及牠們長達 80 年的壽命。公海龜一生中大多在水裡
　　　　　　　　　26

度過。<u>然而</u>，母海龜在海中交配後，必須上岸，在沙灘上挖洞築巢，把蛋產在
　　27
裡面，然後以沙子覆蓋它們。

　　* turtle² ('tɝtl̩) n. 海龜　　exist² (ɪg'zɪst) v. 存在；生存
　　mate² (met) v. 交配　　behavior⁴ (bɪ'hevjɚ) n. 行為
　　as well as 以及　　characteristic⁴ (ˌkærɪktə'rɪstɪk) n. 特色；特徵
　　lifespan ('laɪfˌspæn) n. 壽命　　ashore¹ (ə'ʃor) adv. 在岸上
　　go ashore 上岸　　sandy¹ ('sændɪ) adj. 多沙的；沙地的
　　dig¹ (dɪg) v. 挖掘　　hole¹ (hol) n. 洞；穴　　nest² (nɛst) n. 巢穴
　　lay¹ (le) v. 產 (卵)【三態變化：lay-laid-laid】
　　cover¹ ('kʌvɚ) v. 覆蓋 <*with*>

26. (**B**)　(A) creative³ (krɪ'etɪv) adj. 有創意的
　　　(B) **physical**⁴ ('fɪzɪkl̩) adj. 身體的；生理的
　　　(C) tragic⁴ ('trædʒɪk) adj. 悲慘的
　　　(D) religious³ (rɪ'lɪdʒəs) adj. 宗教的；虔誠的

27. (**A**)　依句意，前後語氣轉折，選 (A) **However**「然而」。(B) Then「然後」，
　　　(C) Besides「此外」，(D) Otherwise「否則」，皆不合句意。

<u>儘管海龜因為骨頭般的龜殼，在陸地上看起來行動緩慢</u>，牠們在海中游得很
　　28
快，因為擁有如船槳一般強有力的鰭狀肢。

　　* bony² ('bonɪ) adj. 骨質的；如骨的
　　shell² (ʃɛl) n. 殼

flipper

　　powerful² ('pauɚfəl) adj. 強有力的　　paddle⁵ ('pædl̩) n. 船槳
　　flipper ('flɪpɚ) n. 鰭狀肢【如海龜的腳、企鵝、海豹的鰭等】

28. (**C**)　依句意，選 (C) **Despite**「儘管…」。而 (A) Except「除…之外」，
　　　(B) Through「透過…」，(D) Without「沒有…」，皆不合句意。

令人遺憾的是，這些古老的生物已經瀕臨絕種。一來，海龜的築巢區域受到岸
上商業活動的威脅；海灘上遊客所製造的噪音及垃圾，可能致使母海龜會返回
大海，<u>而沒有上岸產卵</u>。
　　29
　　* regrettably³ (rɪ'grɛtəblɪ) adv. 令人遺憾地
　　ancient² ('enʃənt) adj. 古老的　　creature³ ('kritʃɚ) n. 生物；動物

endangered⁴〔ɪnˋdendʒəd〕*adj.* 瀕臨絕種的
for one thing 首先；一來；一則   threaten³〔ˋθrɛtn̩〕*v.* 威脅
commercial³〔kəˋmɝʃəl〕*adj.* 商業的   activity³〔ækˋtɪvətɪ〕*n.* 活動
trash³〔træʃ〕*n.* 垃圾   onshore¹〔ˋɑnˏʃor〕*adv.* 在岸邊

29. (**D**)　(A) in addition to 除…之外　　　　(B) because of 因為

　　　　　　 (C) according to 根據　　　　　　　(D) ***instead of*** 而沒有

再來，海龜因為牠們的肉及龜殼，而被違法地獵殺。人們甚至收集牠們的蛋來
當食物。的確，人類的<u>發展</u>及獵殺，已經造成了海龜總數的急遽減少。
　　　　　　　　　　　　　　　30

* ***for another*** 其次；二來；再則　　illegally²〔ɪˋligl̩ɪ〕*adv.* 非法地
hunt²〔hʌnt〕*v.* 獵殺　　meat¹〔mit〕*n.* 肉　　indeed³〔ɪnˋdid〕*adv.* 的確
human¹〔ˋhjumən〕*adj.* 人類的　　***result in*** 導致；造成
sharp¹〔ʃɑrp〕*adj.* 尖銳的；劇烈的　　decrease⁴〔ˋdikris〕*n.* 減少
population²〔ˏpɑpjəˋleʃən〕*n.* 人口；（動植物的）總數

30. (**A**)　(A) ***development***²〔dɪˋvɛləpmənt〕*n.* 發展

　　　　　　 (B) encouragement²〔ɪnˋkɝɪdʒmənt〕*n.* 鼓勵

　　　　　　 (C) government²〔ˋgʌvənmənt〕*n.* 統治；政府

　　　　　　 (D) advertisement³〔ædvəˋtaɪzmənt〕*n.* 廣告

三、文意選填：

<u>第 31 至 40 題為題組</u>

　　沒有東西能勝過一片好的柔滑順口的巧克力。由於巧克力具有提振心情的
特性，它一直都和情人節 **31.** (C) 聯想在一起，當作是送給情人的禮物。雖然巧
克力通常是為了讓心情愉悅而吃，但有些種類的巧克力已被證實，能對健康提
供潛在的 **32.** (I) 益處。

* beat¹〔bit〕*v.* 勝過　　creamy²〔ˋkrimɪ〕*adj.* 多乳脂的；柔滑的
smooth³〔smuð〕*adj.* 滑順的；可口的　　***due to*** 因為
mood³〔mud〕*n.* 心情　　enhance⁶〔ɪnˋhæns〕*v.* 提升
quality²〔ˋkwɑlətɪ〕*n.* 品質；特質；特性
connected³〔kəˋnɛktɪd〕*adj.* 有關連的　　***Valentine's Day*** 情人節
normally³〔ˋnɔrml̩ɪ〕*adv.* 正常地；通常　　***for pleasure*** 為了娛樂
prove¹〔pruv〕*v.* 證明；證實　　offer²〔ˋɔfə〕*v.* 提供
potential⁵〔pəˋtɛnʃəl〕*adj.* 潛在的；可能的　　benefit³〔ˋbɛnəfɪt〕*n.* 益處

例如，黑巧克力富含抗氧化劑，被發現可以 33.(G) 降血壓。因此一直有人建議 34.(A) 經常吃黑巧克力，可以保護我們免於心臟疾病。雖然巧克力對我們的循環系統有正面的影響，但我們應該 35.(J) 注意它高熱量的成份。

    * *dark chocolate* 黑巧克力　　*for instance* 例如　　*be rich in* 富含
    antioxidant〔͵æntɪˈɑksədənt〕*n.* 抗氧化劑　　lower^2〔ˈloɚ〕*v.* 降低
    blood pressure 血壓　　accordingly^6〔əˈkɔrdɪŋlɪ〕*adv.* 因此
    suggest^3〔sə(g)ˈdʒɛst〕*v.* 建議　　regular^2〔ˈrɛgjəlɚ〕*adj.* 經常的
    basis^2〔ˈbesɪs〕*n.* 基礎　　*on a regular basis* 經常地（= *regularly^2*）
    positive^2〔ˈpɑzətɪv〕*adj.* 正面的　　effect^2〔ɪˈfɛkt〕*n.* 影響
    circulatory^4〔ˈsɝkjələ͵torɪ〕*adj.* 循環的　　system^3〔ˈsɪstəm〕*n.* 系統
    pay attention to 注意　　calorie^4〔ˈkælərɪ〕*n.* 卡路里
    content^4〔ˈkɑntɛnt〕*n.* 含量

也就是說，當巧克力這樣高熱量食物被大量 36.(E) 食用時，我們可能會有體重增加的高風險。更糟的是，巧克力已經被發現 37.(D) 含有咖啡因，一種會上癮的物質。你很有 38.(H) 可能會太常吃巧克力，而讓巧克力變成你日常的甜食。一旦你停止吃巧克力，你可能會感受到負面的 39.(F) 情緒，如沮喪及憂鬱。

    * *that is* 也就是說（= *in other words*）　　*at risk of* 有…危險
    weight^1〔wet〕*n.* 重量；體重　　gain^2〔gen〕*n.* 獲得；增加
    energy^2〔ˈɛnɚdʒɪ〕*n.* 活力；熱量　　consume^4〔kənˈsum〕*v.* 食用
    quantity^2〔ˈkwɑntətɪ〕*n.* 數量　　*in great quantities* 大量地
    what's worse 更糟的是　　contain^2〔kənˈten〕*v.* 包含；含有
    caffeine^6〔ˈkæfiɪn〕*n.* 咖啡因　　addictive^5〔əˈdɪktɪv〕*adj.* 會上癮的
    substance^3〔ˈsʌbstəns〕*n.* 物質　　*be likely to V* 可能
    daily^2〔ˈdelɪ〕*adj.* 每天的；日常的　　sweet^1〔swit〕*n.* 甜食
    once^1〔wʌns〕*conj.* 一旦　　experience^2〔ɪkˈspɪrɪəns〕*v.* 體驗；經歷
    negative^2〔ˈnɛgətɪv〕*adj.* 負面的　　emotion^2〔ɪˈmoʃən〕*n.* 情緒
    frustration^4〔frʌsˈtreʃən〕*n.* 挫折
    depression^4〔dɪˈprɛʃən〕*n.* 沮喪；憂鬱

    考慮到所有關於巧克力的事實，我們現在了解到，偶爾吃巧克力慰勞自己完全是 40.(B) 可以接受的，因為巧克力不僅使我們心情好，甚至對我們有益處。然而，我們應該要記住，吃要節制一點。

    * given^1〔ˈgɪvən〕*prep.* 考慮到（= *considering^2* = *in view of*）
    perfectly^2〔ˈpɝfɪktlɪ〕*adv.* 完美地；完全地

acceptable[3] 〔 əkˈsɛptəbḷ 〕 *adj.* 可以接受的

occasional[4] 〔 əˈkeʒənḷ 〕 *adj.* 偶爾的　　treat[5,2] 〔 trit 〕 *n.* 樂事；請客；招待

do sb. good 對某人有益　　moderation[4] 〔 ˌmɑdəˈreʃən 〕 *n.* 適度；節制

in moderation 適度地；節制地 (= *moderately*[4])

四、閱讀測驗：

第 41 至 44 題為題組

在任何國家的教室裡，老師教的不只是藝術、歷史或語言。他們也教授文化，因為每一種教育制度都是一面鏡子，會反映出該社會上的思想及信念。

* instructor[4] 〔 ɪnˈstrʌktɚ 〕 *n.* 授課者；教師 (= *teacher*[1])

culture[2] 〔ˈkʌltʃɚ 〕 *n.* 文化　　educational[3] 〔ˌɛdʒəˈkeʃənḷ 〕 *adj.* 教育的

system[3] 〔ˈsɪstəm 〕 *n.* 系統　　mirror[2] 〔ˈmɪrɚ 〕 *n.* 鏡子

reflect[4] 〔 rɪˈflɛkt 〕 *v.* 反射；反映 (= *reveal*[3])

belief[2] 〔 bəˈlif 〕 *n.* 信仰；信念

在西方社會，如美國或加拿大，以他們國家、宗教、種族的多元性著稱，人們非常重視個人主義及獨立思考。老師通常會強調那些使每一個學生特殊又獨特的特質。學生不會死記資訊，反而傾向於個別工作、靠自己獨立找答案、在課堂討論中自由地表達想法。

* ***be known for*** 以…（特色）聞名 (= *be famous for*)

national[2] 〔ˈnæʃənḷ 〕 *adj.* 國家的　　religious[3] 〔 rɪˈlɪdʒəs 〕 *adj.* 宗教的

ethnic[6] 〔ˈɛθnɪk 〕 *adj.* 民族的

diversity[6] 〔 dəˈvɝsətɪ , daɪ- 〕 *n.* 多樣性 (= *variety*[3])

highly[4] 〔ˈhaɪlɪ 〕 *adv.* 高度地【修飾抽象程度】；非常地 (= *very much*)

value[2] 〔ˈvælju 〕 *v.* 重視；珍視 (= *prize*[2])　　*n.* 價值；(*pl.*) 價值觀

individualism[3] 〔ˌɪndəˈvɪdʒʊəlˌɪzəm 〕 *n.* 個人主義

independent[2] 〔ˌɪndɪˈpɛndənt 〕 *adj.* 獨立的　　thinking[1] 〔ˈθɪŋkɪŋ 〕 *n.* 思考

commonly[1] 〔ˈkɑmənlɪ 〕 *adv.* 一般地；通常

stress[2] 〔 strɛs 〕 *v.* 強調；重視 (= *emphasize*[3])

quality[2] 〔ˈkwɑlətɪ 〕 *n.* 特質 (= *feature*[3] = *characteristic*[4])

unique[4] 〔 juˈnik 〕 *adj.* 獨特的　　***rather than*** 而非 (= *instead of*)

memorize[3] 〔ˈmɛməˌraɪz 〕 *v.* 記憶；背誦　　***tend to V*** 傾向於

individually[3] 〔ˌɪndəˈvɪdʒʊəlɪ 〕 *adv.* 個別地 (= *separately*[2])

on one's own 獨立地　　express[2] 〔 ɪkˈsprɛs 〕 *v.* 表達

discussion[2] 〔 dɪˈskʌʃən 〕 *n.* 討論

西方的教育制度幫助學生，在年紀小時就培養出自己的價值觀及意見，並採取主動——沒有人告知該做什麼就採取行動。然而，這個制度的缺點之一，就是學生可能無法獲得，和其他國家學生一樣多的基本規則與事實。

* form[2] ﹝fɔrm﹞ v. 形成　　opinion[2] ﹝ə'pɪnjən﹞ n. 意見
  initiative[6] ﹝ɪ'nɪʃɪ,etɪv﹞ n. 率先；主動
  take the initiative 率先；採取主動　　***take action*** 採取行動
  drawback[6] ﹝'drɔ,bæk﹞ n. 缺點 (= *disadvantage[4]*)
  acquire[4] ﹝ə'kwaɪr﹞ v. 獲得 (= *obtain[4]*)　　basic[1] ﹝'besɪk﹞ adj. 基本的

對比之下，在亞洲社會，如中國、日本、韓國，一般特色是有著相同的語言、歷史和文化，人們非常注重團體目標及傳統。老師採取非常正式的教學方式，他們講課、學生聽、很少有互動。學生一起合作、在作業上彼此幫忙、背誦事先已記下的規則或資訊。

* ***by/in contrast*** 對比之下
  typically[3] ﹝'tɪpɪklɪ﹞ adv. 典型地；通常 (= *normally[3]* = *usually[2]*)
  characterize[6] ﹝'kærɪktə,raɪz﹞ v. 以…為特色
  place importance on 看重；重視　　goal[2] ﹝gol﹞ n. 目標
  tradition[2] ﹝trə'dɪʃən﹞ n. 傳統　　adopt[3] ﹝ə'dɑpt﹞ v. 採用
  formal[2] ﹝'fɔrml﹞ adj. 正式的　　method[2] ﹝'mɛθəd﹞ n. 方法
  lecture[4] ﹝'lɛktʃə﹞ v. 講課 (= *teach[1]* = *instruct[4]*)
  interaction[4] ﹝,ɪntə'ækʃən﹞ n. 互動　　assignment[4] ﹝ə'saɪnmənt﹞ n. 作業
  recite[4] ﹝rɪ'saɪt﹞ v. 背誦；朗誦
  beforehand[5] ﹝bɪ'for,hænd﹞ adv. 事先地 (= *in advance*)

雖然亞洲的教育制度，經常遭受批評，因為大量使用機械式記憶，但它的確讓學生做好準備，面對一個重視紀律及自制的社會。也就是說，亞洲學生不但比西方學生學到更多的數學及科學，也學習到合作這個重要的社交技能。

* criticize[4] ﹝'krɪtə,saɪz﹞ v. 批評　　heavy[1] ﹝'hɛvɪ﹞ adj. 大量的
  rote ﹝rot﹞ n. 機械式背誦；死背 (= *memorization[3]*)
  memorization[3] ﹝,mɛməraɪ'zeʃən﹞ n. 記憶；背誦
  indeed[3] ﹝ɪn'did﹞ adv. 的確　　discipline[4] ﹝'dɪsəplɪn﹞ n. 紀律；鍛鍊
  self-control ﹝'sɛlfkən'trol﹞ n. 自制　　***that is*** 也就是
  not only A but (also) B 不只 A 而且 B
  social[2] ﹝'soʃəl﹞ adj. 社會的；社交的　　skill[1] ﹝skɪl﹞ n. 技巧
  collaboration ﹝kə,læbə'reʃən﹞ n. 合作 (= *cooperation[4]*)

41. (**D**) 本篇文章的主旨為何？

(A) 每個教育制度通常都有其優點。

(B) 沒有所謂無缺點的教育制度。

(C) 西方和亞洲的教育制度有很多共同之處。

(D) 文化差異造成不同的教育制度。

$$\text{have} \left\{ \begin{array}{c} \text{much} \\ \text{a lot} \end{array} \right\} \text{in common}$$
有很多共同點
have little in common
　共同點很少
have nothing in common
　沒有共同點

* generally[1,2] (ˈdʒɛnərəlɪ) *adv.* 一般地；
　　通常　　advantage[3] (ədˈvæntɪdʒ) *n.* 優點 (= *benefit*[3])

have much in common 有很多共同點
cultural[3] (ˈkʌltʃərəl) *adj.* 文化的　　***give rise to*** 造成；導致

42. (**A**) 根據本文，下列敘述何者為真？

(A) 西方學生重視獨立。　　　(B) 西方學生傾向從事團體合作。

(C) 亞洲學生喜歡獨立解決問題。

(D) 亞洲學生在科學上學習到比較少的基本事實。

* appreciate[3] (əˈpriʃɪˌet) *v.* 重視；欣賞
independence[2] (ˌɪndɪˈpɛndəns) *n.* 獨立
engage[3] (ɪnˈgedʒ) *v.* 從事；參與 < *in* >
teamwork (ˈtimˌwɝk) *n.* 團體工作　　solve[2] (salv) *v.* 解決

43. (**C**) 第二段中的片語「**take the initiative**」最有可能的意思為何？

(A) 獨特的。　(B) 依賴的。　(C) 主動的。　(D) 個別的。

* phrase[2] (frez) *n.* 片語　　dependent[4] (dɪˈpɛndənt) *adj.* 依賴的
active[2] (ˈæktɪv) *adj.* 主動的　　individual[3] (ˌɪndəˈvɪdʒuəl) *adj.* 個別的

44. (**A**) 由本文可推論出，在美國唸書的亞洲人可能較有困難 ＿＿＿＿＿＿＿＿。

(A) 公開分享想法　　　　　(B) 和同儕工作

(C) 靠記憶學習　　　　　　(D) 循規蹈矩

* infer[6] (ɪnˈfɝ) *v.* 推論　　share[2] (ʃɛr) *v.* 分享
thought[1] (θɔt) *n.* 想法　　publicly[1] (ˈpʌblɪklɪ) *adv.* 公開地
peer[4] (pɪr) *n.* 同儕；同輩　　behave[3] (bɪˈhev) *v.* 守規矩
properly[3] (ˈprɑpɚlɪ) *adv.* 適當地；正確地

第 45 至 48 題為題組

　　習慣就是人們會不斷重複的行為，經常是無意識地，例如在工作中會搔鼻

子的作家，或是考試時會踏腳的學生。根據心理學家的說法，如此習慣的形成通常顯示，人們正在經歷問題或某種壓力，而這些習慣只是有助於減緩他們所處的緊張。

* behavior[4] 〔bɪ'hevjɚ〕 *n.* 行為　　repeat[2] 〔rɪ'pit〕 *v.* 重複
  again and again 一再地　　unconsciously[3] 〔ʌn'kɑnʃəslɪ〕 *adv.* 無意識地
  scratch[4] 〔skrætʃ〕 *v.* 抓；搔癢　　tap[4,3] 〔tæp〕 *v.* 輕敲；輕踏
  psychologist[4] 〔saɪ'kɑlədʒɪst〕 *n.* 心理學家
  formation[4] 〔fɔr'meʃən〕 *n.* 形成 (= *development*[2])
  indicate[2] 〔'ɪndə‚ket〕 *v.* 顯示；表示 (= *show*[1])
  experience[2] 〔ɪk'spɪrɪəns〕 *v.* 體驗；經歷
  sort[2] 〔sɔrt〕 *n.* 種類 (= *kind*[1])　　stress[2] 〔strɛs〕 *n.* 壓力 (= *pressure*[3])
  serve to V 對做～有幫助 (= *help to V*)
  relieve[4] 〔rɪ'liv〕 *v.* 減輕 (= *ease*[1])
  tension[4] 〔'tɛnʃən〕 *n.* 緊張 (= *nervousness*[3])
  be under tension/pressure 處於緊張狀態/承受壓力

許多心理學家表示，人們會維持一個習慣，只有是在他們能從中獲益的時候。換句話說，習慣性行為一旦變得令人煩惱，或甚至令人惱怒時，他們可能就會盡全力去將它去除。然而，戒除習慣並不容易，因為它需要極大的決心和意志力。幸好，幫助就近在眼前。有一些方式可以用來戒除你的壞習慣。

* suggest[3] 〔sə(g)'dʒɛst〕 *v.* 表示　　maintain[2] 〔men'ten〕 *v.* 維持 (= *keep*[1])
  benefit[3] 〔'bɛnəfɪt〕 *v.* 獲益　　***in other words*** 換言之
  as soon as 一…時　　habitual[4] 〔hə'bɪtʃuəl〕 *adj.* 習慣性的
  worrisome 〔'wɝɪsəm〕 *adj.* 令人擔憂的 (= *worrying*[1])
  annoying[4] 〔ə'nɔɪɪŋ〕 *adj.* 令人煩惱的；令人惱怒的 (= *irritating*[6])
  do one's best 盡全力 (= *try one's best*)
  eliminate[4] 〔ɪ'lɪmə‚net〕 *v.* 消除 (= *remove*[3] = *get rid of*)
  kick[1] 〔kɪk〕 *v.* 戒除　　nevertheless[4] 〔‚nɛvəðə'lɛs〕 *adv.* 然而
  take[1] 〔tek〕 *v.* 需要 (= *need*[1] = *require*[2])
  considerable[3] 〔kən'sɪdərəbḷ〕 *adj.* 相當大的 (= *significant*[3] = *great*[1])
  determination[4] 〔dɪ‚tɝmə'neʃən〕 *n.* 決心
  willpower 〔'wɪl‚pauɚ〕 *n.* 意志力　　luckily[1] 〔'lʌkɪlɪ〕 *adv.* 幸運地
  at hand 在手邊；在近處　　***do away with*** 除去

首先，找出造成習慣的原因，努力避免在相同的情況下重複它。第二，試著放鬆、深呼吸來幫忙自己減輕壓力。第三，不斷地想像自己在擺脫討厭的習

慣後，感覺有多麼好，以便在過程中更有動機。此外，每一次小有改善就獎勵自己。例如，在努力戒除拖延的習慣時，如果你發現自己越來越常準時完成工作，你就可以請自己看場電影或聽音樂會。

* *to begin with* 首先 (= *first*)　　　effort[2] 〔ˋɛfət〕 *n.* 努力
  make an effort to V 努力做某事　　　avoid[2] 〔əˋvɔɪd〕 *v.* 避免
  condition[3] 〔kənˋdɪʃən〕 *n.* 情況　　　*take a deep breath* 深呼吸
  reduce[3] 〔rɪˋdjus〕 *v.* 減少　　　imagine[2] 〔ɪˋmædʒɪn〕 *v.* 想像
  constantly[3] 〔ˋkɑnstəntlɪ〕 *adv.* 不斷地　　　*get rid of* 除去
  pesky 〔ˋpɛskɪ〕 *adj.* 令人傷腦筋的
  so as to V 為了要～ (= *in order to V*)
  motivated[4] 〔ˋmotə͵vetɪd〕 *adj.* 有動力的　　　process[3] 〔ˋprɑsɛs〕 *n.* 過程
  what's more 此外　　　reward[4] 〔rɪˋwɔrd〕 *v.* 獎勵
  improvement[2] 〔ɪmˋpruvmənt〕 *n.* 改善
  for instance 例如　　　break[1] 〔brek〕 *v.* 戒除
  procrastination 〔prə͵kræstəˋneʃən〕 *n.* 拖延 (= *delay*[2])
  treat[5,2] 〔trit〕 *v.* 請客；招待 < *to* >　　　*on time* 準時

除獎勵自己之外，也要實行自制。每當你想要做你的習慣性行為時，試著去抗拒衝動一陣子，不要立即就屈服。每當你對抗時，你會感到更有信心來戒除習慣。最後，當你發覺自己偶爾又回到壞習慣時，記得不要氣餒。反之，要保持信心，努力專注於你的穩定進步，重新再開始。

* *aside from* 除了～之外 (= *in addition to* = *besides*[2])
  practice[1] 〔ˋpræktɪs〕 *v.* 實行　　　self-control 〔ˋsɛlfkənˋtrol〕 *n.* 自制
  as well 也 (= *too*[1])【置於句尾】　　　*feel like N/V-ing* 想要
  perform[3] 〔pɚˋfɔrm〕 *v.* 執行；做　　　resist[3] 〔rɪˋzɪst〕 *v.* 抗拒；抵抗
  urge[4] 〔ɝdʒ〕 *n.* 衝動 (= *impulse*[5])　　　while[1] 〔hwaɪl〕 *n.* 一陣子
  rather than 而不　　　*give in to* 屈服於～ (= *yield to*)
  immediately[3] 〔ɪˋmidɪɪtlɪ〕 *adv.* 立刻　　　*every time* 每當 (= *whenever*[2])
  fight against 對抗　　　confident[3] 〔ˋkɑnfədənt〕 *adj.* 有信心的
  discouraged[4] 〔dɪsˋkɝɪdʒd〕 *adj.* 氣餒的
  occasionally[4] 〔əˋkeʒənḷɪ〕 *adv.* 偶爾；有時　　　*fall back into* 回到；倒退
  rather[2] 〔ˋræðɚ〕 *adv.* 反之；相反地 (= *on the contrary*)
  faith[3] 〔feθ〕 *n.* 信任；信心 (= *confidence*[4] = *trust*[2])
  focus on 專注於 (= *concentrate on*)　　　steady[3] 〔ˋstɛdɪ〕 *adj.* 穩定的
  progress[2] 〔ˋprɑgrɛs〕 *n.* 進步 (= *improvement*[2])
  all over again 再一次 (= *once again* = *once more*)

45. (**C**) 本文的主要目的爲何？
(A) 討論人們的習慣可能如何養成。
(B) 解釋人們爲何難以戒除習慣。
(C) 建議人們可以做什麼來戒除習慣。
(D) 指出人們何時可從習慣獲益。

* purpose[1] (ˈpɝpəs) n. 目的　　discuss[2] (dɪˈskʌs) v. 討論
develop[2] (dɪˈvɛləp) v. 培養　　certain[1] (ˈsɝtn̩) adj. 某種；某些
explain[2] (ɪkˈsplen) v. 解釋；說明
have trouble V-ing 做某事有困難　　suggest[3] (sə(g)ˈdʒɛst) v. 建議

46. (**D**) 根據本文，下列敘述何者不是眞的？
(A) 當從事習慣行爲時，人通常不自覺這麼做。
(B) 習慣有時對我們有益，因爲它們可幫助我們放鬆。
(C) 人會繼續做某習慣，直到它變得令人討厭。
(D) 作者給了五個戒除習慣有用的訣竅。

* engage[3] (ɪnˈgedʒ) v. 從事 < *in* >
unaware[3] (ˌʌnəˈwɛr) adj. 未察覺的 < *of* >
continue[1] (kənˈtɪnju) v. 繼續
unpleasant[2] (ʌnˈplɛznt) adj. 令人討厭的　　tip[2] (tɪp) n. 祕訣
author[3] (ˈɔθɚ) n. 作者

47. (**D**) 下列何者在文中沒有被建議爲戒除習慣的方法？
(A) 想像某習慣戒除時，你會多麼高興。
(B) 判定原因，忽略挫敗，專注於改善。
(C) 當努力有成果時，以「獎品」鼓勵自己。
(D) 屈服於想重覆某習慣的誘惑，再抗拒它。

* recommend[5] (ˌrɛkəˈmɛnd) v. 推薦；建議
visualize[6] (ˈvɪʒuəlˌaɪz) v. 想像　　pleased[1] (plizd) adj. 高興的
elimination[4] (ɪˌlɪməˈneʃən) n. 消除；除去
determine[3] (dɪˈtɝmɪn) v. 判定　　cause[1] (kɔz) n. 原因
ignore[2] (ɪgˈnor) v. 忽略　　setback[6] (ˈsɛtˌbæk) n. 挫敗
concentrate[4] (ˈkɑnsn̩ˌtret) v. 專注於 < *on* >
encourage[2] (ɪnˈkɝɪdʒ) v. 鼓勵　　prize[2] (praɪz) n. 獎品
pay off 順利進行；成功　　surrender[4] (səˈrɛndɚ) v. 屈服 < *to* >
temptation[5] (tɛmpˈteʃən) n. 誘惑

48. (**C**) 第三段中的單字「**procrastination**」可能的意思為何？

(A) 一次規劃一項工作的行為。

(B) 準時完成工作的行為。

(C) 工作晚一點做的行為。

(D) 提前完成工作的行為。

* task² 〔 tæsk 〕 *n.* 工作；任務   *at a time* 一次
   complete² 〔 kəm'plit 〕 *v.* 完成   later¹ 〔 'letɚ 〕 *adj.* 更遲的
   ahead¹ 〔 ə'hɛd 〕 *adv.* 在前方   *ahead of time* 時間超前

第 49 至 52 題為題組

    所有人每天都需進食，可能會吃下各式各樣的食物，如米飯、水果、蔬菜、肉類。但你知道，你有時會不知不覺吃下腐壞或受到污染的食物，而使自己暴露在健康的危害中嗎？

   * *a variety of* 各種 (= *various kinds of*)
    aware³ 〔 ə'wɛr 〕 *adj.* 察覺的；知道的   expose⁴ 〔 ɪk'spoz 〕 *v.* 暴露
    expose oneself to 暴露在～中；接觸到
    hazard⁶ 〔 'hæzɚd 〕 *n.* 危險 (= *danger*¹)
    unknowingly¹ 〔 ʌn'noɪŋlɪ 〕 *adv.* 不知不覺地
    spoiled³ 〔 spɔɪld 〕 *adj.* 腐壞的
    contaminated⁵ 〔 kən'tæmə,netɪd 〕 *adj.* 受污染的 (= *polluted*³)

    根據衛生官員的統計數字，每年有好幾百萬人，因為食物造成的疾病受苦或甚至死亡。肉類尤其可能對健康有害。水果和蔬菜的腐敗只要仔細看，很容易觀察，而相較之下，肉類幾乎沒有明顯的跡象，能讓人判定是否受到感染。雖然在許多國家，政府都對肉品製造商實施嚴格的規定，但專家估計，就以美國為例，賣出的肉類產品中，有超過半數仍然含有有害細菌。

   * statistics⁵ 〔 stə'tɪstɪks 〕 *n.* 統計數字   official² 〔 ə'fɪʃəl 〕 *n.* 人員；官員
    suffer from 罹患   *die of* 死於～ (疾病、飢餓、老年)
    foodborne 〔 'fud,born 〕 *adj.* 經由食物傳染的【比較：waterborne 經由水
       傳染的，airborne 經由空氣傳染的】
    in particular 尤其；特別地 (= *particularly*²)
    potentially⁵ 〔 pə'tɛnʃəlɪ 〕 *adv.* 可能地 (= *possibly*¹)
    hazardous⁶ 〔 'hæzɚdəs 〕 *adj.* 危險的   *compared with* 和～比較
    spoilage³ 〔 'spɔɪlɪdʒ 〕 *n.* 損壞；腐壞   observe³ 〔 əb'zɝv 〕 *v.* 觀察
    hardly² 〔 'hardlɪ 〕 *adv.* 幾乎不 (= *barely*³)

obvious[3]〔ˈɑbvɪəs〕*adj.* 明顯的　　sign[2]〔saɪn〕*n.* 跡象

determine[3]〔dɪˈtɝmɪn〕*v.* 決定；判定　　strict[2]〔strɪkt〕*adj.* 嚴格的

governmental[2]〔ˌgʌvənˈmɛntl̩〕*adj.* 政府的

regulation[4]〔ˌrɛgjəˈleʃən〕*n.* 規定（= *rule*[1]）

impose[5]〔ɪmˈpoz〕*v.* 強加；加於 < *on* >

producer[2]〔prəˈdjusə〕*n.* 製造商　　expert[2]〔ˈɛkspɝt〕*n.* 專家

estimate[4]〔ˈɛstəˌmet〕*v.* 估計　　product[3]〔ˈprɑdəkt〕*n.* 產品

contain[2]〔kənˈten〕*v.* 包含　　bacteria[3]〔bækˈtɪrɪə〕*n., pl.* 細菌

　　過去的 30 年來進行了許多研究，想找出可能的解決之道，希望能在肉類送到市場前，消除那些有害的細菌。可行的方法之一是透過放射線處理，也就是將食物用放射線處理來殺死細菌，而不會影響食物本身。沒有了導致腐敗的要素，放射線照射過的肉類可以保存較久，而且會有一段時間嘗起來較好吃。放射線照射過的肉類甚至可能比較便宜，因為腐敗的費用會大為減少。

* decade[3]〔ˈdɛked〕*n.* 十年　　research[4]〔rɪˈsɝtʃ, ˈrisɝtʃ〕*n.* 研究

conduct[5]〔kənˈdʌkt〕*v.* 進行（= *carry out* ）

solution〔səˈluʃən〕*n.* 解決之道　　eliminate[4]〔ɪˈlɪməˌnet〕*v.* 消除

harmful[3]〔ˈhɑrmfəl〕*adj.* 有害的

feasible[6]〔ˈfizəbl̩〕*adj.* 可行的（= *practicable*[3] ）

irradiation[6]〔ɪˌredɪˈeʃən〕*n.* 放射線處理

process[3]〔ˈprɑsɛs〕*n.* 過程

treat[5,2]〔trit〕*v.* 處理 < *with* >

radiation[6]〔ˌredɪˈeʃən〕*n.* 輻射；放射線

affect[3]〔əˈfɛkt〕*v.* 影響（= *influence*[2] ）　　**be free of** 沒有

element[2]〔ˈɛləmənt〕*n.* 要素　　irradiate[6]〔ɪˈredɪˌet〕*v.* 照射放射線

last[1]〔læst〕*v.* 持續　　period[2]〔ˈpɪrɪəd〕*n.* 期間

a period of time 一段時間

　　儘管放射線照射的食物有諸多優點，人們還是擔心它的安全性。這也就是為什麼到現在，放射線照射的使用規模仍然相當地小。然而，食品安全專家同意，如果消費者被說服去購買放射線照射的產品，而且放射線照射技術被廣泛實施，那麼因吃下受感染食物而生病或死亡的人數，必定會大幅減少。

* advantage[3]〔ədˈvæntɪdʒ〕*n.* 優點（= *benefit*[3] ）

concern[3]〔kənˈsɝn〕*n.* 擔心（= *worry*[1] = *anxiety*[4] ）

relatively[4]〔ˈrɛlətɪvlɪ〕*adv.* 相對地　　scale[3]〔skel〕*n.* 規模

on a small scale 小規模地　　consumer[4]〔kənˈsumə〕*n.* 消費者

convinced^4〔kən'vɪnst〕*adj.* 相信的
implement^6〔'ɪmpləˌmɛnt〕*v.* 實施（= *put into practice*）
definitely^4〔'dɛfənɪtlɪ〕*adv.* 必定
decline^6〔dɪ'klaɪn〕*v.* 下降（= *fall*^{1} = *drop*^{2}）
significantly^3〔sɪg'nɪfəkəntlɪ〕*adv.* 大大地（= *considerably*^{3} = *greatly*^{1}）

49.（**B**）本文所提及的訊息最不可能在下列何處被看到？

(A) 科學雜誌。　　　　　　(B) <u>食譜。</u>
(C) 醫學期刊。　　　　　　(D) 健康指南。

* mention^3〔'mɛnʃən〕*v.* 提到　　recipe^4〔'rɛsəpɪ〕*n.* 食譜
medical^3〔'mɛdɪk!〕*adj.* 醫學的　　journal^3〔'dʒɝn!〕*n.* 期刊
guide^1〔gaɪd〕*n.* 指南；手冊

50.（**A**）根據本文，下列敘述何者為真？

(A) <u>有一些人仍然不相信，輻射食物對他們無害。</u>
(B) 放射線處理可以被用來冷凍食物中有害的細菌。
(C) 受細菌感染的肉類和腐敗水果同樣容易被察覺。
(D) 在許多國家一直有禁止肉類販賣的規定。

* doubt^2〔daʊt〕*v.* 懷疑；不相信　　harm^3〔hɑrm〕*n.* 傷害；損害
   do harm to 對～有害　　freeze^3〔friz〕*v.* 冷凍；冷藏
   notice^1〔'notɪs〕*n.* 注意　　***take notice of*** 注意　　ban^5〔bæn〕*v.* 禁止

51.（**B**）根據本文，放射線處理的食物好處可能包括下列全部，_____ 除外。

(A) 保存較久　　　　　　　(B) <u>銷量增加</u>
(C) 味道較佳　　　　　　　(D) 病例減少

* preservation^4〔ˌprɛzɚ've ʃən〕*n.* 保存　　flavor^3〔'flevɚ〕*n.* 味道；口味

52.（**C**）對於放射線處理應用於預防食物受感染，作者的態度為何？

(A) 不確定。　　　　　　　(B) 擔心。
(C) <u>充滿希望。</u>　　　　　　(D) 漠不關心。

* attitude^3〔'ætəˌtjud〕*n.* 態度　　application^4〔ˌæplə'keʃən〕*n.* 應用
prevention^4〔prɪ'vɛnʃən〕*n.* 預防；避免
contamination〔kənˌtæmə'neʃən〕*n.* 污染
uncertain^1〔ʌn'sɝtn̩〕*adj.* 不確定的　　worried^1〔'wɝɪd〕*adj.* 擔心的
hopeful^4〔'hopfəl〕*adj.* 充滿希望的
indifferent^5〔ɪn'dɪfrənt〕*adj.* 冷淡的；漠不關心的

第 53 至 56 題為題組

　　你曾經聽說過時空膠囊嗎？時空膠囊是一個管狀容器，裡面裝滿某一個時期的物品，被埋在地下，讓未來的人打開，以了解當時的生活是怎樣的。

* capsule⁶〔'kæpsḷ〕*n.* 膠囊　　tube²〔tjub〕*n.* 管子
shaped¹〔ʃept〕*adj.* ～形狀的　　container⁴〔kən'tenɚ〕*n.* 容器
be filled with 充滿
article²,⁴〔'ɑrtɪkḷ〕*n.* 物品（= *item²* = *thing¹* = *object²*）
particular²〔pə'tɪkjələ〕*adj.* 特定的　　bury³〔'bɛrɪ〕*v.* 埋葬
underground〔'ʌndɚ'graʊnd〕*adv.* 在地下　　***back then*** 在那時

　　時空膠囊的歷史可追溯至古代的巴比倫，在那時，人們會把物品放在建築物底部的基石底下。在 1938 年，「時空膠囊」這個名詞，第一次被西屋電氣製造公司所使用，該公司在 1939 年的紐約世博會地點，
埋下了一個時空膠囊，來慶祝世博會的開幕。

* ***be traced back to*** 被追溯到（= *go/date back to*）
ancient²〔'enʃənt〕*adj.* 古代的
Babylon〔'bæbḷən〕*n.* 巴比倫【古代巴比倫尼亞（Babylonia）的首都，遺
　　址位於底格里斯河和幼發拉底河之間肥沃的美索不達米亞平原上，巴比倫的
　　空中花園（Hanging Gardens of Babylon）是古代世界七大奇蹟（Seven
　　Wonders of the Ancient World）之一】
object²〔'ɑbdʒɪkt〕*n.* 物體　　set¹〔sɛt〕*v.* 安置；放置
bottom¹〔'bɑtəm〕*n.* 底部　　term²〔tɝm〕*n.* 名詞
for the first time 第一次　　electric³〔ɪ'lɛktrɪk〕*adj.* 電氣的；電動的
manufacture⁴〔,mænjə'fæktʃɚ〕*v.* 製造
ground¹〔graʊnd〕*n.* 地面；土地　　site⁴〔saɪt〕*n.* 地點；位置
fair²〔fɛr〕*n.* 博覽會（= *exposition* = *exhibition³*）
in celebration of 為了慶祝　　opening¹〔'opənɪŋ〕*n.* 開幕

　　膠囊裡的物品在專家的參與下，經過仔細挑選，來代表 1930 年代的生活。放在裡面的物品有報紙、時事通訊、雜誌，以及常見的物品，
如電話、開罐器，和一塊煤炭等。在那之後，時空膠囊開
始流行起來，到了 1950 年代，美國各地都在埋時空膠囊。

* contents⁴〔'kɑntɛnts〕*n., pl.* 內容物
specialist⁵〔'spɛʃəlɪst〕*n.* 專家（= *expert²*）
participate³〔pɑ'tɪsə,pet〕*v.* 參加 < *in* >　　selection²〔sə'lɛkʃən〕*n.* 挑選

represent[3]〔͵rɛprɪˈzɛnt〕 v. 代表 (= *stand for*)　　　item[2] 〔ˈaɪtəm〕 n. 物品

newsletter 〔ˈnjuz͵lɛtə〕 n. 時事通訊；商業通訊

common[1] 〔ˈkɑmən〕 adj. 常見的　　　*can opener* 開罐器

lump[5] 〔lʌmp〕 n. 一塊　　　coal[2] 〔kol〕 n. 煤炭

gain[2] 〔gen〕 v. 獲得；增加 (= *increase*[2])

popularity[4] 〔͵pɑpjəˈlærətɪ〕 n. 受歡迎；普遍　　　*all over* 到處

到了 1987 年，一位名叫 Alvin Willis Jr. 的加州商人，爲時空膠囊加入新的變化，將其轉變爲保存個人物品及家族歷史的方法。Willis 最初有此想法，是他在尋找時空膠囊來放在住家新的增建物時，他很驚訝地發現，沒有人在製造時空膠囊。他想到或許有其他人和他一樣，想要把家族紀念物傳承給未來世代，他很快就開始創業販售時空膠囊，短時間內就非常成功。

* twist[3] 〔twɪst〕 n. 轉折 (= *turn*[1])　　　*turn A into B* 把 A 變成 B

means[2] 〔minz〕 n. 方法；手段 (= *way*[1] = *method*[2])

preserve[4] 〔prɪˈzɝv〕 v. 保存 (= *maintain*[2] = *conserve*[5])

personal[2] 〔ˈpɝsn̩l〕 adj. 個人的

belongings[5] 〔bəˈlɔŋɪŋz〕 n., pl. 所有物；財物 (= *possessions*[4])

strike[2] 〔straɪk〕 v. 使 (人) 想到　　　*look for* 尋找

addition[2] 〔əˈdɪʃən〕 n. 附加物；增建物 < to >

discover[1] 〔dɪˈskʌvə〕 v. 發現　　　*pass sth. on to sb.* 把某物傳給某人

memento 〔mɪˈmɛnto〕 n. 紀念品；遺物 (= *souvenir*[4] = *keepsake*)

generation[4] 〔͵dʒɛnəˈreʃən〕 n. 世代

而爲了讓時空膠囊變得對歷史學家有研究意義，Willis 甚至建議，時空膠囊也應該包含，擁有者對時事的個人看法及感受。雖然 Willis 期待，買時空膠囊的人會把膠囊埋在某處，但大多數的膠囊最後都被展示在書架或咖啡桌上，作爲能引起話題的東西。

* meaningful[3] 〔ˈminɪŋfəl〕 adj. 有意義的　　　owner[2] 〔ˈonə〕 n. 擁有者

thought[1] 〔θɔt〕 n. 想法　　　current[3] 〔ˈkɝənt〕 adj. 現在的 (= *present*[2])

event[2] 〔ɪˈvɛnt〕 n. 事件 (= *happening*[1])　　　*current event* 時事

expect[2] 〔ɪkˈspɛkt〕 v. 期待；預期　　　*end up* 最後；結果

display[2] 〔dɪˈsple〕 v. 展示 (= *show*[1])　　　shelf[2] 〔ʃɛlf〕 n. 架子

53. (**A**) 本文的最佳標題爲何？

(A) <u>時空膠囊的歷史發展</u>　　　(B) 放置於時空膠囊的代表物品

(C) 時空膠囊不同的用途　　　(D) 埋藏時空膠囊的合適地點

* title² (ˈtaɪtl̩) *n.* 標題　　historical³ (hɪsˈtɔrɪkl̩) *adj.* 歷史的
development² (dɪˈvɛləpmənt) *n.* 發展；發達
typical³ (ˈtɪpɪkl̩) *adj.* 典型的　　suitable³ (ˈsutəbl̩) *adj.* 合適的

54. (**B**) Willis 最初為何想要尋找時空膠囊？

    (A) 為了留下紀念物給歷史學家。

    (B) <u>為了留下一件給人回憶之物。</u>

    (C) 為了展示引起話題的東西。　　(D) 為了創業。

    * ***in the first place*** 最初　　reminder⁵ (rɪˈmaɪndɚ) *n.* 助人記憶之事物

55. (**B**) 下列對時空膠囊的描述何者正確？

    (A) 第一個時空膠囊是由西屋公司所創造的。

    (B) <u>在 1939 年時，時空膠囊包括當時生活的典型物品。</u>

    (C) 直到 1950 年代，時空膠囊才開始受人歡迎。

    (D) 在 1987 年，Willis 在他的事業中為時空膠囊正式命名。

    * description³ (dɪˈskrɪpʃən) *n.* 描述　　accurate³ (ˈækjərɪt) *adj.* 正確的
create² (krɪˈet) *v.* 創造　　officially² (əˈfɪʃəlɪ) *adv.* 正式地

56. (**A**) 最後一段中的代名詞「**them**」所指為何？

    (A) <u>時空膠囊。</u>　　　　　　　　(B) 購買者。

    (C) 時事。　　　　　　　　　　(D) 歷史學家。

    * pronoun⁴ (ˈpronaʊn) *n.* 代名詞　　***refer to*** 指

第貳部分：非選擇題

一、中翻英：

1. 人們直到失去他們的健康才開始了解到健康有多麼寶貴。（It is…that…）

    It is not until people <u>have lost/lose</u> their health that they <u>begin/start</u> to
<u>realize/understand</u> how <u>valuable/precious/important</u> <u>it/health</u> is.

2. 因此，為了維持健康，不論我們多忙，我們應該盡可能時常運動。

    <u>Therefore/Thus/So/Hence/As a result</u>, <u>to stay healthy/to keep healthy/</u>
<u>to maintain health/to keep in good shape/to stay in good shape</u>,
<u>no matter how/however</u> busy we are, we should <u>exercise/do exercise/</u>

take exercise/work out as often/frequently/much as we can/possible/ we possibly can.

二、英文作文：

【作文範例 1】

Just Tell the Truth

Yesterday morning, I overslept and did not wake up until eight. I jumped out of bed, got dressed, and put things into my schoolbag in a hurry. *Suddenly*, it occurred to me that I had forgotten to prepare for the English test. *What was worse*, I would be late for school for a second time. I would surely be punished by the teacher. Hesitating over whether to go to school or not, I came up with a "plan" to get myself out of such an awkward situation.

I went to my mom and told her I had a high fever and did not feel well. *As I expected*, she immediately called the teacher for sick leave on my behalf. Just when I felt relieved that I had succeeded in my "plan," my mom got so nervous as to insist on taking me to see a doctor. I tried in vain to persuade her to let me just stay home for some rest. Terrified at the thought of being given a shot, I told her I was only pretending to be sick to avoid going to school. *Upon hearing this*, she scolded me for worrying her for nothing and decided to ground me for a week. *From this incident*, I learned the lesson that it is always better to tell the truth in the beginning than suffer the consequences of telling lies in the end.

中文翻譯

就是要說實話

　　昨天早上我睡過頭，一直到八點才起來。我跳下床、穿好衣服、匆匆忙忙把東西放進書包裡。我突然想到，我忘記準備英文考試了。更糟的是，這是我第二次上學遲到，我一定會被老師處罰。猶豫著要不要去上學時，我想到了一個「計畫」，讓我自己逃離這樣一個棘手的情況。

　　我去找媽媽，告訴她我發高燒、很不舒服。如我所預料，她立刻幫我打電話給老師請病假。正當我覺得「計畫」成功、鬆了一口氣時，媽媽很緊張，堅持帶我去看醫生。我試著說服她讓我待在家休息就好，但沒有用。一想到打針我就害怕，我只好告訴她我是假裝生病，不想去學校。一聽到這，她就罵我害她白擔心一場，決定禁足我一星期。從這件事情我學到了教訓，一開始就說實話，總比說謊到最後自食惡果的好。

oversleep⁵ 〔ˏovɚˈslip〕v. 睡過頭　　***get dressed*** 穿好衣服
in a hurry 匆忙地　　suddenly² 〔ˈsʌdn̩lɪ〕adv. 突然地
sth. occur to sb. 某人想到某事　　punish² 〔ˈpʌnɪʃ〕v. 處罰
hesitate³ 〔ˈhɛzəˏtet〕v. 猶豫；遲疑　　***come up with*** 想到
awkward⁴ 〔ˈɔkwɚd〕adj. 窘迫的；棘手的　　situation³ 〔ˏsɪtʃʊˈeʃən〕n. 情況
fever² 〔ˈfivɚ〕n. 發燒　　***sick leave*** 病假　　***on sb.'s behalf*** 代表某人
relieved⁴ 〔rɪˈlivd〕adj. 鬆了一口氣的　　***so~as to V*** 如此~以致於
insist on 堅持　　***in vain*** 徒勞地　　persuade³ 〔pɚˈswed〕v. 說服
terrified⁴ 〔ˈtɛrəˏfaɪd〕adj. 害怕的　　***at the thought of*** 一想到
shot¹ 〔ʃɑt〕n. 打針　　pretend³ 〔prɪˈtɛnd〕v. 假裝
scold⁴ 〔skold〕v. 責罵　　***for nothing*** 白白地
ground¹ 〔graʊnd〕v. 使禁足　　incident⁴ 〔ˈɪnsədənt〕n. 事件
consequence⁴ 〔ˈkɑnsəˏkwɛns〕n. 後果　　***in the end*** 最後

【作文範例 2】

The Cost of a Lie

　　These days, I rarely tell lies. That is because I learned how much they can hurt not only others but also myself. ***One morning last year***, I overslept and knew that I would be late for school. ***Even worse***, I had been planning to study for a test before class that morning. Now there was no time at all.

I wished with all my might that I didn't have to go to school. ***Then it occurred to me that*** I didn't have to go—not if I was sick, that is.

I walked slowly into the kitchen, with my hair messy and slumped over as if in pain. My mother asked me what was wrong, and I told her that I felt terrible. My fever was so high that I could hardly stand. My mother looked so worried that I immediately felt sorry, but I stuck with my lie and coughed pitifully. ***Then*** she put her hand on my cool forehead and discovered that I did not have a fever at all. I ***not only*** had to go to school and fail my test, ***but*** I had to live with my mother's disappointment for a long time after that.

> 中文翻譯

說謊的代價

　　現在我很少說謊了，那是因為我學到了謊話的傷害有多大，不只是對別人，也是對我自己。去年有一天早上，我睡過頭了，我知道我上學會遲到。更糟的是，我那天早上原先計畫，要在上課之前準備考試唸書的。現在完全沒有時間了。我全心全意希望自己不必去學校，然後我突然想到，我不必去的——只要我生病就不必了，就那麼辦。

　　我慢慢地走進廚房，頭髮亂糟糟的，彎腰駝背好像很痛苦。媽媽問我怎麼了，我告訴她我感覺很糟糕。我發高燒，幾乎站不住了。媽媽看起來非常擔心，我立刻覺得很後悔，但我還是堅持我的謊言，咳嗽咳得很慘。然後她把手放在我涼涼的額頭上，發現我根本沒有發燒。我不只還是得上學、考試考不及格，在那之後還背負著媽媽的失望很久很久。

cost[1] ﹝kɔst﹞ *n.* 代價　　　***these days*** 最近；現在
rarely[2] ﹝'rɛrlɪ﹞ *adv.* 很少　　***might***[3] ﹝maɪt﹞ *n.* 力量
with all one's might 用盡全力　　messy[4] ﹝'mɛsɪ﹞ *adj.* 雜亂的
slump over 彎腰駝背　　　***as if*** 彷彿；好像　　***in pain*** 很痛苦
stick with 堅持　　　cough[2] ﹝kɔf﹞ *v.* 咳嗽
pitifully[3] ﹝'pɪtɪfəlɪ﹞ *adv.* 悲慘地；令人同情地
forehead[3] ﹝'fɔr,hɛd﹞ *n.* 額頭　　disappointment[3] ﹝,dɪsə'pɔɪntmənt﹞ *n.* 失望

　　這是一本想學好英文的人必備的工具書，作者積多年豐富的教學經驗，針對大家所不了解和最容易犯錯的地方，編寫成一本完整的文法書。

　　本書編排方式與眾不同，第一篇就給讀者整體的概念，再詳述文法中的細節部分，內容十分完整。文法說明以圖表為中心，一目了然，並且務求深入淺出。無論您在考試中或其他書中所遇到的任何不了解的問題，或是您感到最煩惱的文法問題，查閱「文法寶典全集」均可迎刃而解。

　　哪些副詞可修飾名詞或代名詞？(P.228)；什麼是介副詞？(P.543)；哪些名詞可以當副詞用？(P.100)；倒裝句(P.629)、省略句(P.644)等特殊構句，為什麼倒裝？為什麼省略？原來的句子是什麼樣子？在「文法寶典全集」裏都有詳盡的說明。

　　可見如果學文法不求徹底了解，反而成為學習英文的絆腳石，只要讀完本書，您必定信心十足，大幅提高對英文的興趣與實力。

學測考前大猜題

售價：250 元

主 編 / 蔡琇瑩		
發 行 所 / 學習出版有限公司	☎ (02) 2704-5525	
郵 撥 帳 號 / 05127272 學習出版社帳戶		
登 記 證 / 局版台業 2179 號		
印 刷 所 / 裕強彩色印刷有限公司		
台 北 門 市 / 台北市許昌街 10 號 2F	☎ (02) 2331-4060	
台灣總經銷 / 紅螞蟻圖書有限公司	☎ (02) 2795-3656	
本公司網址 / www.learnbook.com.tw		
電 子 郵 件 / learnbook@learnbook.com.tw		

2019 年 11 月 1 日初版

4713269383376

高三同學要如何準備「升大學考試」

　　考前該如何準備「學測」呢？「劉毅英文」的同學很簡單，只要熟讀每次的模考試題就行了。每一份試題都在7000字範圍內，就不必再背7000字了，從後面往前複習，越後面越重要，一定要把最後10份試題唸得滾瓜爛熟。根據以往的經驗，詞彙題絕對不會超出7000字範圍。每年題型變化不大，只要針對下面幾個大題準備即可。

準備「詞彙題」最佳資料：

背了再背，背到滾瓜爛熟，讓背單字變成樂趣。

考前不斷地做模擬試題就對了！

你做的題目愈多，分數就愈高。不要忘記，每次參加模考前，都要背單字、背自己所喜歡的作文。考壞不難過，勇往直前，必可得高分！

練習「模擬試題」，可參考「學習出版公司」最新出版的「7000字學測試題詳解」。我們試題的特色是：

①以「高中常用7000字」為範圍。②經過外籍專家多次校對，不會學錯。③每份試題都有詳細解答，對錯答案均有明確交待。

「克漏字」如何答題

　　第二大題綜合測驗（即「克漏字」），不是考句意，就是考簡單的文法。當四個選項都不相同時，就是考句意，就沒有文法的問題；當四個選項單字相同、字群排列不同時，就是考文法，此時就要注意到文法的分析，大多是考連接詞、分詞構句、時態等。「克漏字」是考生最弱的一環，你難，別人也難，只要考前利用這種答題技巧，勤加練習，就容易勝過別人。

準備「綜合測驗」（克漏字）可參考「學習出版公司」最新出版的「7000字克漏字詳解」。

本書特色：

1. 取材自大規模考試，英雄所見略同。
2. 不超出7000字範圍，不會做白工。
3. 每個句子都有文法分析。一目了然。
4. 對錯答案都有明確交待，列出生字，不用查字典。
5. 經過「劉毅英文」同學實際考過，效果極佳。

「文意選填」答題技巧

　　在做「文意選填」的時候，一定要冷靜。你要記住，一個空格一個答案，如果你不知道該選哪個才好，不妨先把詞性正確的選項挑出來，如介詞後面一定是名詞，選項裡面只有兩個名詞，再用刪去法，把不可能的選項刪掉。也要特別注意時間的掌控，已經用過的選項就劃掉，以免重複考慮，浪費時間。

準備「文意選填」，可參考「學習出版公司」最新出版的「7000字文意選填詳解」。

特色與「7000字克漏字詳解」相同，不超出7000字的範圍，有詳細解答。

「閱讀測驗」的答題祕訣

① 尋找關鍵字——整篇文章中，最重要就是第一句和最後一句，第一句稱為主題句，最後一句稱為結尾句。每段的第一句和最後一句，第二重要，是該段落的主題句和結尾句。從「主題句」和「結尾句」中，找出相同的關鍵字，就是文章的重點。因為美國人從小被訓練，寫作文要注重主題句，他們給學生一個題目後，要求主題句和結尾句都必須有關鍵字。

② 先看題目、劃線、找出答案、標題號——考試的時候，先把閱讀測驗題目瀏覽一遍，在文章中掃瞄和題幹中相同的關鍵字，把和題目相關的句子，用線畫起來，便可一目了然。通常一句話只會考一題，你畫了線以後，再標上題號，接下來，你找其他題目的答案，就會更快了。

③ 碰到難的單字不要害怕，往往在文章的其他地方，會出現同義字，因為寫文章的人不喜歡重覆，所以才會有難的單字。

④ 如果閱測內容已經知道，像時事等，你就可以直接做答了。

準備「閱讀測驗」，可參考「學習出版公司」最新出版的「7000字閱讀測驗詳解」，本書不超出7000字範圍，每個句子都有文法分析，對錯答案都有明確交待，單字註明級數，不需要再查字典。

「中翻英」如何準備

可參考劉毅老師的「英文翻譯句型講座實況DVD」，以及「文法句型180」和「翻譯句型800」。考前不停地練習中翻英，翻完之後，要給外籍老師改。翻譯題做得越多，越熟練。

「英文作文」怎樣寫才能得高分？

① 字體要寫整齊，最好是印刷體，工工整整，不要塗改。

② 文章不可離題，尤其是每段的第一句和最後一句，最好要有題目所說的關鍵字。

③ 不要全部用簡單句，句子最好要有各種變化，單句、複句、合句、形容詞片語、分詞構句等，混合使用。

④ 不要忘記多使用轉承語，像 *at present*（現在），*generally speaking*（一般說來），*in other words*（換句話說），*in particular*（特別地），*all in all*（總而言之）等。

⑤ 拿到考題，最好先寫作文，很多同學考試時，作文來不及寫，吃虧很大。但是，如果看到作文題目不會寫，就先寫測驗題，這個時候，可將題目中作文可使用的單字、成語圈起來，寫作文時就有東西寫了。但千萬記住，絕對不可以抄考卷中的句子，一旦被發現，就會以零分計算。

⑥ 試卷有規定標題，就要寫標題。記住，每段一開始，要內縮5或7個字母。

⑦ 可多引用諺語或名言，並注意標點符號的使用。文章中有各種標點符號，會使文章變得更美。

⑧ 整體的美觀也很重要，段落的最後一行字數不能太少，也不能太多。段落的字數要平均分配，不能第一段只有一、兩句，第二段一大堆。第一段可以比第二段少一點。

準備「英文作文」，可參考「學習出版公司」出版的：